W0189981

Markus Albers

DIGITALE ERSCHÖPFUNG

Wie wir die Kontrolle über
unser Leben wiedergewinnen

Carl Hanser Verlag

1 2 3 4 5   21 20 19 18 17

ISBN 978-3-446-25662-0
© Carl Hanser Verlag München 2017
Satz: Greiner & Reichel, Köln
Druck und Bindung: CPI books GmbH, Leck
Printed in Germany

MIX
Papier aus verantwortungs-
vollen Quellen
FSC® C083411

Inhalt

INTRO

Der Schmerz 11

IRRWEGE

Wie konnte es so weit kommen? 19

Neue Arbeit – Fluch oder Segen? 28

Die Forderungen der New-Work-Apologeten 38

7.30 Uhr: Die exponentielle Gefahr 43

9 Uhr: Die Großraum-Falle 49

11 Uhr: Die Lehre der zwei Kalender 52

13 Uhr: Die Tage mal Kaffee trinken? 56

14 Uhr: Der Fluch des Kollaborierens 60

15 Uhr: Weshalb die digitalen Werkzeuge alles nur
  schlimmer machen 67

16.30 Uhr: Ein schöner Tag 73

21 Uhr: Warum sind alle immer so beschäftigt? 76

23.30 Uhr: Verdammt, wieso bin ich immer noch
  online? 82

4.30 Uhr: BITTE! LASS! MICH! SCHLAFEN! 84

Zweieinhalb Wochen später: Das permanente
  Unerledigtsein 88

AUSWEGE

Langsamer werden 99

Geräte abschalten 106

Komplexität reduzieren 117

Technik gezielt einsetzen 123

Automatisieren und Nein sagen 133

Prioritäten setzen und durchsetzen 142

Arbeit klüger organisieren 152

Unternehmen vorsichtig verändern 164

Zusammenarbeit neu denken 184

Nicht so viel auf Berater hören 193

Das Büro anders gestalten 198

Introspektion bei der Arbeit verteidigen 215

Auf die Zukunft setzen 221

Menschlichkeit bewahren 240

OUTRO

Was ich beim Schreiben dieses Buches gelernt habe 253

Dank 273

Literatur 275

Register 281

Bis vor einigen Jahren bekam ich etwa 350 E-Mails
pro Tag, was eine erschöpfende, zeitfressende
tägliche Aufgabe für mich darstellte, über die ich
ordentlich schimpfte. Heute hat sich diese Zahl
dank Social Media und Messaging-Diensten um
mehr als die Hälfte reduziert. Aber die Situation hat
sich insgesamt verschlimmert. Dieser Tage erreichen
mich Nachrichten aus so vielen Richtungen, dass
das unglaublich ablenkend ist und schwieriger zu
bewältigen.
WALT MOSSBERG

Was für eine Leistung ist inzwischen ein Moment
der Ruhe, was für ein kleines Wunder, einschlafen
oder uns in Ruhe mit einem Freund unterhalten zu
können – und was für eine mönchische Disziplin
erfordert es, uns vom Mahlstrom der Nachrichten
abzuwenden und einen Tag lang nur dem Regen
und unseren eigenen Gedanken zu lauschen.
ALAIN DE BOTTON

Je mächtiger und origineller das Denken, desto
mehr wird es sich zur Religion der Einsamkeit
hingezogen fühlen.
ALDOUS HUXLEY

INTRO

Der Schmerz

Vielleicht fing es damit an, dass meine Tochter Milla mich immer öfter so komisch anschaute. Neugierig, aber auch leicht abschätzig, als wüsste sie schon, was als Nächstes kommt. Und ich das Handy dann natürlich in der Tasche ließ. Weil ich ihr die Genugtuung nicht gönnte, recht zu haben. Machtspielchen mit einer Vierjährigen.

Und wenn sich Milla dann wieder ihrem Malbuch zuwandte oder der Schaukel auf dem Spielplatz, dann holte ich das Smartphone natürlich sofort aus der Tasche, schnell, unauffällig, nur ein kurzer Blick auf Hüfthöhe. Nur mal eben checken, dass nicht doch noch ein Kunde geschrieben hat. Dass die Kollegen auch wirklich die Präsentation rausgeschickt haben. Rauskriegen, warum vorhin eine SMS an meinem Hosenbein summte.

Und natürlich gab es jedes Mal etwas, das meine Aufmerksamkeit erforderte. Meist gar nicht die Information, wegen der ich geschaut hatte, sondern eine ganz andere Neuigkeit, Anfrage, Problemmeldung. Auf die ich nur kurz antworten musste. Oder die Terminverschiebung bestätigen. Wegen der ich mal eben schnell eine Nummer nachschauen und rüberschicken sollte. Oder flott das Dokument überfliegen, bevor es – ja, noch heute, Deadline drängt – an den Kunden ging.

So wanderte das Handy langsam höher, aus Hüfthöhe zur Brust, dann Richtung Kinn. Ich mit zwei Daumen tippend, die Augen hektisch zwischen Bildschirm und Kind hin und her flickernd. Komm schon, hab's gleich, Mist, vertippt, so, jetzt aber, raus das Ding, Moment, richtige Mail-Adresse? Lieber noch mal nachschauen ...

Und zack: Hatte sie mich wieder erwischt. Schaute hoch vom Malen oder über die Schulter von der Schaukel. Ertappte mich in flagranti mit dem leuchtenden Bildschirm vor der Nase, die Daumen schuldbewusst über der Tastatur eingefroren. Und dann kam dieser Satz, den Milla am Anfang noch im Spaß sagte, über den wir beide gelacht hatten. Der aber inzwischen jeden Tag kam, mehrmals am Tag, der nicht mehr neckend klang, sondern verletzt:

»Starr nicht immer auf dein Handy, Papa!«

Und ich wand mich erst (»Hab's gleich«, »Kleinen Moment noch«), wurde weinerlich (»Tut mir ja leid, ich will ja auch viel lieber mit dir spielen«, »So, jetzt, ach ...«), dann aggressiv (»Verdammt noch mal, Papa muss eben auch manchmal arbeiten«, »Stell dich nicht so an, bin doch gleich wieder bei dir«). Derweil der Cursor des E-Mail-Programms im Augenwinkel lockend blinkte: Tipp weiter! Du bist noch nicht fertig! Deine Kollegen warten!

Das Smartphone gewann jedes Mal. Ich schrieb die Mail zu Ende, die SMS oder die WhatsApp-Nachricht. Milla war beleidigt oder traurig oder irgendwann abgestumpft – so genau konnte ich das auf die Entfernung nicht sagen, und da kam ja auch schon wieder ein Anruf vom Co-Geschäftsführer ...

Vielleicht fing es auch damit an, dass ich mich nicht mehr nur in Restaurants auf die Toilette verabschiedete, um ungestört E-Mails zu checken, sondern auch zu Hause. Was meine Lebensgefährtin schnell durchschaute, weshalb ich seitdem mit Kontrollrufen durch die Badezimmertür leben muss (»Was machst du da so lange?«), selbst wenn ich mich nur rasiere oder ... Sie wissen schon.

Oder vielleicht fing es damit an, dass wir in unserem Unternehmen entschieden, etwas gegen die E-Mail-Flut tun zu wollen, weshalb wir eine sogenannte digitale Kollaborationsplattform anschafften, also eine im Web-Browser und als App auf dem Smartphone laufende Software, die es erlaubt, den Stand von Projekten zu kontrollieren, Dokumente zur Freigabe zu schicken und gezielt mit allen an einem Projekt beteiligten Kollegen zu kommunizieren. Klang großartig. Keine Mails mit Kopien an alle mehr. Keine Versions-Verwirrung mehr, weil Dokumente als Anhang verschickt werden. Und ich könnte endlich von überall aus auf alle relevanten Informationen zugreifen, ohne dafür am Schreibtisch sitzen zu müssen.

Spätestens der letzte Teil hätte mich misstrauisch machen müssen.

Am Tag der Einführung des neuen Tools bekam ich tatsächlich etwas weniger E-Mails als sonst. Dafür machte es alle fünf Minuten »Ping«, weil jemand mir über die neue Plattform ein Dokument zur Prüfung zugeteilt hatte. Oder die Änderung an einem Dokument. Oder den Kommentar eines dritten Kollegen zur Änderung. Oder den Kommentar zum Kommentar ... Sie ahnen, was ich meine. Als ich mich an diesem Abend mit dem Fahrrad auf den Heimweg machte, hatte ich bereits erste Zweifel, ob dieses zusätzliche Stück Technologie unsere durch Technik verursachen Probleme würde lösen können.

Als ich zu Hause ankam, hatte ich 22 neue Benachrichtigungen auf meinem Handy. Die Fahrt dauert 14 Minuten.

Verstehen Sie mich nicht falsch. Dies ist kein Buch über Handysucht. Auch keines über E-Mail-Terror. Oder über die Schrecken des Digitalen. Zu all dem gibt es bereits Bücher, und die meisten sind meiner Meinung nach Unsinn. Sie behandeln Symptome, als wären sie Ursachen. Sie geben Werkzeugen die Schuld an den Fehlern ihrer Benutzer. Und sie beschwören eine vermeintlich bessere vordigitale Zeit, als wir alle glücklicher waren, unverstellter kommuniziert haben, ausgeglichenere Kinder großzogen, besser lernten und produktiver arbeiteten. Ich glaube, dass das so nicht stimmt, dass die Verklärung des Vergangenen uns noch nie weitergebracht hat und dass es – kurz gesagt – auch zu spät ist: Die Digitalisierung aller Bereiche unseres Lebens hat gerade erst angefangen. Sie wird nicht wieder weggehen.

Es geht also nicht darum, misanthropisch zu meckern. Oder nostalgisch zurückzuschauen.

Es geht aber sehr wohl darum, uns zu fragen, ob wir mit der Art und Weise, wie wir mit unserer entfesselten, digitalisierten, verflüssigten und in jede Ritze unserer Existenz eindringenden Arbeitswelt richtig umgehen. Meine feste Überzeugung: Wir haben keine Ahnung. Wir basteln herum wie kleine Kinder, die zum ersten Mal einen Lego-Baukasten ausprobieren. Manche Steine sehen schön aus, andere sind unverständlich. Einige passen direkt zusammen, andere nicht. Wir puzzeln und stecken, und ein paar Sachen machen Klick. Aber erst wenn wir – meist gemeinsam mit Spielkameraden – erkennen, dass diese Teile, nach bestimmten Regeln kombiniert, genau das tun, was wir wollen, schaffen wir es, aus ihnen etwas Großes, Zusammenhängendes zu konstruieren. Mit dem wir dann ganz neue Spiele spielen können. Und das Verständnis dieser Mechanik befähigt uns dann, unendlich viele weitere Dinge, Fantasien, ganze Welten zu schaffen.

Ich weiß schon, das klingt jetzt alles ein bisschen abstrakt und ein bisschen pathetisch. Aber schenken Sie mir ein wenig Vertrauen, es wird gleich konkreter.

Für mich läuft es auf eine Frage hinaus, die dann doch ganz einfach ist: Wie verbinde ich die Liebe zum Job mit der Liebe zu meiner Familie? Wie meinen Optimismus, dass wissenschaftlicher Erkenntniszuwachs, technologischer Fortschritt und die

ordnende Kraft freier Märkte unser Leben letztlich besser machen werden, mit der Beobachtung, dass wir gerade jetzt ein
ziemlich miserables Leben führen? Kurz: Wie schaffen wir es,
an dieser historischen Weichenstellung, an der sich entscheidet, wohin wir den Einfluss der Technisierung der Arbeitswelt
auf unser restliches Leben steuern wollen, nicht die falsche Ab-
biegung zu nehmen?

Denn eines ist klar: So, wie es jetzt ist, kann es nicht weitergehen. ⬤▭

IRRWEGE

Wie konnte es so weit kommen?

⊙ Als ich im Jahr 2008 mein Buch *Morgen komm ich spä-ter rein* veröffentlichte, war die Arbeitswelt reif für eine Revolution. Privat setzten wir moderne Technik ein, um Dinge gemeinsam mit Menschen zu machen, ohne mit ihnen am selben Ort zu sein: Wir mailten und chatteten, skypten und schrieben gemeinsam an Texten in Google-Docs. Nur bei der Arbeit war das nicht angekommen. Da mussten wir morgens in ein Büro fahren, den ganzen Tag am Schreibtisch ausharren und durften nicht gehen, ehe nicht auch der Chef das Licht ausgemacht hatte. Gegen diese Präsenzkultur, diesen altmodischen Schreibtischzwang schrieb ich an – und rannte bei vielen offene Türen ein: Universitäten und Unternehmen luden mich ein, meine Thesen vorzustellen. Ich hielt Keynotes auf Kongressen, debattierte in Ministerien und Thinktanks. Bis heute gebe ich nahezu wöchentlich Interviews zum Thema, halte Vorträge oder sitze in Diskussionsrunden.

Diese schöne neue Arbeitswelt, in der auch Festangestellte arbeiten konnten, wann und wo sie wollten, war schon damals nicht nur eine Vision, es gab erste ermutigende Beispiele, dass das ging. Und es ging sogar ziemlich gut: Unternehmen waren produktiver, Mitarbeiter kreativer und zufriedener. Ich war sicher – das ist die Zukunft, und die Zukunft wird besser als das Heute. Aber viele meiner Zuhörer waren skeptisch: War das nicht nur ein Hype aus den USA, der lediglich Technologie-Start-ups betraf? Wollten die Menschen das überhaupt? Konnte jeder so eigenverantwortlich arbeiten? Und was war mit all jenen Jobs, die man eben nicht von unterwegs oder aus dem Homeoffice erledigen konnte?

Gute Einwände, die ich alle gern diskutierte, und trotzdem war ich sicher: Die Entwicklung hin zu einer zeitlich und räumlich dramatisch flexibleren Arbeitswelt würde kommen. Sie würde eine einmalige Emanzipation des Individuums von den Zwängen des Nine-to-five-Arbeitstages bringen. Und sie würde unser Verständnis von Job, Sicherheit, Lebensplanung und Glück auf den Kopf stellen. Immer mehr gerade junge Menschen werden sich sagen: Wenn es den geregelten Arbeitstag, den eigenen Schreibtisch und die sichere Festanstellung eh nicht mehr gibt – warum mache ich dann nicht gleich mein eigenes Ding? Mache mich selbstständig, folge meinen Leidenschaften? Was wiederum mithilfe moderner Technik so einfach und risikolos geworden war wie noch nie zuvor, wie ich in meinem zweiten Buch *Meconomy* argumentierte, das wiederum auf erhebliches Medienecho stieß.

Schnell fand ich mich unter Gleichgesinnten wieder: Unternehmensberater und Coaches, Büroplaner und IT-Experten, die eines einte: die Überzeugung, dass die Arbeitswelt sich gerade radikal wandelt und damit auch unser Leben. Es hat ein paar Jahre gedauert, bis der Widerstand nachließ. Es gab Rückschläge, zum Beispiel als Marissa Meyer bei Yahoo auf einen Schlag das Homeoffice abschaffte und alle zurück ins Büro beorderte. Oder als Best Buy – eines der interessantesten Beispiele – seine sogenannte »Results Only Work Environment« – also eine nur an den Ergebnissen, nicht an Präsenzpflicht orientierte Arbeitsumgebung – beendete, weil sie dem neuen CEO nicht gefiel.

Aber die Tendenz war klar: Im Jahr 2000 boten nur 4 Prozent aller deutschen Unternehmen mobiles und flexibles Arbeiten an, 2006 waren es schon 18,5 Prozent, 2012 dann 60 Prozent. Mittlerweile ist die Zahl der mobilen Mitarbeiter hierzulande größer als die der stationären: 54 Prozent der Berufstätigen in Deutschland arbeiten laut einer aktuellen Studie »teilweise oder ausschließlich« mobil. Sie erledigen ihre Arbeit von wechselnden Orten aus oder auf Reisen und nutzen dabei Laptops (97 Prozent), Smartphones (93 Prozent) oder Tablets (62 Prozent). Das bedeutet im Umkehrschluss: Nur noch 46 Prozent der Beschäftigten sitzen ausschließlich an einem stationären Arbeitsplatz. Heute wünschen sich 62 Prozent der Deutschen, regelmäßig von zu Hause aus arbeiten zu dürfen. Und für 90 Prozent der Beschäftigten ist bei der Arbeitgeberwahl familienfreundliche Flexibilität ebenso wichtig wie das Gehalt.

Neues Arbeiten ist inzwischen also Mainstream: Zuletzt verkündeten gleich mehrere große deutsche Konzerne, dass sie voll auf diesen Trend setzen. Bosch rief den sogenannten Next Generation Workplace ins Leben und rüstet sich damit nicht zuletzt in IT-Anwendungen für die Zukunft. Die Unternehmensgruppe will in den kommenden Jahren rund 800 Millionen Euro in das Projekt investieren. Das Ziel ist es, bestens vernetzte Arbeitsplätze der Zukunft zu schaffen – im Zentrum steht darum vor allem Kollaborationssoftware, die eine Reduktion des E-Mail-Aufkommens und eine noch einfachere Kommunikation zwischen den Mitarbeitern ermöglichen soll. Im Kern geht es der Unternehmensgruppe, die die Robert Bosch GmbH und ihre rund 440 Tochter- und Regionalgesellschaften in rund 60 Ländern umfasst, um die Beseitigung von Hürden für mobiles und effizientes Arbeiten. »Unsere Mitarbeiter müssen von jedem Standort der Welt aus einfach zusammenarbeiten können – innerhalb und außerhalb des Büros«, sagt Elmar Pritsch, IT-Chef von Bosch.

Ungefähr zur gleichen Zeit verkündete Henkel-Chef Kasper Rorsted, der kurz danach zu Adidas wechselte, in der *FAZ*, dass er der Anwesenheitspflicht im Büro nicht viel abgewinnen könne. »Mir ist egal, wo meine Leute arbeiten, Hauptsache, die Leistung stimmt.« Von ihm aus könnten seine Mitarbeiter auch »zwischendurch ins Fitnessstudio gehen und mir hinterher die Finanzanalyse schicken«. Die Präsenzkultur werde aussterben, so Rorsted. Anwesenheit am Arbeitsplatz sei keine Qualifikation und kein Leistungsausweis. Die Digitalisierung werde das endgültig beenden. Er selbst sei 200 Tage pro Jahr unterwegs, nur mit Koffer und Smartphone. Generell wollten junge Leute freier entscheiden, wann und wo sie arbeiteten. »Als ich neulich eine 27-jährige Frau eingestellt habe, hat die gesagt, ich arbeite gern zehn Stunden oder auch mal mehr«, so Rorsted. Sie wolle aber entscheiden können, wo sie wann sitze.

Siemens-Personalchefin Janina Kugel (mehr zu ihr im Kapitel »Unternehmen vorsichtig verändern«, Seite 164) gab derweil zu Protokoll, die Anforderungen in der modernen Berufswelt wüchsen, aber dafür gebe es auch deutlich mehr Flexibilität. »Nehmen wir mal die Büroarbeit. Da gab es früher starre Anwesenheitszeiten für alle. Heute kann ich selbst als Vorstandsmitglied relativ zeitig Feierabend machen, meine Kinder ins Bett bringen und danach noch mal E-Mails bearbeiten. Das ist doch ein echter Gewinn.« Klassische Karrieresymbole wie das eigene Eckbüro mit möglichst vielen Fenstern verlören derweil an Bedeutung.

Ungefähr zur gleichen Zeit veröffentlichte das Institut für Weltwirtschaft in Kiel (IfW) eine Studie, nach der Unternehmen, die ihren Beschäftigten mehr Wahlmöglichkeiten bei Arbeitszeit und -ort lassen, innovativer sind als die Konkurrenz. Eine um 11 bis 14 Prozent höhere Wahrscheinlichkeit, bessere Arbeitsergebnisse zu erzielen, haben laut IfW diejenigen Unternehmen, die auf die sogenannte Vertrauensarbeitszeit setzen, bei der die Anwesenheit im Büro nicht mehr kontrolliert wird. Microsoft Deutschland ging noch einen Schritt weiter und führte als erstes Unternehmen hierzulande per Betriebsvereinbarung auch noch den Vertrauensarbeitsort ein. Nun können Microsoftler tatsächlich offiziell arbeiten, wann und wo sie wollen … Hauptsache, die Arbeit wird gemacht.

»Was bei Beratungsfirmen oder im IT- und Medienbereich schon gang und gäbe ist, erfasst nun die großen traditionellen Arbeitgeber der Republik«, kommentiert das *Handelsblatt*: »Ein mächtiger Ruck quer durch alle Branchen ist zu beobachten.« Bei BMW gilt seit Anfang 2014 die neue Vereinbarung »Flexibel arbeiten, bewusst abschalten: Mobilarbeit bei BMW«, die auf eine optimale Balance zwischen Büro- und Mobilarbeit zielt. »Damit möchten wir unseren Mitarbeitern die Möglichkeit geben, nicht nur ihre Arbeitszeiten flexibel zu gestalten, sondern auch den Arbeitsort frei zu wählen«, so Milagros Caiña Carreiro-Andree, Vorständin der BMW-Gruppe für Personal- und Sozialwesen. Am Ende zähle das Ergebnis, und nicht wann und wo es erbracht wurde.

Die Lufthansa wiederum testet gerade ein Pilotprojekt namens »LH New Workspace« – eine Kombination aus neuartigem Bürokonzept, Vertrauensarbeitszeit und Homeoffice-Option. Eine Revolution für die Airline, in der über Jahrzehnte Anwesenheitspflicht herrschte. Und die Otto Group lud mich ein, ihre digitale Transformation hin zu mehr Transparenz und Flexibilität als Berater auf Vorstandsebene zu begleiten. Auch bei Daimler ist das Thema Chefsache: Der Konzern will sein altes Arbeitskonzept komplett umwerfen und es den Wünschen seiner Mitarbeiter anpassen. Das Unternehmen fragte über 80 000 seiner Mitarbeiter aus Verwaltung und Entwicklung: »Wie wollt ihr in Zukunft arbeiten?« Und die antworteten mit einer Mehrheit von über 80 Prozent: »Wir wollen räumliche und zeitliche Autonomie.« Als Konsequenz will der Vorstandsvorsitzende Dieter Zetsche nun »alles auf den Prüfstand stellen« –

Firmenhierarchien, Meetingkultur und Leistungsbewertung. Daimler-Angestellte sollen in Zukunft dort arbeiten dürfen, wo sie möchten – zu Hause auf der Couch, mit den Füßen in einem See oder im Lieblingscafé.

Und auch die Politik hat das Thema entdeckt: »Viele Beschäftigte sind offen für Flexibilität«, sagte Bundesarbeitsministerin Andrea Nahles und startete einen »Arbeitszeitdialog« mit Arbeitgebern, Gewerkschaften und Kirchen.

Die Schlacht scheint also gewonnen. Nur: Wieso freue ich mich dann nicht? Warum habe ich dieses nagende Gefühl, dass etwas nicht stimmt? Wieso beschleicht mich die Angst, einen riesigen Fehler gemacht zu haben? Mit dafür verantwortlich zu sein, dass die Welt nicht besser, sondern schlechter wird? Dass die Menschen nicht selbstbestimmter und glücklicher sind, sondern gestresster, getriebener … und irgendwie: erschöpfter?

Laut dem *Digital Work Report 2016* des Unternehmens Wrike ist fast jeder zweite Deutsche demnach vom Multitasking überfordert (47 Prozent). 40 Prozent der Befragten klagen über zu viele E-Mails, 35 Prozent über zu viele ineffiziente Meetings. Auf die Frage, ob die Arbeitsbelastung im Vergleich zum Vorjahr zugenommen hätte, antwortete ein Viertel der Befragten, dass sie »signifikant zugenommen« habe, für 47 Prozent ist sie immerhin »leicht angestiegen«.

In einer Studie für das Arbeitsministerium fanden die Experten von Nextpractice vor Kurzem heraus, dass mobile Arbeit nicht nur mit Selbstbestimmung, sondern auch mit Leistungsdruck und sozialer Kälte verbunden wird. Die Forscher identifizierten sieben »Wertewelten« unter Arbeitnehmern – und diese sehen das Thema teils stark unterschiedlich. Während die Gruppen »Engagiert Höchstleistungen erzielen«, »Sich in der Arbeit selbst verwirklichen« und »Balance zwischen Arbeit und Leben finden« flexible Arbeitsmodelle ausgesprochen positiv betrachten, sehen die Gruppen »Sorgenfrei von der Arbeit leben können« und »Sinn außerhalb seiner Arbeit suchen« diese deutlich kritischer.

Ähnlich sieht es bei der Digitalisierung der Arbeit aus. Diese wird von einem Teil der Befragten als Hilfsmittel am Arbeitsplatz betrachtet, während andere eine mit ihr einhergehende Entgrenzung der Arbeitswelt hinein ins Private und entsprechenden Druck befürchten. Die einen freuen sich über höhere Arbeitseffizienz und positiven Stress, die anderen kritisieren zunehmenden Druck und Stress durch eine voranschreitende Rationalisierung der Arbeit. Einig sind sich die Befragten aller Wertewelten darin, dass ein massiver qualitativer Umschwung in der Arbeitswelt stattgefunden hat, in dessen Folge die Arbeit einen größeren Stellenwert im Leben eingenommen hat – auf Kosten von Hobbys und Privatleben. Über alle Wertewelten hinweg herrscht die Einschätzung vor, dass der Höhepunkt hier bereits erreicht wurde. Da dürften die Befragten sich irren, fürchte ich, denn die Entwicklung hat vielleicht erst begonnen.

Auch Ingrid Schmidt, Präsidentin des Bundesarbeitsgerichts, schlug in einem Interview mit dem *Spiegel* Alarm. Die Arbeitsorganisation werde sich komplett verändern, aber: »Die Arbeit muss ja gemacht werden, und kein Mensch ist 24 Stunden am Tag leistungsfähig. Einfach abends zwischen 18 und 24 Uhr arbeiten und tagsüber Kinder versorgen, geht nicht. Die Versuchung zur Selbstausbeutung ist riesig. Es gibt menschliche Grundbedürfnisse, die bei aller Digitalisierung mitbeachtet werden müssen.« Arbeitgeber könnten nicht einfach anordnen, »dass ein Mitarbeiter mal eben um drei Uhr nachts mit den USA telefonieren und dann morgens um neun Uhr wieder im Büro sein soll. Bei aller Notwendigkeit von Flexibilisierung: Der Mensch hat ein Ruhebedürfnis, und man kann ihn nicht wie eine Maschine behandeln.«

In Frankreich reagierte inzwischen sogar der Gesetzgeber: Ein neues Arbeitsgesetz, das zum Januar 2017 in Kraft trat, verpflichtet Unternehmen mit mehr als 50 Angestellten, Regelungen in Kraft zu setzen, die das Einsickern von Arbeit ins Privatleben reduzieren. Arbeitsministerin Myriam El Khomri hatte schon 2015 eine Studie in Auftrag gegeben, die vor den gesundheitlichen Folgen eines – wie sie das nannte – Info-Übergewichts warnt: Immer mehr Franzosen, so belegte die Untersuchung, kommen nicht von ihrer Arbeit los, auch dann, wenn sie gar nicht am Arbeitsplatz sind. Der französische Arbeitsrechtler Patrick Thiebart hält die Einmischung der Politik hier für richtig und notwendig, denn die digitale Überlastung von Arbeitnehmern führe bereits zu medizinischen Problemen: »Wenn ein Mitarbeiter das ganze Wochenende über E-Mails bekommt und auch nachts bis 23 Uhr, dann wird das nach einiger Zeit natürlich negative Folgen für seine Gesundheit haben.«

Die Unternehmensberatung Deloitte analysiert in einer aktuellen Studie, dass, obwohl wir privat Social Media lieben, diese sich bei der Arbeit wie eine lästige Mühsal anfühlten. »Unsere Untersuchungen zeigen, dass Stress, Schlafmangel und die permanente Notwendigkeit, fokussiert zu bleiben, Arbeit schwerer denn je macht.« Grund sei vor allem die Schwerfälligkeit vieler Unternehmen, sich organisatorisch, strukturell, in Sachen Zielsetzungen und Leistungsmanagement auf die neue digitale Zeit einzustellen.

Es mehren sich also die Zeichen, dass das emanzipatorische Potenzial des Digitalen im Alltag an seine Grenzen stößt. Die Hoffnung vieler Menschen, dass Technologie uns ein besseres Leben ermöglichen kann, weicht zusehends der Ernüchterung. In der Populärkultur gewinnen Dystopien an Konjunktur: Im viel gelesenen Roman *The Circle* karikiert der US-amerikanische Autor Dave Eggers eine Arbeitswelt, in der die Protagonistin permanent über diverse digitale Kanäle mit der Firma und den Kollegen verbunden sein muss, will sie nicht als Außenseiterin gelten. Und die hochgelobte britische Science-Fiction-Fernseh-serie *Black Mirror* zeichnet ein ums andere Mal das düstere Bild einer Gesellschaft, in der der Einzelne nur noch technologisch vermittelt zu seinen Mitmenschen in Beziehung zu treten vermag.

Insofern ist die Digitale Erschöpfung, von der hier die Rede sein soll, eine doppelte. Gemeint ist sowohl die konkrete, indi-viduelle Erschöpfung, die das Always-On des Digitalen in uns Menschen auslöst. Aber ebenso die abstrakte, begriffliche eines sich erschöpfenden Heilsversprechens.

In diesem Buch werde ich versuchen, praktische Wege auf-zuzeigen, wie wir es schaffen können, trotz der unumkehrbaren Digitalisierung unserer Arbeitswelt – und in der Folge unseres gesamten Lebens – dennoch Inseln der Autonomie, der Intro-spektion und des unverstellten menschlichen Miteinanders zu-rückzuerobern. Wie Unternehmen sicherstellen können, dass mehr Technik auch wirklich zu mehr Zufriedenheit, Kreativität und Produktivität der Mitarbeiter führt. Wie Familien die all-gegenwärtigen Gadgets sinnvoll steuern und ihren Kindern bei-bringen können, klug damit umzugehen. Ob und in welchem Umfang Politik und Tarifparteien regulierend eingreifen sollten. Und wie wir als Gesellschaft unseren Werterahmen so aussteu-ern, dass wir bei allem Fortschritt unsere Menschlichkeit be-wahren.

Neue Arbeit –
Fluch oder Segen?

⬤ Das eigentliche Versprechen der Neuen Arbeit war es nie, Technik um ihrer selbst willen einzusetzen. Es ging darum, mit neuen, intelligenteren Arbeitsweisen effizienter zu sein. Dann zu arbeiten, wenn man am produktivsten ist. Zwischendurch private Dinge erledigen zu können und so die Arbeit von acht oder neun Stunden in fünf zu erledigen. Das geht, davon bin ich fest überzeugt, das habe ich oft genug selbst ausprobiert. Die spannende Frage ist ja nur, was wir mit den gewonnenen drei bis vier Stunden machen sollen? Nach meiner Theorie: Alles, bloß nicht arbeiten!

Die Wirklichkeit sieht ganz anders aus: Wir quetschen immer mehr Leistung und Ergebnisse in unseren Tag, stehen ständig unter Strom, schalten nie ab. »Arbeitsverdichtung« nennen Experten das. Klingt harmlos, ist es aber nicht. Schon weil die Arbeit längt auch unser Privatleben erreicht hat. »Lebensverdichtung« wäre ein passenderer Begriff. Die Manie, To-do-Listen abzuarbeiten, wird zum Mantra.

Einige Zahlen: 84 Prozent aller deutschen Arbeitnehmer sind erreichbar, nachdem sie das Büro verlassen haben. 46 Prozent geben an, keine 5-Tage-Woche zu haben, sondern auch abends und an den Wochenenden zu arbeiten. Die Deutschen leisten durchschnittlich rund drei Überstunden pro Woche, und nicht einmal die Hälfte dieser Überstunden wird bezahlt. Tendenz steigend. Zudem ist die Mehrheit der Beschäftigten auch während des Sommerurlaubs für Kollegen, Vorgesetzte und Kunden erreichbar. 67 Prozent antworten auf dienstliche Anrufe, E-Mails oder Kurznachrichten, so eine repräsentative Umfrage im Auftrag des Digitalverbands Bitkom. 20 Prozent arbeiten mit ihrem Smartphone, Tablet oder Computer, kurz bevor sie schlafen gehen.

Kein Wunder also, dass Krankenkassen Alarm schlagen. Über 50 Prozent aller von ihnen Befragten haben regelmäßig Schlafprobleme, 13 Prozent sogar jede Nacht. Die Zahl der Fälle von psychischen Erkrankungen, die wohl auf Stress zurückzuführen sind, stieg seit 1994 um 120 Prozent. Durch psychische Erkrankungen verursachte Fehlzeiten erhöhten sich in den letzten zehn Jahren um 40 Prozent. »Flexibilität braucht klare Schranken«, mahnt der geschäftsführende Vorstand des AOK-Verbands, Uwe Deh. Ein frommer Wunsch – der Trend geht in die andere Richtung: Mehr als zwölf Prozent der Vollerwerbstätigen arbeiten über 48 Stunden pro Woche – also mehr als gesetzlich erlaubt, bei den Selbstständigen sind es sogar 53 Prozent. »Der 24/7-Wahnsinn verschleißt unsere Gesundheit und vernichtet unsere Lebenszeit«, urteilt die *Zeit*. Dabei seien es ausgerechnet die alternativen Arbeitszeitmodelle, die zu maximaler Ausbeutung führten. All das kostet nicht zuletzt eine Menge Geld: Die wirtschaftlichen Kosten belaufen sich auf 225 Milliarden Euro pro Jahr – eine Zahl, die weiter steigen wird.

Deutsche Arbeitgeber und Gewerkschaften streiten sich derweil nicht nur um die Lösung des Problems, sondern über die Frage, ob es überhaupt eines gibt. Politiker scheinen unsicher, auf welche der beiden Seiten sie sich schlagen sollen. So fordern Gewerkschaften schon seit Längerem eine sogenannte Anti-Stress-Verordnung. Diese soll verhindern, dass Angestellte mehr als acht Stunden täglich arbeiten und während der Freizeit berufliche E-Mails erledigen müssen. Bundesarbeitsministerin Andrea Nahles (SPD) hatte die Forderung unterstützt und gesagt, es gebe einen Zusammenhang zwischen Dauererreichbarkeit und der Zunahme an psychischen Erkrankungen. Bundeskanzlerin Angela Merkel erteilte dem Gesetz aber vorerst eine Absage. Die Arbeitgeber dürfte das gefreut haben. Sie wollen, dass betriebliche Schutzmaßnahmen freiwillig bleiben. Dass Arbeitsstress die Ursache für psychische Krankheiten sein soll, bezeichnete Bertram Brossardt, Hauptgeschäftsführer der Vereinigung der bayerischen Wirtschaft, VBW, gegenüber der *Süddeutschen Zeitung* als »platte Behauptung«. Krankheitsursache sei nicht der Stress am Arbeitsplatz, sondern die »Stresssumme«: »Wenn man morgens ins Fitnessstudio hetzt, danach im Stau steht und abends noch einkauft, entsteht chronischer Stress.« Zu Stressfaktoren zählt er die ständige Erreichbarkeit nicht nur für den Arbeitgeber, sondern auch für Familie und Freunde. Ob aus chronischem Stress letztlich eine Krankheit erwachse, hänge auch von genetischen Bedingungen und Kindheitstraumata ab.

Zwar ist eine knappe Mehrheit der Deutschen für eine solche Anti-Stress-Verordnung, so das Ergebnis einer repräsentativen Forsa-Umfrage im Auftrag der Krankenkasse DAK. 52 Prozent der Befragten sprechen sich für eine rechtlich verbindliche Regelung gegen Arbeitsstress aus, vier von zehn Deutschen lehnen sie ab. Doch konkrete Regelungen dürften schwierig sein, wie das Personalmagazin *Haufe* analysiert. Bereits bei der ersten Diskussion des Themas äußerte sich der damalige Staatssekretär im BMAS, Gerd Hoofe, skeptisch zu gesetzlichen Plänen. »Regulierungen sind kein Allheilmittel«, sagte Hoofe damals im Interview mit dem Personalmagazin. Er warnte mit Blick auf die damaligen Verordnungsentwürfe davor, »Allgemeinplätze in eine Verordnung« zu schreiben: »Das Versprechen, mit verbindlichen Anforderungen mehr Handlungsdruck auszuüben, wird nicht wirklich eingelöst.« Zudem gebe es bei psychischer

Gesundheit keine eindeutigen Grenzwerte wie zum Beispiel für Lärm und Gefahrstoffe.

Die Partei Die Linke polemisiert, die Bundesregierung verweigere auf Druck der Arbeitgeber jede Aktivität. »Wir brauchen dringend gesetzliche Leitplanken, um die Beschäftigten vor zu hoher Arbeitsbelastung und ausufernden Arbeitszeiten zu schützen«, so der Linke-Abgeordnete und ehemalige Gewerkschafter Klaus Ernst. »Ein erster Schritt wäre die Reduzierung der Wochenhöchstarbeitszeit von 48 Stunden. Darüber hinaus brauchen wir einen wirksamen Schutz der Beschäftigten vor ständiger Erreichbarkeit außerhalb der Arbeitszeit und mehr Einfluss der Beschäftigten auf das zu leistende Arbeitsvolumen.«

Derweil drängen die Arbeitgeber in die entgegengesetzte Richtung. Weil nach Rechnung der Bundesvereinigung der Deutschen Arbeitgeberverbände (BDA) mittlerweile zwei Drittel aller Beschäftigten einen digitalisierten Arbeitsplatz haben, fordert ihr Präsident Ingo Kramer eine Deregulierung des Arbeitszeitgesetzes, vor allem der sogenannten Mindestruhezeit von elf Stunden: »Es sollte möglich sein, auch einmal über zehn Stunden hinaus zu arbeiten und den Ausgleich hierfür an anderen Tagen zu nehmen«, sagte er der Deutschen Presse-Agentur. Das Arbeitszeitgesetz schreibt den Acht-Stunden-Tag vor, lässt aber schon jetzt viele Ausnahmen zu. Der Arbeitgeberpräsident fordert stattdessen, das Arbeitszeitrecht von einer Tageshöchstarbeit auf eine Wochenarbeitszeit umzustellen. »Es geht nicht darum, die Arbeitszeiten pauschal zu verlängern, sondern flexibler auf die Wochentage verteilen zu können«, sagt er. Für den Linken-Politiker Ernst will die Arbeitgeberlobby damit »das Arbeitszeitgesetz schleifen und notwendige Ruhezeiten verkürzen. Das ist ein direkter Angriff auf die Gesundheit der Beschäftigten.«

Für die BDA ist die Initiative hingegen logische Konsequenz aus der zunehmenden Digitalisierung. »Arbeitszeitflexibilität räumt Unternehmen die im globalen Wettbewerb erforderliche zeitliche Beweglichkeit ein und sichert damit Arbeitsplätze. Sie stärkt die Vereinbarkeit von Beruf, Familie und Privatleben und macht einen Arbeitsplatz vor allem für Fachkräfte attraktiv«, frohlockt der Arbeitgeberverband in einer Stellungnahme auf seiner Website: »Diese Chancen dürfen nicht durch eine Diskussion um ›ständige Erreichbarkeit‹ gefährdet werden. Niemand muss ständig erreichbar sein. Ein ausreichender Schutz vor tatsächlicher Inanspruchnahme ist durch die Regelungen des Arbeitszeitgesetzes gewährleistet.« Ob das so stimmt, ist mindestens umstritten.

Denn wir sprechen keineswegs nur von einem deutschen Phänomen. So berichtete beispielsweise der britische *Guardian* kürzlich, dass in Großbritannien geschätzte zehn Millionen Arbeitstage aufgrund von Stressbelastung verloren gehen. Um vor allem die viel zitierte Work-Life-Balance besser auszutarieren – also die Kunst, berufliche und private Anforderungen unter einen Hut zu bekommen –, setzen auch in Großbritannien viele Unternehmen sowie die Regierung auf flexible und mobile Arbeitsmodelle.

Mediziner fürchten jedoch zunehmend, dass gerade diese den Stress nur vergrößern. Ohne feste Kernarbeitszeiten arbeiten die Menschen ständig ein bisschen: Jede E-Mail und jeder Anruf, die wir außerhalb unserer Arbeitszeit beantworten, erhöhen laut Psychologen den Stresslevel. Das Problem wird zunehmend allgegenwärtig: Laut einer aktuellen Studie verbringen Erwachsene schon heute mehr Zeit mit Technologie als schlafend im Bett. Und die alte Präsenzkultur, in der jeder so lange im Büro bleiben musste wie seine Kollegen, wurde abgelöst durch eine neue, erbarmungslosere: Jeder glaubt, er müsse online genauso regelmäßig und lange erreichbar sein wie sein Team, seine Kunden, seine Vorgesetzten. Laut einer groß angelegten Metastudie, für die über 600 000 Erwerbstätige in Europa, den USA und Australien untersucht wurden, erhöhen überlange Arbeitszeiten das Schlaganfallrisiko um ein Drittel.

In Vorträgen erzähle ich gern, dass ich zwei kleine Töchter habe. Und dass, wenn die beiden in vielleicht 15 Jahren ins Berufsleben eintreten werden, sie mich bestimmt fragen: »Papa, was war eigentlich dieser Feierabend?« Das gibt meist einen Schmunzler, zumindest aber besorgt gerunzelte Augenbrauen im Publikum. Aber ich meine das ernst: Konzepte wie der regelmäßige Weg zur Arbeit, der Nine-to-five-Tag, das Büro als Ort, wo Aktenschränke und Kopierer stehen – oder eben der für alle gleiche und verbindliche Feierabend mit all den kulturellen Konnotationen, die daran hängen –, werden dann nur noch Nostalgie sein. Ich habe das immer mit einem lachenden und einem weinenden Auge gesehen, habe die Vorteile der Selbstbestimmtheit betont. Heute bin ich mir nicht mehr so sicher. Vielleicht ist der Feierabend gar nicht altmodisch, sondern im Gegenteil hochmodern. Vielleicht brauchen wir ihn dringend zurück. Vielleicht lohnt es sich, für ihn zu kämpfen.

Das Thema betrifft mich auch persönlich: Ich habe 2010 ein Unternehmen gegründet, das inzwischen 25 Mitarbeiter hat. Wir versuchen, viele Ideen der Neuen Arbeit umzusetzen: Möchte jemand »morgen später reinkommen«, weil er Handwerker im Haus hat, oder früher gehen, um das Kind von der Kita abzuholen, ist das bei uns kein Problem. Zwischendurch mal einen Tag Homeoffice? Klar! Damit wir alle unterwegs arbeitsfähig sind, haben wir in moderne Technik investiert: Alle Workflows sind digitalisiert. Dank Web-basierter Kollaborationsplattform kann ich vom Handy aus alle relevanten Dokumente aufrufen, können meine Mitarbeiter mir Dinge zur Freigabe schicken, unterhalten wir uns über einzelne Aufgaben direkt auf der Projektmanagement-Ebene und schicken in der Folge dramatisch weniger E-Mails. Das ist alles fein, genau so soll modernes Arbeiten gehen. Ich bin im Zug, am Flughafen oder im Restaurant genauso produktiv wie im Büro.

Der Nachteil: Ich kann überall und immer arbeiten, also tue ich das auch. Weil die Kollegen mein Feedback brauchen. Weil sich die Kernarbeitszeit auch bei unseren Kunden so weit aufgelöst hat, dass der eine morgens um acht telefonieren will und der andere abends um neun. Aber auch, weil es eine Sucht ist. Der ständige Kick, dass auf dem Smartphone meine Entscheidung gefragt ist oder ein neues Produkt angeschaut werden kann, scheint unwiderstehlich. Dass meine Tochter mehrmals täglich sagt »Papa, starr nicht immer auf dein Handy«, ist inzwischen nicht mehr lustig gemeint. Ich leide darunter. So ein Vater will ich nicht sein, und so ein Mensch auch nicht. Aber: Hier swipe ich, ich kann nicht anders.

Die Zukunft der Arbeit ist schon da – aber ist sie ein riesiger Fehler? Noch vor wenigen Jahren wurde diskutiert, ob mobile und flexible Arbeitsmodelle auch für Festangestellte eine Modeerscheinung sind, ein Phänomen aus dem Silicon Valley, das hierzulande höchstens Technologieunternehmen adaptieren. Das Bild hat sich radikal gewandelt:

Die Frage, ob die neue Arbeitswelt kommt, ist eindeutig beantwortet: Ja, sie kommt.

Die Frage, die sich Unternehmen jetzt stellen, ist: Wie kommt sie? Was müssen wir tun, damit wir mitspielen können?

Die Frage, die wir uns alle stellen müssten, lautet: Wollen wir das wirklich? Wie können wir die Entwicklung so gestalten, dass unser Leben, wie wir es kennen, nicht fundamentalen Schaden nimmt?

Und zwar nicht nur das Arbeitsleben, denn wenn alles Arbeit wird, bleibt auch im Privaten nichts, wie es ist. Wir sehen das in Ansätzen schon heute: Es gibt keinen Feierabend mehr. Wir schalten nie ab. Wir arbeiten immer und überall. Arbeit sickert nicht nur zunehmend in alle Lebensbereiche ein – sie wird das Leben.

Jeder kennt das: dieses ständige Gefühl des Gehetztseins. Nie fertig zu werden. Immer alles nur ›gerade so‹ hinzubekommen. Nie mal abschalten zu können. Keine Zeit für sich zu haben, fürs Nachdenken, Träumen. Für Genuss, Zweisamkeit, Familie. Denn da ist immer schon die nächste E-Mail, die nächste Telko, der nächste Punkt auf der To-do-Liste, die nächste Deadline. Wir funktionieren als Teil dieser Kommunikations- und Effizienzmaschine – aber leben wir? Steuern wir noch die Maschinen und die Algorithmen, oder steuern sie uns bereits?

Es ist eine schmerzhafte, aber nicht von der Hand zu weisende Erkenntnis: Die technologisch getriebene Arbeitsrevolution, die uns von Anwesenheitspflicht und Schreibtischzwang befreien und uns mehr Selbstbestimmung, mehr Freiheit und Lebensqualität bringen sollte – sie versklavt uns nun auch jenseits des Büros.

Das hat drei Gründe:

1. Ökonomisch/arbeitsorganisatorisch: Unternehmen müssen verstehen, dass sie nicht das Neue einführen und das Alte trotzdem beibehalten können. Wenn Arbeitgeber erwarten, dass ihre Mitarbeiter noch mal den Rechner aufklappen, wenn die Kinder im Bett sind, und am Wochenende Mails beantworten, dann können sie nicht gleichzeitig verlangen,

dass sie am nächsten Morgen wieder um 9 im Büro sind und bis 18 Uhr bleiben. Die Versuche, das Thema mit Regeln einzugrenzen, wirken bislang gestrig und naiv: Wenn bei Volkswagen abends die E-Mail-Server ausgehen, mailen die Mitarbeiter eben vom Privat-Account weiter. Wenn Daimler alle im Urlaub eingegangenen Nachrichten automatisch in den Papierkorb des E-Mail-Programms verschiebt, dann sagen selbst die Teilnehmer eines vom Autor geleiteten Führungskräfte-Seminars, dass sie das keineswegs entspannter macht, im Gegenteil.

2. Menschlich/psychologisch: Wir erleben gerade einen massiven Kulturwandel. Es gibt neue Werkzeuge, mit denen wir über Raum und Zeit hinweg mit anderen kommunizieren und zusammenarbeiten können. Uns fehlen aber die Absprachen, wie wir mit ihnen umgehen wollen. Wir haben schlicht nicht genug Zeit, Konventionen zu entwickeln. Denn die digitale Transformation schreitet nicht langsam fort, sie reißt uns förmlich mit sich. Während Angestellte in großen Unternehmen noch darüber diskutieren, wie viele Empfänger man bei E-Mails CC: nehmen sollte, kaufen ihre Chefs bei Technologieanbietern digitale Kollaborationsplattformen, mit denen man von überall Dokumente austauschen, Projekte managen und sich über die Arbeit unterhalten kann. Die, gerade weil sie so praktisch und allgegenwärtig sind, ihre global vernetzten Tentakel noch fester um unser Privatleben schlingen. (Zwei der populärsten, Basecamp und Slack, tragen übrigens inzwischen dem Problem Rechnung, indem sie Nutzern die Möglichkeit bieten, die ständige Flut an Benachrichtigungen zeitweise auch mal auszuschalten. Bei Slack heißt dieses neue Feature ganz prosaisch »Bitte nicht stören!«, bei Basecamp hat es den sprechenden Titel »Die Arbeit kann warten«.)

3. Gesellschaftlich/politisch: Der Gesetzgeber hinkt der Debatte permanent hinterher. Während das Arbeitsministerium versucht, sich dem Thema unter dem Stichwort Arbeiten 4.0 mit live ins Netz übertragenen Diskussionsrunden und Positionspapieren voller Buzzwords wohlwollend zu nähern, während Gesetzesinitiativen gegen Arbeitsstress versanden und die Arbeitgeberlobby zugleich am Arbeitszeitgesetz sägt, schafft die ökonomische Macht des Faktischen in Form neuer IT und Arbeitsabsprachen in Unternehmen ständig neue Tatsachen (wie die Betriebsvereinbarung zum Vertrauensarbeitsort bei Microsoft Deutschland, dank der Mitarbeiter ganz offiziell von überall arbeiten dürfen). Die Frage ist ja: Welche Weichen müssen jetzt – auch in politischer Regulierung und gesellschaftlichen Werten – gestellt werden, damit die nächste Generation nicht in einer Welt aufwächst, die so keiner wollte. Die einfach passiert ist.

Neulich habe ich wieder einmal einen Vortrag zum Thema Neue Arbeit gehalten. Am Ende gibt es immer eine Diskussionsrunde, und die meisten Fragen habe ich schon hundertmal gehört, spule die Antworten freundlich, aber routiniert ab. Diesmal stand ein Herr auf, räusperte sich und sagte: »Herr Albers, das ist ja alles schön und gut, nur: Wird es die Menschen eigentlich glücklicher machen?« Früher hätte ich ausgeholt, von Selbstverwirklichung und Flow, Kontrolle über die eigene Zeit und der Macht des Self Branding gesprochen. Dieses Mal bekam ich eine Weile kein Wort heraus und murmelte dann nur: »Ehrlich? Ich weiß es nicht.« Der Raum war still. Die Veranstaltung zu Ende. Die Gäste schauten mich etwas betreten an. Und ich wusste: Ich muss die Antwort finden.

Die Forderungen
der New-Work-Apologeten

⊂● Nun haben Sie sicher schon gemerkt, dass ich kein Maschinenstürmer bin. Kein Technikfeind, kein Fortschrittsverhinderer. Im Gegenteil. Ich glaube, dass die meisten Forderungen, die das Neue Arbeiten mit sich bringt, aus guten Gründen postuliert werden, und dass die Veränderungen, die das mit sich bringt, im Kern positiv sind. Nur nicht immer in der Umsetzung. Um das zu verstehen, muss man sich anschauen, worum es hier überhaupt geht.

Was ist dieses Neue Arbeiten eigentlich genau und was konkret wollen seine Befürworter? Die stammen übrigens aus ganz verschiedenen Lagern: Unternehmensberater versprechen dadurch mehr Effizienz. IT-Konzerne wollen die entsprechende Hard- und Software verkaufen. Architekten hoffen auf lukrative Büro-Neu- und -Umbauten. Coaches und Berater verkaufen Schulungen und Change-Management-Programme. Politiker erkennen im Neuen Arbeiten einen unumkehrbaren Trend, der reguliert werden muss. Manager wollen damit schlichtweg moderner arbeiten, produktiver und effizienter. Personalabteilungen hoffen, die Attraktivität der Arbeitgebermarke zu stärken. Unternehmer und Vorstände sehen sie als notwendigen Teil der überall stattfindenden digitalen Transformation, die zu implementieren ihre Kernaufgabe ist. All diese Interessengruppen haben sich in letzter Zeit auf einen Kern von Glaubenssätzen geeinigt, die noch vor wenigen Jahren in Deutschland durchaus umstritten waren, heute aber als Common Sense gelten dürfen. Um zu verstehen, warum aus einer gut gemeinten Bewegung derzeit so viel Negatives entsteht, muss man zunächst einmal begreifen, worin eigentlich genau dieses Neue Arbeiten besteht.

An erster Stelle steht die Forderung, dass Mitarbeiter überall arbeiten können und dürfen sollten – nicht nur im Büro. Um das zu gewährleisten, müssen alle Arbeitsprozesse im Unternehmen digitalisiert werden und jeder muss von extern auf diese digitalen Daten zugreifen können. Das bedeutet dann zugleich, dass die Rolle des Büros sich ändert: Es ist nicht mehr der Ort, an dem ich alle meine Arbeitswerkzeuge finde – die habe ich immer bei mir. Ich gehe nicht mehr ins Büro, um auf einen Bildschirm zu schauen – das kann ich von überall –, sondern um mich punktuell mit meinen Kollegen persönlich auszutauschen und gemeinsam kreativ zu sein. Sodass danach jeder wieder seiner Wege gehen kann. Das neue Büro braucht ein neues Design: weniger Einzelräume, mehr Fläche, also Großraum. Mehr Orte für zufällige Begegnungen, auch Serendipity genannt. Unterschiedlich gestaltete Bereiche für unterschiedliche Arbeitssituationen. Und oft auch Desk-Sharing, also: kein eigener Schreibtisch mehr. Damit die Teams arbeitsfähig bleiben, auch wenn sie sich nicht jeden Tag persönlich treffen, brauchen sie zeitgemäße Kommunikationstools: digitale Kollaborationsplattformen und Projektmanagement-Software, Filesharing-Tools, firmeninterne Social Networks, Meeting-Software (idealerweise mit Video- und Screensharing-Funktion).

Dieses neue System muss von oben gelebt werden. Sprich: Der Manager/Abteilungsleiter/Chef muss raus aus dem Eckbüro und in die Fläche. Muss den Desktop-Rechner gegen den Laptop tauschen. Ist – statt sich hinter dem Vorzimmer zu verschanzen – jederzeit ansprechbar. Allgemein bedeutet dieser Wandel für Führungskräfte, dass sie lernen müssen, loszulassen und zu vertrauen. Chefs, die ihre Schäfchen permanent sehen müssen, um auch zu glauben, dass sie arbeiten, sind in der neuen Arbeitswelt fehl am Platz.

Treiber dieser Entwicklung sind nicht nur die neuen technologischen Möglichkeiten und die jungen Arbeitskräfte der Generationen Y und Z, die selbstverständlich digitale Werkzeuge erwarten sowie die damit einhergehende Flexibilität, Transparenz und Selbstbestimmtheit. Der dritte Treiber ist ein arbeitsorganisatorischer: Immer mehr Unternehmen erkennen, dass Zeit als Messgröße von Leistung aus der Industriegesellschaft stammt: Wer seine Zeit an der Maschine abgeleistet hat, hatte seine Arbeit getan. Heute, in der Wissensgesellschaft, ist Arbeitszeit keine gute Orientierung mehr – auch wenn jemand acht Stunden vor dem Rechner gesessen hat, weiß man nicht genau, was er dabei geleistet hat. Unternehmen gehen darum – wo möglich – immer mehr dazu über, Leistung in Ergebnissen zu messen. Wann und wo diese erzielt werden, ist dem Arbeitgeber egal. In Deutschland entstand aus dieser Einsicht die Betriebsvereinbarung der sogenannten Vertrauensarbeitszeit, einige Unternehmen haben auch bereits den Vertrauensarbeitsort eingeführt.

Damit ist der Nine-to-five-Arbeitstag tot. Virtuelle Teams, globale Organisationen und entgrenzte Arbeitszeiten führen dazu, dass wir flexibler und mobiler werden müssen. Der Vorteil: Wir können auch Privates besser in den Arbeitstag eintakten – gehen zwischendurch shoppen oder zum Sport, holen die Kinder aus der Schule – und setzen uns dafür abends noch mal an den Laptop. Die neue digitale Flexibilität und Transparenz machen Unternehmen im Idealfall effizienter und produktiver, denn statt Kernarbeitszeiten abzusitzen, arbeitet nun jeder, wenn er oder sie am leistungsfähigsten oder kreativsten ist. Und Wissen wird zunehmend geteilt. Informationen müssen raus aus Abteilungs-Silos und Experten-Köpfen und rein in für alle transparente und durchsuchbare Systeme. Auch hier kommen wieder die modernen Tools zum Einsatz. Das Ergebnis: mehr Innovation, mehr Motivation. In der Theorie führt all das zum Modebegriff von Personalern und Coaches – Empowerment. Zu Deutsch: Mitarbeiter bekommen dramatisch mehr Kontrolle über ihre Zeit und über die Struktur ihrer Arbeit. Das führt zu mehr Kreativität und Produktivität sowie zu einer stärkeren Bindung ans Unternehmen und wirkt als Mittel des Employer Branding nach außen, um die besten Köpfe anzuziehen. Alle gewinnen.

Klingt gut, oder? Finde ich auch. Ganz im Ernst. Die meisten, nein: alle Punkte dieser Liste sind in der Theorie richtig und wichtig. Genau das vertrete ich in meinen Büchern und Vorträgen, und dazu stehe ich.

Und trotzdem geht es uns in der Praxis allen so schlecht damit.

Wo liegt also der Fehler? Diese Frage wird dieses Buch beantworten. Ich möchte Sie zunächst auf eine Tour de Force durch unseren neuen – vermeintlich besseren – Arbeitsalltag mitnehmen. Wir werden uns anschauen, ob Großraumbüros wirklich kreativer machen und warum Kollaboration zur Religion der Neuzeit stilisiert wird. Wir werfen einen Blick auf die neuen Kommunikations- und Arbeitswerkzeuge und schauen, wo ihr Zusammentreffen mit altmodischen Arbeits- und Führungskulturen zu unerträglichen Arbeitsumgebungen führt. Wir fragen uns, ganz allgemein, weshalb wir alle immer so beschäftigt sind. Und ob das so sein muss.

Aber ich will nicht nur anklagen und kritisieren – das Glas ist halb voll, und ein bisschen kalifornischer Optimismus tut uns in Deutschland gut. Darum geht es im zweiten Kapitel um konkrete Lösungen für die beschriebenen Probleme: Wir sehen zum Beispiel, was der Unterschied zwischen dem Kalender eines Managers und dem eines Makers ist – und weshalb wir alle unsere Termine falsch planen. Wir analysieren, warum es viel zu einfach geworden ist, sich geschäftlich zu verabreden, und weshalb viele junge Menschen das Telefonieren zu Recht altmodisch finden. Wir probieren Handys aus, mit denen man nur telefonieren kann, lernen Tricks von Menschen, die es auf vorbildliche Weise geschafft haben, der ständigen Erreichbarkeit Grenzen zu setzen, und genau darum extrem erfolgreich sind. Wir sprechen mit selbstkritischen Architekten, die einsehen, dass das Großraumbüro oft die falsche Lösung ist. Wir erfahren, warum die Personalchefin eines der größten deutschen Unternehmen erst nach 21 Uhr erreichbar ist. Und wir schauen uns an, ob die Technologie der nahen Zukunft, also Virtual oder Mixed Reality, intelligente Sprachassistenten und künstliche Intelligenz, unser Arbeitsleben endlich wieder erträglicher machen wird – oder ob wir im Gegenteil auf eine Dystopie zusteuern, in der Arbeit endgültig alles wird und wir der permanenten digitalen Kommunikation vollständig unterworfen sind.

7.30 Uhr:
Die exponentielle Gefahr

Ich bin vor einer Stunde aufgestanden. Erster Handgriff: Espressomaschine an. Zweiter Handgriff: Smartphone aus der Ladestation nehmen, Nachrichten checken. Natürlich hat meine Kollegin gestern Nacht noch auf die Mail geantwortet, die ich ihr um 23.32 Uhr geschickt hatte. Ein Kunde ist in den USA, hat auch geschrieben. Auf Twitter und Facebook ist eh eine Menge passiert, ich scrolle beides kurz mit einer Hand durch, während ich die ersten Schlucke Kaffee nehme. Sehe Links zu drei Artikeln, die mich interessieren, speichere diese in einer App namens Pocket, um sie später zu lesen. Dann duschen, rasieren, anziehen, Tisch decken, Milla wecken. Während sie frühstückt, stehe ich am offenen Küchentresen, belege Schulbrote, fülle Apfelsaftschorle in die Trinkflasche, rede ein bisschen mit ihr (sie ist morgens genauso maulfaul wie ich). Und schaue zwischendurch immer wieder auf das Smartphone, denn gegen 7 Uhr fangen die ersten Arbeitsmails an einzutrudeln. Jetzt ist natürlich noch niemand im Büro, aber meine Kollegen melden sich trotzdem schon mit ersten Ideen und Vorschlägen für den Tag. Ich stelle mir vor, dass sie – wie ich – gerade in der Küche sind, oder im Bad. Termine werden kurzfristig verschoben, Agendas angepasst, erste To-dos verteilt.

Dann ziehen wir uns an, ich bringe Milla zur Schule, steige danach auf mein Rad, um ins Büro zu fahren. Und halte kurz inne, schaue mich noch einmal um. Eine typische Straßenszene an einem frühen Vormittag unter der Woche: Menschen gehen aus dem Haus, steigen ins Auto, warten auf die Bahn. Wir sehen das jeden Tag. Was wir nicht mehr sehen, ist der kleine, aber fundamentale Unterschied zur selben Szene vor – sagen wir – zehn Jahren. Damals schauten Menschen vielleicht nachdenklich in den Himmel, unterhielten sich auf dem Bürgersteig oder lasen an der Straßenbahnhaltestelle eine Zeitung. Heute – und auch wenn Sie es eigentlich wissen, möchte ich Sie bitten, einmal ganz bewusst darauf zu achten –, heute schaut jeder auf ein Handy oder telefoniert. Nicht einige, nicht viele – jeder. Die ganz seltene Ausnahme zu finden gleicht der Suche in einem Wimmelbild für Kinder: Wo ist der Mensch ohne Gadget?

Unter Jugendlichen kursiert bereits das neue Modewort des Smombies – kurz für »Smartphone-Zombie« – ein Begriff, den die Kinder an der Schule meiner Tochter interessanterweise nicht für Gleichaltrige verwenden, sondern für die Generation ihrer Eltern. Väter, die nur dann mal vom Handybildschirm aufschauen, wenn das Kind ruft »Papa, guck mal«, gehören inzwischen zur Standardbesetzung jedes Spielplatzes, Mütter sind nach meiner nicht repräsentativen Beobachtung auch nicht viel besser.

Im Schnitt schaltet ein Smartphonebesitzer sein Handy 88-mal am Tag ein. 35-mal schaut er auf die Uhr, oder ob eine Nachricht eingegangen ist. 53-mal entsperrt er das Handy. Das hat Alexander Markowetz herausgefunden, bis vor Kurzem Informatiker an der Uni Bonn, heute freier Berater. Er warnt vor einem »kollektiven digitalen Burn-out« und hat – um diese These zu belegen – eine App programmiert, die die eigene Handy-Nutzung aufzeichnet. Ergebnis: Die Nutzer verbringen im Schnitt zweieinhalb Stunden am Tag mit dem Gerät, telefonieren davon aber nur sieben Minuten. Den Rest der Zeit nutzen sie zum Beispiel für Mails oder Chats. Diese Zahlen liegen deutlich über den von Nutzern selbst geschätzten, und sie betreffen jeden: »Der Akademiker nutzt sein Mobiltelefon nicht kontrollierter als ein Hartz-IV-Empfänger, Jugendliche bearbeiten ihr Handy nicht wesentlich häufiger als Erwachsene«, so der *Spiegel* in einer Titelstory mit der sprechenden Überschrift: »Leg doch mal das Ding weg!«

Von tippenden oder lesenden Passanten angerempelt zu werden gehört inzwischen zum Fußgängeralltag. Von hinten erkenne ich sie an ihrem typischen Handygang, auch wenn ich das Gerät gar nicht sehen kann: schlurfender Schritt, gesenkter Kopf, hängende Schulter, Hände baumeln nicht an der Körperseite, sondern sind vorn beschäftigt: Für mich alles Anzeichen, diesen Menschen flott, aber vorsichtig zu überholen, weil er mich vermutlich nicht wahrnimmt. Die Universität von Washington fand heraus, dass 15 Prozent der Fußgänger in Seattle mit ihrem Handy beschäftigt waren, als sie die Straße überquerten, berichtet der *Spiegel*. Das Thema ist sogar schon Stoff für Marketing-Gags: In der chinesischen Millionenstadt Chongqing wurde ein Gehweg ausschließlich für Handynutzer eröffnet, In London rüstete die Organisation Living Street auf Geheiß einer Werbefirma Laternenpfähle mit Polstern auf, um tippende Fußgänger zu schützen.

Natürlich sind nicht all diese Menschen mit Beruflichem beschäftigt, viele schauen sicher auch, was ihre Freunde auf Facebook treiben, verschicken Nachrichten über WhatsApp oder lustige Bildchen über Snapchat. Aber für viele beginnt der Arbeitstag eben doch mit dem Griff zum Handy, das neben dem Bett liegt, um erst mal berufliche E-Mails zu checken. Ich schaffe es immerhin, damit zu warten, bis ich die Espressomaschine angestellt habe. Dann aber gehe ich stets als Erstes ins Bad, wo mein iPhone im Lautsprecher lädt – erster Handgriff: Deutschlandfunk-App starten und Radio hören. Zweiter: E-Mails anschauen. Dritter: schnell durch Twitter scrollen. Dann ist die

Maschine heiß und ich mache mir meinen Cappuccino. Um mit der Tasse direkt wieder ins Bad zu gehen. Vierter Handgriff: To-do-Liste des Tages auf Wunderlist prüfen, einer Smartphone-App, mit der ich meine Aufgaben sortiere und organisiere. Fünfter: Kalendertermine für den Tag durchgehen. Dann erst kommen die Dinge, die klassischerweise den Vormittag strukturieren: duschen, anziehen, Kinder wecken – neben meiner Lebensgefährtin Sandra und mir besteht unsere Familie aus unseren Töchtern Milla, 7, und Enni, 3 –, Frühstück machen ... Weil ich damit aber den ersten digitalen Kick schon hinter mir habe, schaffe ich es in der Regel, das Smartphone in der Tasche zu lassen, bis ich im Büro ankomme.

Früher waren wir »chained to the desk«, wie die Amerikaner sagen, also: an den Schreibtisch gekettet. Diese Ketten abzustreifen war meine Mission der letzten acht Jahre. Und nun sehe ich mit Grausen, dass wir sie nur durch eine neue, flexiblere und längere, aber zugleich unnachgiebigere Kette ersetzen: Wir sind »chained to the screen«, und das ist auch kein besseres Leben. Ich bin fest davon überzeugt, dass wir in zehn Jahren zurückblicken und sagen werden: Ach ja, das war die Zeit, als wir alle ständig auf unsere Smartphones geschaut haben. Als wir alle ununterbrochen gearbeitet und nie abgeschaltet haben. Als wir immer effizienter gearbeitet haben – nicht um Zeit für Freunde, Familie und Hobbys zu haben, sondern um noch mehr zu arbeiten.

Die Frage, ob wir mit einem wissenden Lächeln zurückblicken, weil wir die Fehler erkannt und beseitigt haben – oder ob es eine schmerzhafte Nostalgie sein wird, weil alles immer noch schlimmer wurde –, diese Frage entscheidet sich heute. Wir haben es in der Hand, uns unser Leben zurückzuholen. Wir müssen es nur wollen.

Wir stehen an einem Scheideweg, was die digitale Transformation der Arbeit angeht. Wir haben viele neue Werkzeuge, aber es fehlen uns die meisten Kulturtechniken und Regeln, diese so einzusetzen, dass wir uns dabei nicht selbst schaden. Darum all diese nächtlichen E-Mails und Notifications, die Kultur des Always-On, das wachsende Gefühl, dass die Arbeit nie aufhört. Wir müssen dringend anfangen, uns darüber zu verständigen, wie wir in dieser neuen Arbeitswelt miteinander umgehen wollen. Das gilt für Abteilungen, Unternehmen, die Gesellschaft, die Politik. Denn wir stellen jetzt die Weichen dafür, wie wir in den nächsten zehn, ja sogar 20 Jahren arbeiten und leben werden. Und wenn wir sie falsch stellen, schaffen wir uns womöglich ein Unglückssystem, aus dem wir uns nicht mehr werden befreien können.

Es spricht viel dafür, dass wir schon bald intelligente Virtuelle Persönliche Assistenten haben werden, die unsere Vorlieben und Abneigungen kennen, unsere Gefühle lesen können und unseren Terminkalender für uns managen. Wir werden selbstfahrende Autos nutzen, deren künstliche Intelligenz nicht nur den kürzesten Weg zu unserem Ziel ermittelt, sondern auch unsere Wertvorstellungen kennen wird. Unser Smart Home wird wissen, wie viele private Daten wir bereit sind, mit der Welt zu teilen. Kurz: Die Dinge wissen schon bald mehr über uns als viele unserer Mitmenschen. Das wird – da bin ich Techno-Optimist – vieles einfacher machen. Ich freue mich auf diese nahe Zukunft. Wie wir hingegen die Zusammenarbeit mit anderen Menschen organisieren, diesen hochkomplexen, oft irrationalen und stets emotionalen Entitäten, bleibt eine Herausforderung.

Ich bin überzeugt: Das Problem ist nicht die Technik, sondern es sind die Menschen, die sie falsch nutzen. Ich plädiere nicht für die Rückkehr zu einem angeblich paradiesischen vortechnischen Zustand. Die Entwicklung hin zu mehr Vernetzung, Digitalisierung und Kollaboration ist nicht mehr umkehrbar. Wir müssen sie nur in unserem Sinn steuern. Und dazu erst einmal definieren, was dieser Sinn eigentlich ist. Der Technologiekritiker John Havens, den wir später im Buch noch wiedertreffen werden, sagt es sehr schön: »Wie sollen Algorithmen wissen, was unsere Werte sind, wenn wir sie selbst nicht formulieren können?«

Die Dringlichkeit, von Analyse und Anklage zu konkreten Lösungsansätzen zu kommen, stellt sich umso zwingender, als wir in vielen technologischen Bereichen das Gesetz des exponentiellen Wachstums sehen: Analog zur Leistung von Computerchips, die sich etwa alle zwei Jahre verdoppelt, verändern sich auch andere durch Technik geprägte soziale und gesellschaftliche Bereiche immer schneller. Wir Menschen können uns aber nur lineares Wachstum vorstellen, nicht exponentielles. Es ist wie mit dem Gleichnis vom Schachbrett, auf dessen erstem Feld ein Reiskorn liegt, auf dem zweiten liegen zwei, auf dem dritten vier, und so weiter. Etwa ab der Mitte des Schachbretts werden die Mengen und Zuwächse so groß, dass wir sie uns nicht mehr vorstellen können.

Es kann sein, dass wir uns bei der Digitalisierung der Arbeitswelt gerade in der Mitte des Schachbretts befinden. Bisher war die Veränderung schnell und verwirrend. Schon sehr bald wird sie unvorstellbar. Ein Grund mehr, jetzt diese Debatte zu führen. Ich habe daran mitgewirkt, die Geister zu rufen. Ich will helfen, sie zu bändigen. ⬤▭

9 Uhr:
Die Großraum-Falle

⬤ Ich bin im Büro angekommen. Habe mir einen Kaffee geholt, Kollegen begrüßt und checke erst mal mit einem Auge die seit vorhin neu eingegangenen E-Mails, SMS, Twitter-DMs und Chat-Nachrichten, während ich mit dem anderen über den Rand meines Laptops zu Carola hinüberschaue. Sie erzählt von ihren Kindern. Wie viele Geburtstagsgeschenke soll man machen, wo die schon genug Kram haben? Nichts schenken geht auch nicht, und dann sind da ja noch die Stofftiere der Großeltern. Das kenne ich. Wir kommen auf das ständige Termingewusel rund um Job und Familie, auf Neues Arbeiten, dann darauf, dass man mal über den Einsatz von Projektmanagement-Tools im Privatleben reden müsste, das könnte dann ja »Neue Freizeit« heißen, lustig ... Oh! Schon halb elf. Kurze Kaffeepause?

Carola sitzt seit ein paar Tagen in meinem Büro. Also: mir gegenüber, an meinem Schreibtisch, der zum Glück groß genug für uns beide ist. Offiziell arbeite ich sie ein, in Wahrheit quatschen wir viel. Dabei ist Carola weder aufdringlich noch ungewöhnlich mitteilsam. Wenn ich anfange, demonstrativ auf dem Laptop zu tippen, versteht sie stets den Wink und konzentriert sich auf ihren Rechner. Trotzdem reden wir miteinander, alles andere wäre ja auch seltsam. Ich genieße das. Aber eigentlich will ich es nicht. Mir ist im Grunde völlig egal, wo ich arbeite: im Zug, am Flughafen, im Café, im Homeoffice. Auf einem Hocker, einem Barstuhl, einer Pool-Liege ... unwichtig, Hauptsache

WiFi. Nur wenn ich schon ein eigenes Büro habe, dann soll es auch meins sein. Mit dieser Meinung stehe ich aber zunehmend allein da. Die Anhänger neuer Arbeitstheorien verlangen, auch Vorgesetzte müssten in den Großraum zum Team (Fachsprech: »auf die Fläche«). Nur dort flutsche die Kommunikation, seien Transparenz, Kollaboration und Kreativität. Außerdem müssten die neuen, weniger hierarchischen Unternehmensstrukturen bitte schön auch räumlich repräsentiert sein. Das machen jetzt viele Führungskräfte so. Der Chef im Eckbüro ist plötzlich sehr altmodisch.

Stimmt alles, theoretisch. Praktisch vermisse ich trotzdem mein eigenes Büro. Bei dem ich die Tür zumachen kann, wenn ich Mitarbeitergespräche führe oder mit Kunden übers Budget verhandle. Wenn ich mir einen Arzttermin buche, mit der Freundin übers Abendessen rede, mich telefonisch über das Grete-Jalk-Sofa informiere, das auf eBay so gut aussah. Ich mag meine Ruhe und meine Privatsphäre. Hätte mein Büro keine Glastüren, würde ich manchmal abschließen und ein Mittagsschläfchen halten, das ging bei Don Draper doch auch. Aber jetzt ist eben Carola da. Unser tägliches Gespräch mäandert von Erziehung und Restaurants, Wetter und Technologie bis zu Kunden, Kollegen, dem Klein-Klein des Büros. Zum Arbeiten komme ich weniger. Und den Friseurtermin vereinbare ich unterwegs vom Handy aus, sie muss ja nicht alles mitbekommen. Das geht, aber so richtig praktisch finde ich es nicht, effizient noch weniger. Ist das asozial? Gestrig? Oder gesunder Menschenverstand? Falls Letzteres: Müsste ich das unseren Mitarbeitern im Großraum dann nicht auch anbieten?

Der Organisationspsychologe Matthew Davis fand in einer Metastudie – für die er über einhundert andere Studien auswertete – heraus, dass offene Bürostrukturen zwar eine oberflächlich entspanntere und innovativere Arbeitskultur symbolisieren, aber schlecht sind für die Aufmerksamkeitsspanne, Produktivität, Kreativität und Zufriedenheit der Angestellten. Im Vergleich zu kleineren Büros führen Großraumlösungen zu mehr unkontrollierten Interaktionen und mehr Stress, zu geringerer Konzentration und Motivation. Weil trotzdem fast überall Bürowände eingerissen werden, resümierte das kluge US-Magazin *New Yorker* kürzlich, wir befänden uns in einer »Großraumfalle« (mehr dazu im Kapitel »Das Büro anders gestalten«, Seite 198).

Die negativen Auswirkungen von Ablenkung und Lärm in offenen Büros machen sich offenbar besonders stark bei älteren Kollegen bemerkbar. Nun bin ich noch kein Senior, aber zur Generation Y oder gar Z gehöre ich auch nicht gerade. Und ich merke tatsächlich, dass ich meine Privatsphäre im Büro stärker zu schätzen weiß, je mehr Berufserfahrung ich habe. Vermutlich ende ich als schrulliger Eremit, der – vor sich hin murmelnd – in einer dunklen Kammer sitzt, während draußen die jungen Leute in hellen offenen Strukturen kreativ kollaborieren.

Andererseits: Wenn ich mich im Büro besonders schlecht konzentrieren kann oder mir das zumindest einbilde, flüchte ich ja am liebsten ins Café. Oder, im Sommer, auf die Parkbank. Am produktivsten bin ich im vollen Zugabteil. Ich suche also Geräuschkulisse und Aktivität, um dem Lärm und dem Gewusel des Büros zu entkommen. Eigenartiges Paradox. Das muss ich gleich mal mit Carola besprechen.

11 Uhr:
Die Lehre der zwei Kalender

◖● Laut To-do-Liste habe ich mir heute einiges vorgenommen, aber richtig viel geschafft habe ich noch nicht. Erst die E-Mails, dann die Plauderei mit Carola, zwischendurch kamen zwei Kollegen rein, die etwas wollten, ein ungeplantes Telefonat ... und jetzt haben wir schon wieder ein Meeting. Danach direkt noch eins. Und dann ein drittes, das sehr deutlich in die klassische Mittagspause überlappt. Heute also doch wieder ein schnelles Sandwich am Schreibtisch. Denn am Nachmittag geht es weiter mit den Meetings. Die Mails kommen derweil eh rein. Anrufe vertröste ich auf später, damit wird der übliche Schneeball unerledigter Kommunikation im Lauf des Tages immer größer, den muss ich irgendwie heute Abend noch schnell abarbeiten oder vertagen. Damit fängt der Tag morgen aber gleich mit einem mittelgroßen Schneeball an. Und meine eigentliche Arbeit, also die Dinge, die auf meiner To-do-Liste stehen, die ich für heute geplant hatte und die wirklich wichtig sind – wann ich zu denen kommen soll, weiß ich mal wieder überhaupt nicht. Was mache ich falsch? Geht das nur mir so?

Vielleicht kann mir Paul Graham in dieser Frage weiterhelfen. Er ist in der amerikanischen Technologieszene ein Star: ein innovativer Programmierer, der ein Unternehmen gegründet und für viel Geld an Yahoo verkauft hat. Ein einflussreicher Buchautor, der aber als Mit-Erfinder des weltweit kopierten Inkubators »Y Combinator« Start-ups anschiebt, ihnen also in der frühen Gründungsphase mit Investitionen und Beratung hilft, groß zu werden. Graham kennt beide Seiten: die des konzentriert arbeitenden Experten und die des hyperaktiven Unternehmers oder Chefs. Und er hat eine Theorie, warum diese beiden Welten oft aneinander vorbeireden, wenn es um die Frage von Kollaboration und Ablenkung geht. Er macht das an einem Symbol fest, an einem Werkzeug, das unseren Arbeitsalltag heute so stark strukturiert wie wahrscheinlich kein anderes: am elektronischen Kalender.

Grahams These lautet, kurz gesagt, dass es zwei Arten von Kalendern gibt – gemeint ist hier der Inhalt des Kalenders, also welche Termine darinstehen: den des »Makers«, zu Deutsch etwa: des Machers, also jener Person, die konkret Dinge herstellt oder konzipiert. Und jenen des Managers. Diese zwei Kalender sollten, wenn man sie idealtypisch nebeneinander betrachtet, komplett unterschiedlich aussehen. Leider tun sie das oft nicht.

Der Kalender des Managers (oder Geschäftsführers, Eigentümers) sieht auf den ersten Blick aus wie ein bunter Flickenteppich, der den ganzen Computerbildschirm von links nach rechts und von oben nach unten komplett ausfüllt. Die einzelnen Flicken sind Termine, und sie sind in der Regel 30 oder 60 Minuten lang, zwischendurch gern auch mal nur zehn oder sogar fünf Minuten. Nicht nur ist der Manager – wie er nicht müde wird, mit Bedauern, aber auch stolz zu betonen – »auf die nächsten drei Wochen komplett durchgeblockt« und jede Verschiebung eines Termins löst eine Kettenreaktion von Umdisponierungen aus, weil es ja keinen leeren Fleck im Kalender gibt, auf den man den Termin schieben könnte. Hier ist ein cleveres Sekretariat oder Front Office gefragt, um den Chef oder die Chefin sauber durch diesen zerstückelten Tag zu manövrieren. Außerdem braucht es kluge Assistenten und Projektmanager, die den Vorgesetzten inhaltlich briefen (»wir sitzen hier alle, weil ...« oder »XY will gleich mit dir sprechen über ... hier sind die Unterlagen, liegt die Präsentation dazu ...«).

Selten schafft es der Manager, sich mehrere Stunden am Stück zu blocken, um sich auf eine Aufgabe zu konzentrieren. In der Regel wechseln Thema, Kontext und Art seiner Tätigkeit etwa im Stundenrhythmus. Wohlgemerkt: Ich mache mich nicht darüber lustig. Ich bin Geschäftsführender Gesellschafter einer GmbH. Mein eigener Kalender sieht genauso aus und mein Alltag folglich auch.

Paul Graham sagt, dass diese Art der Terminplanung im Grunde einfach ist: Finde einen leeren Platz im Kalender, buche den Termin, fertig. Es ist die Kalenderpolitik von Vorgesetzten, von Menschen, die entscheiden können, wie nicht nur ihre eigene – vermeintlich wertvolle – Zeit eingesetzt wird, sondern auch die der anderen, die sich nach diesem Kalender auch richten müssen.

Aber es gibt eben auch diesen anderen Typ Mitarbeiter in einer Firma – jene Menschen, die Paul Graham »Maker« oder »Macher« nennt. Sein Beispiel sind Computerprogrammierer. Es können aber genauso gut Ingenieure oder Analysten sein, Texter oder Designer, Marketing-Leute oder Vertriebler, Unternehmensberater oder Buchhalter, Sachbearbeiter oder Servicekräfte. Dieser Typ Mensch will seinen Tag nicht in Ein-Stunden-Päckchen zerschneiden. In einer Stunde schafft er es gerade mal, mit seiner Tätigkeit anzufangen, aber er wird nicht richtig produktiv, geschweige denn kreativ. Für diesen Typ Mitarbeiter sind Meetings ein Desaster. Und Anrufe. Jede Art von Echtzeit-Kommunikation, die ihn aus seiner konzentrierten Tätigkeit reißt, ist für ihn Gift. Und so sieht der ideale Kalender eines Makers eben nicht aus wie ein kleinteiliger Flickenteppich, sondern eher wie ein großformatiges Karo mit halben und ganzen Tagen, die reserviert sind für eine Tätigkeit.

Nun ist keiner dieser beiden unterschiedlichen Kalender-typen – und Arbeitsrhythmen – besser oder schlechter als der andere. Das Problem entsteht, wenn sie aufeinandertreffen. Und da der Chef stets im Manager-Modus arbeitet, aber eben auch über den Kalender der restlichen Belegschaft bestimmen kann, sieht auch der Kalender der meisten Maker-Typen in Unternehmen aus wie der Flickenteppich des Managers. Hier liegt das Problem. Mir selbst geht es wie Graham: Ich bin Führungs-kraft, arbeite auch operativ mit. Brauche Tage, an denen ein Meeting das andere jagt, aber eben auch solche, an denen ich mich ungestört auf einen Text oder ein Konzept konzentrieren kann. Ein bisschen gilt das heute für jeden, wenn auch mit anderen Schwerpunkten. Als ich zum ersten Mal zweien meiner Mitarbeiter von dem Konzept erzählt habe – einer Beraterin und einem Social-Media-Redakteur –, bekamen beide große Augen. Plötzlich, so erzählten sie mir später, wurde ihnen klar, warum ihre Tage so chaotisch waren und warum sie stets das Gefühl hatten, von einem Termin zum nächsten zu hetzen, ohne abends wirklich etwas geschafft zu haben.

13 Uhr:
Die Tage mal Kaffee trinken?

⬤ Ich treffe Peter beim Italiener um die Ecke. Wir haben mal zusammen an einem Projekt gearbeitet, sind auf diese unverbindliche Art in Kontakt geblieben, die heute so verbreitet ist: Wir folgen uns gegenseitig auf Twitter, sind bei Facebook befreundet, das schafft die Illusion von Nähe und hält einen tatsächlich ziemlich gut auf dem Laufenden, was beim anderen so los ist. Auf diese Weise ein großes internationales Netzwerk haben zu können ist eine der großen Errungenschaften der Digitalisierung, das meine ich ganz unironisch. Das Problem entsteht immer dann, wenn diese lockeren Kontakte – Soziologen sprechen hier von »Weak Ties«, von denen man, entgegen weitverbreiteter Facebook-Kritik, übrigens durchaus Hunderte haben kann – kurzzeitig zu »Strong Ties« werden. Zum Beispiel, weil Peter und ich zu einem beruflichen Thema gemailt hatten und einer von uns in einem schwachen Moment den folgenreichen Satz geschrieben hat: Müssen uns mal wiedersehen. Worauf der andere die nicht minder fatale Antwort gab: Lunch?

Nun möchte ich Peter tatsächlich gern mal wiedersehen. Nur: Menschen wie Peter, die ich spannend und unterhaltsam finde und die ich theoretisch zum Lunch treffen könnte, gibt es in meinem Netzwerk mindestens ein paar Dutzend. Von denen viele in Berlin sind, viele weitere oft mal hier vorbeischauen. Rein mathematisch könnte ich meinen Kalender um die Mittagszeit auf Monate hinaus mit solchen Lunch-Terminen füllen. Was bestimmt interessant wäre. Aber natürlich nicht geht.

Denn es gibt ja nicht nur jene Termine, die – beruflich oder privat – wirklich wichtig sind. Dazu kommt noch eine dritte Kategorie – wer seinen Kalender im Manager-Modus führt, kann etwas tun, was für Maker schwierig ist: Er kann sich zu etwas verabreden, das Graham »spekulative Meetings« nennt. Das kennen wir alle: Wir haben jemanden auf einem Kongress flüchtig kennengelernt und verabreden uns, »die Tage mal einen Kaffee zu trinken«. Ein Bekannter eines Bekannten mailt uns und würde gern mal vorbeikommen und uns zeigen, woran er gerade so sitzt. Eine alte Schulfreundin, mit der man eigentlich gar nichts mehr gemeinsam hat, ist in der Stadt und schlägt auf Facebook vor, man könne sich doch zum Lunch treffen.

All diesen Verabredungen ist gemeinsam, dass sie keine klare Agenda haben. Zu fragen »Was soll denn das Thema unseres Gesprächs sein?« oder gar: »Wieso willst du mich denn treffen?« scheint unhöflich, und die meisten Menschen trauen sich das nicht. Bei mir ist es inzwischen so, dass ein eh schon sehr voller Kalender an drei oder vier Tagen die Woche noch einen weiteren Flickenfleck bekommt, an denen ich mehr oder weniger fremde Menschen ohne klaren Anlass treffe. Man kann das ja mal machen, manchmal kommt auch etwas Spannendes dabei heraus. Aber, ehrlich gesagt: Meist bleibt es doch beim unverbindlichen »War toll, lass uns in Kontakt bleiben, müssen unbedingt mal was zusammen machen«, und dann hört man nichts mehr voneinander.

Ein riesiger Zeitfresser, der durch die neuen digitalen Tools dramatisch zugenommen hat. Es geht so schnell, jemanden auf LinkedIn oder Xing zu kontaktieren. Es ist so einfach, jemanden auf Facebook oder Twitter anzupingen. So flott ist eine »Hey, wollen wir uns mal treffen«-Mail geschrieben. Ich jedenfalls bekomme solche Nachrichten regelmäßig, Es ist die vielleicht größte Gefahr der neuen globalen Vernetzung: Man lernt ständig interessante Menschen kennen. Die ›einfach mal so‹ mit einem skypen wollen, einen in endlose E-Mail-Konversationen verwickeln. Einen zu Networking-Dinners, Cocreation-Workshops und Design-Thinking-Seminaren einladen. Alles spannend. Alles Zeitfresser. Hier zu priorisieren und 90 Prozent abzusagen ist heute Kernkompetenz effizienter Menschen. Aber schwierig. Ich bekomme es jedenfalls nicht hin.

Und dann ist da ja noch die andere Seite der Medaille, nämlich die Frage, ob ich wirklich so ein Effizienzmonster werden will. Einer, der soziale Kontakte ausschließlich auf ihre Nützlichkeit hin bewertet, der keine spontane Kommunikation erträgt, ohne dabei – zumindest innerlich – auf die Uhr zu schauen. Einer, in dessen Leben positive Zufälle – die Amerikaner haben dafür das schöne Wort Serendipity erfunden – nicht mehr vorkommen, weil jede Minute verplant ist. Will ich natürlich nicht. Wohin das führen kann, sehen wir im Kapitel »Automatisieren und Nein sagen« (Seite 133). Und warum wir in dieser Zeit digitalisierten Optimierungswahns vielleicht sogar mehr Zufälligkeit, Unplanbarkeit, Irritation und Romantik brauchen, diskutiere ich im Kapitel »Menschlichkeit bewahren« (Seite 240).

Ich glaube, am Ende stimmt beides. Es ist genau diese Dialektik, die unsere Zeit kennzeichnet und auf die wir weder mental vorbereitet sind noch mit unseren aktuellen sozialen Normen. Wir müssen lernen, den großen Teil zufälliger und ungeplanter Kommunikation, der durch das Digitale auf uns einströmt, wegzufiltern, abzulehnen, zu ignorieren, um wieder Raum zu schaffen für jene Zufälligkeit und Unplanbarkeit, die unser Leben erst lebenswert machen. Das eine vom anderen unterscheiden zu können wird zunehmend eine menschliche Kernkompetenz sein, die wir lernen und lehren müssen – im Privaten, Beruflichen, aber zum Beispiel auch in der Schule.

Der Lunch mit Peter war natürlich toll. Wir haben über alte Zeiten gesprochen und über neue Jobs. Peter ist jetzt bei Google. Ich erzähle von meinem Buchprojekt. Er sagt, dass bei ihnen gerade ein Achtsamkeits-Experte einen Vortrag gehalten hat. Wir versprechen, uns gegenseitig Kontakte zu Personen zu schicken, die uns jeweils weiterhelfen können. Links zu Artikeln, über die wir gesprochen haben. Beim Abschied sagen wir beide, wie nett wir das fanden und dass wir das bald mal wieder machen müssen. Wir wissen beide, dass das nicht stimmt, jedenfalls nicht vernünftig wäre. Auch wenn wir uns mögen, uns viel zu erzählen haben: Unsere Kalender sind heilig, haben unser Leben zu stark im Griff, als dass wir so frei mit ihnen umgehen dürften.

Auf dem Weg zurück ins Büro rufe ich meine Freundin an. Nächste Woche ist ein Schulfest, jeder soll einen Kuchen backen. Millas Freundin kommt am Wochenende zu Besuch. Schwimmen fällt morgen aus. Ob ich nachher noch Brot mitbringen kann? Sie macht heute etwas länger bei der Arbeit. Worüber Eltern kleiner Kinder halt so sprechen. Bevor ich ins Büro gehe, notiere ich mir die handlungsrelevanten Ergebnisse unseres Gesprächs detailreich in meiner To-do-App. Trage das Schulfest in den elektronischen Kalender ein. Lösche den Schwimmkurs, aber – Vorsicht – nur diesen einen Termin. Sie finden jetzt, das klingt gaga, oder? Hätte ich vor ein paar Jahren auch noch gedacht. Aber heute ist das anders. Heute weiß ich, dass ich unter dem Trommelfeuer der Arbeitskommunikation, dem digitalen Kleinklein, das gleich wieder auf mich einprasseln wird, mindestens die Hälfte der besprochenen Punkte wieder vergessen hätte. Ist mir schon zu oft passiert. Mein Leben muss heute wasserdicht durchorganisiert sein, mit Tools und Technologien, die noch die letzte Minute effizient ausnutzen.

Damit ich nachher daran denke, ein Brot zu kaufen.

14 Uhr:
Der Fluch des Kollaborierens

◐ Zurück im Büro klicke ich mich zuerst mal durch verschiedene Links zu Dokumenten, die mir Kollegen über unser digitales Kollaborations-Tool zur Prüfung und Freigabe geschickt haben. Und weil ich mit einem unserer Kunden auch auf Slack arbeite, checke ich schnell, was hier in der Zwischenzeit geschehen ist. Wenn Sie gerade nur Bahnhof verstehen: Haben Sie einen Moment Geduld, ich erkläre im nächsten Kapitel, wovon hier die Rede ist.

Zunächst aber etwas Kontext: In der modernen Wirtschaftswelt ist das Kollaborieren nahe an der Gottesfurcht, schreibt die britische Wirtschaftszeitschrift *The Economist* und meint damit: Es ist ein Dogma, das niemand sich traut infrage zu stellen. Was ist denn aber überhaupt damit gemeint? Einerseits ist der Begriff nur ein schickes Synonym für »Zusammenarbeit«. Aber arbeiten Menschen nicht per se zusammen, wenn sie ins Büro gehen? Ja, nur vielleicht nicht immer genügend. Und vielleicht nicht immer auf die richtige Art und Weise.

In klassischen Arbeitsumgebungen hortet häufig der Experte sein Wissen, statt es zu teilen. Helfen Kollegen einander nicht unbedingt aus, weil sie sich vielleicht misstrauen oder sich Vorteile erhoffen, wenn die eigene Abteilung besser dasteht als die andere. Und sehr häufig stecken Expertise und Information schlichtweg in für andere unzugänglichen Silos und Gefäßen: auf dem Rechner eines Mitarbeiters. Im E-Mail-Eingang der Abteilungsleiterin. Im Aktenschrank der Buchhaltung. Im

Kopf des Beraters. Dieses Wissen teilbar und zugänglich – also auch durchsuchbar – zu machen ist aber heute unumgänglich und ein Wettbewerbsvorteil. Darum sprechen so viele Unternehmen vom »Wissensmanagement«, werden Wikis angelegt und Expertendatenbanken.

Dahinter steckt im Grunde aber immer die Idee, dass Kollegen stärker, besser, häufiger und offener zusammenarbeiten sollen. Und das wiederum, so die Theorie, lässt sich am besten erreichen, wenn die Menschen mehr miteinander kommunizieren. »Ein kommunikativ verbundener Arbeitsplatz ist ein produktiverer Arbeitsplatz« postuliert ein Unternehmen, das sich in diesem Bereich nun auch breitmachen will, obwohl es bisher eigentlich eher dafür bekannt war, Menschen vom Arbeiten abzuhalten: Facebook. Sie haben richtig gelesen. Ausgerechnet jenes Soziale Netzwerk, das uns mit Katzenvideos und launigen Privatmeldungen die Lebenszeit stiehlt, hat eine neue Anwendung veröffentlicht, die den unzweideutigen Titel »Facebook Workplace« trägt und dazu beitragen will, dass Menschen am Arbeitsplatz mehr kommunizieren, besser vernetzt sind und also doch: stärker kollaborieren.

Es ist im Grunde ein firmeninternes Social Network, und auch wenn Facebook diese Gattung eigentlich (mit-)erfunden hat, sind sie im Bereich der Unternehmen nicht die Ersten. Ob Microsoft oder IBM, alle Technologieriesen bieten ebenfalls Werkzeuge an, mit denen Mitarbeiter sich untereinander stärker vernetzen können. Kleinere Anbieter sind hier oft sogar noch erfolgreicher: Wenn Sie noch nicht von Marken wie Slack, Projectplace oder Wrike gehört haben, fragen Sie einfach mal Ihre jüngeren Kollegen – die nutzen das vermutlich schon oder jammern, dass sie es noch nicht einsetzen dürfen.

Auch die gerade beschriebenen offenen Bürostrukturen sollen ja der Kollaboration dienen – wer nicht im Einzelbüro hockt, hortet weniger Informationen, so die These. Und gibt es statt einer engen Kaffeeküche eine schicke Lounge-Area mit Sofas und Espressomaschine, wird hier der Wissensaustausch ganz natürlich und spontan entstehen.

Dieser neue Modetrend ist plausibel: Organisationen entstehen, weil Menschen gemeinsam Dinge erreichen können, die sie allein nicht schaffen. Keine Frage: Mehr Austausch erhöht die Innovationskraft, beschleunigt Problemlösungen, verhindert unnötig doppelte Arbeit und sorgt dafür, dass die besten Köpfe an den jeweiligen Themen arbeiten. So weit, so richtig. Aber es mehren sich die Zeichen, dass das Pendel in die falsche Richtung ausgeschlagen hat. Die renommierte *Harvard Business Review* veröffentlichte sogar eine Titelgeschichte zu »Collaborative Overload« und Cal Newport, ein Wissenschaftler der Georgetown University, ein Buch namens *Deep Work: Rules for Focused Success in a Distracted World*.

Der Kern des Problems: Kollaboration ist häufig der Feind der Konzentration. Man bekommt das eine nur auf Kosten des anderen. Gloria Mark von der University of California, Irvine, konnte in einer Studie kürzlich beweisen, was wir alle ahnten, dass nämlich schon kurze Unterbrechungen die gesamte Zeit deutlich verlängern, die wir benötigen, eine Aufgabe zu erledigen. Viele Studien belegen, dass Multitasking nicht nur dazu führt, dass wir langsamer werden, sondern auch die Qualität unserer Arbeit mindert. Wissenschaftler haben dafür den Begriff des »attention residue« geprägt, zu Deutsch etwa »Aufmerksamkeits-Rückstand«. Unser Gehirn bearbeitet noch eine ganze Weile die alte Tätigkeit, während wir uns vermeintlich schon wieder einer neuen widmen.

Man könnte sagen, dass fortschrittliche Führungskräfte die Vorteile von mehr Kollaboration preisen, aber ihre Kosten ignorieren. Forscher der University of Virginia fanden heraus, dass

Wissensarbeiter heute 70 bis 85 Prozent ihrer Zeit damit verbringen, in Meetings zu sitzen – egal ob physisch in einem Raum oder virtuell, also am Telefon oder in der Videokonferenz –, ihre E-Mails abzuarbeiten, zu telefonieren oder auf sonstige Anfragen zu reagieren. Viele Angestellte verbringen so viel Zeit damit, mit anderen zu interagieren, dass sie einen Großteil ihrer eigentlichen Arbeit erst erledigen können, wenn sie abends nach Hause kommen, analysiert der *Economist*.

Ein Beispiel: Ich war neulich mit einem hochrangigen Manager einer großen deutschen Bank essen. Beim Nachtisch zückte er kurz sein Handy, und ich war perplex: Der Mann besaß kein modernes Smartphone, sondern ein mindestens acht Jahre altes Nokia-Gerät, das gerade mal SMS schicken konnte, aber keine E-Mail. Interessant, sagte ich, wenn du nicht unterwegs auf dem Handy deine Mails liest, dann machst du das also nur am Rechner am Schreibtisch? Nein, antwortete der Banker, tagsüber bin ich die ganze Zeit in Meetings oder am Telefon. Aha, sagte ich, dann sitzt du also in Meetings und Telkos und checkst deine Mails? Nein, sagte er, das ist ja unhöflich, und ich kann mich dann auch nicht konzentrieren. Oje, setzte ich nach, dann musst du die ganze Korrespondenz abends nach Feierabend abarbeiten? Nein, antwortete er zum dritten Mal und grinste: Ich lese meine Mails gar nicht. Also: Ich scanne kurz die Absender, und was von meinen Vorgesetzten kommt, schaue ich schon an. Aber alle anderen ignoriere ich.

Ich war schockiert: Aber wie kannst du da arbeiten? Was ist mit all den Informationen, die dir dabei durch die Lappen gehen? Er vertrat die Meinung, die man von Führungskräften öfter mal hört, dass die wirklich wichtigen Informationen ihn schon auf andere Art erreichen, also am Telefon und in Meetings, und dass, wer wirklich etwas von ihm wolle, letztlich schon anrufe. Der Kern des Problems aber war weniger sein

Kommunikationsstil, sondern die Masse an E-Mails. Wir bekommen inzwischen so viele, sagte er und zuckte die Schultern, die kann man gar nicht alle lesen. Geht nicht. Unmöglich. Also lasse ich es einfach.

Was auch nicht die Lösung sein kann, dachte ich. Aber das Problem ist ein durchaus typisches. Wenn ich mit Angestellten in Unternehmen und Konzernen spreche, höre ich immer wieder dieselbe Klage: ZU viele Mails, Meetings, Calls! Man *kann* es nicht schaffen! SO geht es nicht weiter!

Tom Cochran, ehemaliger Technologiechef von Atlantic Media, hat ausgerechnet, dass sein früherer Arbeitgeber – ein Mittelständler, kein Riesenkonzern – über eine Million Dollar pro Jahr für E-Mails ausgab, wenn man zugrunde legte, dass jede einzelne Mail etwa 95 Cent an Arbeitskosten verschlang: »Eine eigentlich kostenlose und unkomplizierte Kommunikationstechnik hat versteckte Kosten, die der Anschaffung eines Privatjets entsprechen.«

Weitere versteckte Kosten entstehen, weil manche Mitarbeiter so enthusiastische Teamarbeiter sind – und auch beliebt, weil sie so viel wissen, dass sie bei nahezu jedem Thema hinzugezogen werden. Das führt einerseits dazu, dass diese Kollegen nun wirklich nicht mehr dazu kommen, ihre eigene Arbeit zu erledigen, und andererseits dazu, dass sie zu Flaschenhälsen im Prozess werden: Nichts geht voran, solange sie nicht ihren Beitrag zum Thema erbracht haben.

Experten unterscheiden zwischen drei Typen von »kollaborativen Ressourcen«: informationelle, soziale und persönliche. Die Erstere bezieht sich auf Wissen und Fähigkeiten, kann also aufgezeichnet und verbreitet werden. Der soziale Aspekt bezieht sich auf die Position eines Experten in einem Netzwerk und den Zugang (zu Menschen oder Informationen), den diese Person dadurch anderen gewähren kann. Das Problem ist die dritte Ressource, die persönliche, denn die bezieht sich auf Zeit und Energie des konkreten Experten.

Diese drei Ressourcen sind nicht gleich effizient. Die ersten beiden kann man teilen, ohne dadurch selbst weniger davon zu haben. Ich kann aufgezeichnetes Wissen teilen – vielleicht in Form eines Blogbeitrags oder eines Schulungsvideos –, und ich kann Zugang zu meinem Netzwerk ermöglichen, aber ich verliere dadurch weder Wissen noch Zugang. Meine Zeit und Energie hingegen sind endlich. Jede Anfrage, mich an einem Projekt zu beteiligen, meine Meinung zu etwas zu sagen, an einer Telko teilzunehmen, lässt mir weniger Zeit für meine eigene Arbeit.

Nun haben die Wissenschaftler aber herausgefunden, dass es ausgerechnet die dritte Ressource ist, die Kollegen oder Chefs typischerweise von mir haben wollen. Anstatt nach spezifischen Informationen oder Zugang zu bestimmten Menschen oder Abteilungen zu fragen (oder, noch besser: erst mal selbst nachzuschauen, ob diese Information bereits irgendwo abgelegt ist), fragen sie nach persönlicher Betreuung, die sie in Wahrheit vielleicht gar nicht brauchen. »Ein Austausch, der fünf Minuten oder kürzer dauern könnte, wird zu einer Kalendereinladung für 30 Minuten, die die persönlichen Ressourcen beider Seiten unnötig verbraucht«, so die *Harvard Business Review*.

Das größte Problem von zu viel Kollaboration ist, dass sie eine Arbeitsmethode unmöglich macht, die Experten »Deep Work« nennen – laut *Economist* »die Killer-App der Wissensökonomie«. Gemeint ist schlichtweg: sich sehr intensiv auf eine Aufgabe zu konzentrieren, um eine schwierige Disziplin zu meistern oder ein komplexes Problem zu lösen. Viele der produktivsten Wissensarbeiter tun alles, um Meetings zu vermeiden und digitale Ablenkung auszuschalten. Der Management-Vordenker Peter Drucker fand, dass man entweder zu Meetings gehen kann oder echte Arbeit erledigen, aber niemals beides.

Der Autor Jonathan Franzen koppelt sich komplett vom Internet ab, wenn er schreibt. Der Computerwissenschaftler Donald Knuth lehnt es ab, E-Mail zu benutzen. Der Physiker Richard Feynman propagierte »aktive Verantwortungslosigkeit«, wenn es es darum ging, akademische Meetings zu schwänzen.

Wenn all das so stimmt, woher kommt dann die aktuelle Begeisterung für Kollaboration? Warum übersehen Unternehmen naiverweise oft ihre Nachteile und versteckten Kosten? Ein Grund liegt eben im Wort »versteckt«. Es ist viel einfacher, Kollaboration zu messen als »Deep Work«. Jeder kann messen, wie viele Slack-Nachrichten ein Team schickt, oder darauf achten, wer im Meeting besonders aktiv ist. Hingegen herauszufinden, ob eine Kollegin, die allein in ihrem Büro sitzt, an einem fundamentalen Durchbruch arbeitet oder sich mit Youtube-Videos die Zeit bis zum Feierabend vertreibt, kann schwieriger sein.

Ja, man kann Ergebnisse messen, und das ersetzt auch zunehmend die Arbeitszeit als Maßstab von Leistung. Aber nicht jede Arbeit ist leicht in harten Kennziffern abzubilden. Ob junge Kollegen letzte Woche alle ihre Aufgaben abgehakt haben, ist das eine. Aber ob der erfahrenere Experte in den letzten Monaten ein neues Produkt ersonnen hat, eine Kooperation in die Wege geleitet oder einen neuen Kunden erfolgreich umgarnt hat, wird oft erst nach Monaten oder gar Jahren klar.

Nicht zuletzt lieben Manager es zu demonstrieren, dass sie – nun ja: managen. Ihr Job ist nicht an der operativen Front, sondern auf einer Meta-Ebene der Flow-Charts und Excel-Tabellen. Und so fühlen sie sich geradezu verpflichtet, die Kalender ihrer Untergebenen mit Statusmeetings und Jour-Fixes zu füllen, ihre Postfächer mit Memos und Social-Network-Streams mit »Inspiration« anzureichern, in der Hoffnung, dass all dies wiederum zu einem Mehr an vermeintlich hilfreicher Kollaboration führe, womit sich der Teufelskreis schließt. ⬤⃝

15 Uhr:
Weshalb die digitalen Werkzeuge
alles nur schlimmer machen

◉ Könnten sich alle darauf einigen, wann synchrone und wann asynchrone Kommunikation geeigneter ist, wer wie auf welchen Kanälen am besten zu erreichen ist und wann eben auch nicht – wir hätten sehr viel weniger Probleme (siehe Kapitel »Zusammenarbeit neu denken«, Seite 184). Leider ist die Realität eine andere: Kollegen und Kunden, Freunde und Familie, Chefs und Dienstleister – sie alle pingen uns ununterbrochen auf allen möglichen Wegen an, meist auf denen, die ihnen selbst am liebsten sind.

Eine meiner Geschäftspartnerinnen schreibt nachts und am Wochenende epische E-Mails an alle – meist ohne klaren Betreff und mit diversen Themen und Prioritäten ohne erkennbare Ordnung, und geht davon aus, dass damit alles geklärt sei. »Dazu habe ich dir doch vor Wochen schon mal gemailt«, lautet ihr Lieblingsspruch, und dann fange ich immer an, ihre alten Nachrichten zu durchsuchen, um herauszufinden, ob in irgendeiner im dritten Absatz von unten vielleicht noch ein To-do für mich stand, das ich übersehen hatte.

Mein anderer Geschäftspartner will alles immer per Zweier-Telefonat oder persönlich besprechen. Er hasst E-Mails und Telkos, ruft mich zu unmöglichen Zeiten auf dem Handy an oder platzt in mein Büro, rattert seine Punkte herunter und geht davon aus, dass damit alles erledigt sei. Ein Dritter »lebt« – wie er das nennt – in Unified-Communication-Plattformen; für Nicht-

Technologen: Das ist, wenn man per Software telefoniert – egal, ob am Rechner oder auf dem Telefon. Skype for Business ist ein Beispiel dafür. Er reist viel und will am liebsten aus dem Auto endlose Telefonkonferenzen führen, denn beim Fahren hat er ja Zeit. Dass ich vielleicht gerade keine habe und dass wiederum die Themen nicht dadurch erledigt sind, dass er lange darüber gesprochen hat, ist ihm anscheinend nicht bewusst.

Und so hat jeder unserer Kontakte seine Besonderheiten – der eine will morgens früh telefonieren, weil da im Büro noch nicht so viel los ist, der andere spätabends, weil er dann erst Ruhe hat. Und derweil rattern auf den asynchronen Kanälen immer mehr Nachrichten rein: weil auch hier jeder seine eigenen Vorlieben hat und weil es immer mehr Kanäle gibt, die einen zur Kommunikation auffordern.

Ein im Arbeitskontext besonders beliebtes neues Werkzeug ist das bereits erwähnte Kollaborations-Tool namens Slack. Diese Plattform verspricht Unternehmen, das Kommunikationswirrwarr zu entzerren und die E-Mail-Flut einzudämmen. Und wer wollte das nicht? Slack ist im Grunde ein endloser Strom von Kommunikation, die aussieht wie ein Chat oder der Newsstream, den man von Facebook kennt. Kollegen können sich hier zu einzelnen Projekten oder Themen austauschen, und – so die Theorie – weil diese kleinen informellen Kommunikationen dann in Slack stattfinden, schreiben die Menschen folglich wenig E-Mails, unterbrechen Kollegen seltener mit Anrufen oder Meeting-Anfragen.

Dieses Versprechen ist so attraktiv, dass Slack eine irrsinnige Erfolgsgeschichte hingelegt hat. Während ich das schreibe, hat Slack knapp drei Millionen aktive Nutzer pro Tag. Fast eine Million zahlt für den – in der Grundversion kostenlosen – Service ab 80 US-Dollar pro Jahr und Nutzer, was dem Unternehmen einen Jahresumsatz von 75 Millionen Dollar beschert.

Slack ist ein Symbol für die bessere Welt des Neuen Arbeitens geworden, und folglich ist es ein Liebling der Investoren: Das Unternehmen strebt eine Bewertung von vier Milliarden Dollar an. Wenn Sie dies lesen, sind all diese Zahlen vermutlich nochmals kräftig gestiegen.

Firmen wie Airbnb, eBay, CNN und Samsung, aber auch die Harvard University nutzen Slack und erhoffen sich mehr Transparenz, ein besseres Teilen von Wissen, mehr spontane Kollaboration und weniger kommunikative Silos. Das sind alles richtige Ziele, und Tools wie Slack sind auch tatsächlich ein gutes Mittel, um in diese Richtung zu gehen. Aber sie haben einen Preis.

Noch mehr Kommunikation.

Wenn wir uns nun aber an die Erkenntnisse aus dem letzten Kapitel erinnern, dann wissen wir, dass wissenschaftlich betrachtet schon die Grundannahme falsch ist: Mehr Kollaboration führt eben nicht automatisch zu besseren Ergebnissen. Slack ist das beste Beispiel für ein fundamentales theoretisches Missverständnis (»Kollaboration ist ein Wert an sich und muss gefördert werden«), das sich in neuen technischen Werkzeugen manifestiert (»Wir benutzen jetzt alle neben den existierenden Kommunikationskanälen auch noch diese schicke neue Kollaborationsplattform«) und damit Arbeitswirklichkeit schafft (»Wir sind ständig auf allen möglichen Kanälen erreichbar, und wer da nicht mitspielt, ist altmodisch«).

Wenig überraschend folgt darum bereits jetzt in einigen fortschrittlichen Unternehmen die Phase der Ernüchterung, ziehen erste Early-Adopter solcher Kollaborationsplattformen ein bestenfalls durchwachsenes Zwischenfazit. Unter Überschriften wie »We're Taking a Break from Slack« (»Wir machen Pause von Slack«) veröffentlichte Artikel haben auf Social Media viele Leser, werden verbreitet und diskutiert.

Die Motherboard-Redaktion der sehr erfolgreichen jungen Medienmarke *Vice* setzt Slack ein, damit sich Team-Mitglieder an einem – digitalen – Ort unterhalten können. Der Großteil der Mitarbeiter arbeitet in New York, aber es gibt auch einen Redakteur in Toronto, einen in London, zwei Schreiber in San Francisco, einen in Oregon. Das Video-Team sitzt im selben Gebäude in New York, aber ein Stockwerk tiefer, und viele regelmäßige Mitarbeiter schreiben ihre Beiträge sowieso im Homeoffice. Für so ein verteiltes – man kann auch sagen: virtuelles – Team eine gemeinsame Kommunikationsbasis zu schaffen ist eine Herausforderung, vor der übrigens auch viele große Unternehmen stehen, bei denen eine Abteilung auch über mehrere Kontinente und Zeitzonen verteilt sein kann.

Slack hat dieses Problem elegant gelöst, und die Journalisten beschreiben, dass dieses digitale Werkzeug für sie schnell »unverzichtbar« wurde. Gleichzeitig stellen sie fest, dass seine Nutzung immer mehr Zeit in Anspruch nahm: »Wir diskutieren 30 Minuten über eine Story, die uns alle zu interessieren schien, aber dann setzte sich niemand mehr hin und schreibt tatsächlich einen Beitrag für die Website.« Die Slack-Diskussion ersetzte den eigentlichen Arbeitsvorgang.

Das zweite Problem war wiederum: Ablenkung. Slack – und vergleichbare Plattformen ebenso – befindet sich in einer Grauzone zwischen synchroner und asynchroner Kommunikation. Die schriftliche Form erlaubt, nur ab und zu hineinzuschauen – weil aber häufig dringende und wichtige Entscheidungen über das Tool geführt werden, haben alle das Gefühl, doch ständig mitlesen und reagieren zu müssen.

Diese Beobachtung teilt der UX-Designer Samuel Hulick in einem einflussreichen Essay mit dem sprechenden Titel »Slack, I'm Breaking Up with You« (»Slack, ich mache Schluss mit dir«), in dem er die Software wie eine Geliebte anspricht, von der er enttäuscht ist: »Ich dachte, du würdest mir Erleichterung vom ständigen Strom von E-Mails, Alerts und Nachrichten verschaffen, die ich jeden Tag bekomme. Ich muss leider sagen, dass das Gegenteil der Fall war – das komplette Gegenteil!« Mit Tools wie Slack verstärkt sich die verhängnisvolle »Always-On«-Kultur noch mal selbst: Je mehr Menschen am digitalen Gespräch teilnehmen, desto mehr Konversation entsteht. Je mehr Konversation entsteht, desto mehr wird von allen erwartet, daran teilzunehmen.

Dazu kommt: Jene Kollegen, die gerade am wenigsten zu tun haben, können die meiste Zeit auf Plattformen wie Slack verbringen und so die Diskussion dominieren, während jene, die tatsächlich beschäftigt sind und ihre »echte« Arbeit erledigen, genau dafür bestraft werden.

Und zuletzt: Weil Plattformen wie Slack die Kommunikation rund um einzelne Projekte oder Teams organisieren, hat man plötzlich nicht mehr einen Nachrichtenstrom, den man überwachen muss, sondern viele. Das kann ich aus eigener Erfahrung bestätigen. In meinem Unternehmen haben wir eine andere, aber vergleichbare Technologie namens Projectplace eingeführt. Ja, danach schrieben alle weniger E-Mails. Aber weil man in der Regel an mehreren Projekten beteiligt ist – ich als Chef irgendwie an fast allen –, gibt es plötzlich Dutzende von Gesprächen, denen man folgen sollte. Die dadurch komplett fragmentierte Aufmerksamkeit führte bei mir zu einem nie gekannten Maß an Überlastung.

Ich hatte plötzlich so viel mehr Details im Kopf, so viel mehr Bälle gleichzeitig in der Luft, dass ich auch in der vorgeblichen Freizeit nur noch mit leerem Blick vor mich hin murmelnd wie ferngesteuert anwesend war und die simpelsten Alltagsdinge vergaß: die Sonnencreme für die Kinder. Den Autoschlüssel. Meine Lebensgefährtin schaute sich das eine Weile an, um dann zu explodieren: So vergesslich kann doch niemand sein! Muss ich dich zum Arzt schicken und deinen Kopf untersuchen lassen? Interessierst du dich wirklich so wenig für uns, dass du nur noch an die Arbeit denkst? Zu all dem konnte ich wenig sagen, außer: Schuld ist ein neues Produktivitäts-Tool in der Firma, Schatz, und zwar ausgerechnet eines, das eigentlich alles besser machen sollte.

Der kluge amerikanische Unternehmer und Erfinder Jason Fried, dessen Bücher zur neuen Arbeitswelt zu Recht viel gelesen werden, beschreibt den Effekt neuer Werkzeuge wie Slack in einem Blogbeitrag auf seiner Firmenwebsite ironisch als »ein tagesfüllendes Meeting mit unbekannten Teilnehmern und ohne Agenda«.

Hulick hat dann tatsächlich aufgehört, Slack zu benutzen – zumindest für einige Tage, wie er sagt. Er fand es »bemerkenswert schwer, sich aus den neuen sozialen Verbindungen zu entwirren«. Aber eben auch »unglaublich hilfreich in Sachen Produktivität«. In deutschen Unternehmen ist der genau umgekehrte Trend zu beobachten: Hier dreht sich die Diskussion derzeit darum, welches neue Kollaboration-Tool die IT-Abteilung nun anschaffen soll, um damit alle Probleme zu lösen und endlich auch so modern zu kommunizieren wie diese Start-ups. Und weil im ordentlichen Deutschland solche Entscheidungen lange dauern, dann aber noch viel länger halten, ist es keine Übertreibung zu warnen: Vorsicht vor den Geistern, die ihr ruft. ⬤◯

16.30 Uhr:
Ein schöner Tag

⬤ Es ist Donnerstag, ich hole Milla von der Schule ab. Enni ist heute auf einem Kindergeburtstag, normalerweise hätte ich sie schon vorher aus der Kita mitgenommen und den Nachmittag mit beiden Kindern verbracht. Ich bin einigermaßen stolz darauf, dass ich das zweimal pro Woche schaffe. Vor zehn Jahren wäre das nicht möglich gewesen, oder jedenfalls nicht üblich. Der typische Vater kam eigentlich immer irgendwann abends aus dem Büro nach Hause, vielleicht schaffte er es zum Abendessen, vielleicht gerade so, dass die Kinder noch nicht schliefen. Viele Väter, die ich kenne, halten das heute noch so.

Die Last der Kinder, das Kleinklein des Spielens, das Anziehen, Zähneputzen, Waschmaschineausräumen bleibt in solchen Beziehungen stets an den Frauen hängen – von Gleichberechtigung keine Spur. Die Beziehung der Väter zu ihren Kindern ist vielleicht sogar sehr gut, weil sie am Wochenende tolle Dinge unternehmen oder von der Dienstreise ein Geschenk mitbringen. Aber die emotionale Tiefe, die im Alltäglichen steckt, im Kontrollieren der Hausaufgaben bei der Großen oder dem Töpfchen-Üben bei der Kleinen – das erleben diese Väter nicht. Ich wollte so ein Vater nie sein, viele Männer wollen das heute nicht mehr.

Und so habe ich es als große Befreiung erlebt, dass mir die Technik und die neuen Arbeitsformen erlauben, an einem Donnerstag im Mai um 16 Uhr mit Milla die Straße entlangzuschlendern. Sie fährt auf ihrem Roller. Ich schiebe mein Fahrrad. Die

Sonne scheint, Blumenblüten liegen auf dem Boden, Milla hebt eine auf und schenkt sie mir.

Und dann sagt dieses Kind, das wie jede Siebenjährige manchmal auch anstrengend oder wütend oder genervt ist, unvermittelt diesen Satz: »Papa, heute ist so ein schöner Tag.« Meine Gedanken waren noch bei der Arbeit, ich schaue sie verwundert an. »Äh, finde ich auch. Aber ... warum denn eigentlich?« »Weil«, sagt sie, »wir so viel Zeit haben. Uns nicht hetzen wie sonst, weil wir morgens schnell zur Schule müssen oder abends schnell nach Hause.« Ich schaue sie an, sehe, dass sie das ernst meint. Dass es meiner Tochter wichtig ist, einfach mal Zeit mit mir zu verbringen, ohne dass ich sie drängele (»Putz die Zähne, die Schule fängt gleich an«, »Jacke an, wir müssen nach Hause«).

Und ich merke, wie sich auch bei mir eine tief sitzende Anspannung löst. Ich denke nicht mehr an das letzte Meeting, die Mails, die ich noch beantworten müsste, das Angebot, das ich noch nicht freigegeben habe. Ich spüre die warme Frühlingsluft, schaue mir die Blüte an, die Milla mir geschenkt hat, komme – wie von weit her gelandet – im Moment an. Wir gehen nicht direkt nach Hause, sondern legen uns auf eine Bank und schauen die Wolken an. Eine sieht aus wie ein Drache, eine andere wie ein Märchenschloss.

Milla hat recht – es ist ein schöner Tag, jedenfalls ein schöner Moment. Der jäh unterbrochen wird, als es in meiner Tasche summt. Ich weiß, dass sich einer unserer Kunden noch melden wollte. Ein wichtiger Kunde. Einer, der einen großen Auftrag vergeben wird. Einer, der mit dem Chef selber sprechen will.

Noch auf der Bank liegend ziehe ich unauffällig das iPhone aus der Tasche und linse aufs Display. Ja, eine SMS vom Kunden. Und acht Mails aus dem Büro. Denn man darf ja nicht vergessen: Während ich mit meiner Tochter durch den Nachmittag schlendere, sitzen die meisten Kollegen noch an ihrem Schreibtisch. Der Gedanke bereitet mir jedes Mal ein schlechtes Gewissen.

Also versuche ich, mit einer Hand tippend, dem Kunden und den Kollegen zu antworten und gleichzeitig weiter mit meiner Tochter Wolkentiere zu finden. Das geht sogar ein paar Minuten lang gut, aber ich fühle mich dabei sehr, sehr schlecht. Irgendwann kann ich nicht mehr schauspielern, stehe auf, tippe mit zwei Händen zu Ende und sage: »Komm, wir gehen nach Hause.«

Milla steht auch auf, nimmt ihren Roller. Sie sagt nichts. Der schöne Tag, der eigentlich nur ein schöner Moment war, ist vorbei. Dass ich ihn kaputt gemacht habe, ist traurig. Die größere Frage aber, ob es solche schönen Momente überhaupt noch in meinem Leben geben kann oder ob es immer so enden muss wie heute – die ist nicht traurig. Sie ist essenziell. ⬤◯

21 Uhr: Warum sind alle
immer so beschäftigt?

⬤ Eine Freundin, sie heißt Sabine und ist Werbetexterin, besucht uns zum Abendessen – nach drei Gläsern Wein sind wir beim beliebten Spiel »Welcher Job wäre besser als mein aktueller?«. Meist enden solche Gedankenspiele ja mit selbst gebackenen Kuchen im eigenen Café verkaufen, Surflehrer in Australien werden oder »endlich mal etwas Sinnvolles machen«, als ob Greenpeace nur darauf warten würde, dass wir uns alle dort bewerben. Sabine hat eine neue Idee: ein Blog zum Thema Achtsamkeit. Für alle, die in den letzten drei Jahren keine Frauen- oder Wirtschaftszeitschrift gelesen haben: Beim Konzept der Achtsamkeit – oft auch mit dem englischen Begriff »Mindfulness« beschrieben – geht es darum, mehr im Hier und Jetzt zu leben, dem Moment mehr Aufmerksamkeit zu schenken. Dazu ist es wichtig, »den inneren Autopiloten abzuschalten und das Gedankenkarussell zu stoppen«, schreibt der *Spiegel*. Ziel ist es, mehr Gelassenheit zu entwickeln, erklärt der Achtsamkeitstrainer Günter Hudasch.

Wikipedia definiert Achtsamkeit als Form der Aufmerksamkeit im Zusammenhang mit einem besonderen Wahrnehmungs- und Bewusstseinszustand, als spezielle Persönlichkeitseigenschaft sowie als Methode zur Verminderung von Leiden. Das Konzept stammt aus der buddhistischen Lehre und Meditationspraxis, wird inzwischen aber auch in der Psychologie zur Therapie oder Prävention einer Vielzahl verschiedener Störungen eingesetzt. Und gefühlt jeder zweite Ratgeberbeitrag in Zeitschriften, im Fernsehen oder online läuft am Ende darauf hinaus, dass man doch bitte mehr Achtsamkeit praktizieren sollte. Natürlich nervt dieses Bombardement. Aber dass das Thema gerade jetzt so in Mode kommt, hat selbstverständlich gute Gründe.

Tatsächlich habe ich ja auch vergessen, wie es ist, nur eine Sache zu tun, die dann aber ganz bewusst. Natürlich checke ich E-Mails, während ich telefoniere, und lese beim Essen »für später« gespeicherte Artikel auf dem Handy. Zumindest meine Gedanken sind bei Alltagsbeschäftigungen immer woanders, nie bei dem, was ich gerade tue: Salat schnippeln? Da gehe ich im Kopf durch, was ich morgen beim Meeting sagen werde. Oder heute beim Kunden gesagt habe. Zähne putzen? Dabei kann ich doch wunderbar auf dem Handykalender die Termine für morgen durchgehen. Laufen gehen? Statt die Landschaft und die frische Luft zu genießen, setze ich natürlich Kopfhörer auf und arbeite den Rückstau an Podcasts ab, die sich seit dem letzten Mal automatisch aufs Smartphone geladen haben.

Die einzige Möglichkeit, wirklich mal runterzukommen, das Gedankenknäuel im Kopf zu entwirren und – ja – im Moment zu leben, ist für mich und die meisten Menschen, mit denen ich mich darüber unterhalte habe: wenn wir das Handy vergessen haben. Und dann nach etwa einer Stunde langsam die Kakophonie von Terminen, Meinungen, Plänen und Sorgen in meinem Kopf verstummt. Ich muss das bewusst herbeiführen. Mich medial abkapseln. Mich immer wieder zur Räson rufen: Nein! Du denkst jetzt nicht über gestern nach. Auch nicht über morgen. Du schaust dich einfach mal um. Erst dann nehme ich bewusst wahr, wie diese Erdbeere schmeckt, wie der Sand durch meine Finger rieselt, dass diese Wolke aussieht wie ein Kamel ... und dann kommt plötzlich dieses Gefühl, das ich eigentlich nur noch aus meiner Kindheit kenne, das mein erwachsenes Ich ständig bekämpft: das Gefühl, alle Zeit der Welt zu haben. Dass alles genau so in Ordnung ist, wie es ist – einfach, weil es ist.

»Peace of Mind« nennt der amerikanische Produktivitäts-experte David Allen diesen Zustand, den er mit seiner unter Technologie-Apologeten populären Getting-Things-Done-Methode herbeiführen möchte: Alle Informationen, Aufgaben, Termine sind in einem wasserdichten System abgelegt und jederzeit auffindbar. Der Kopf wird dadurch endlich wieder: frei. Ich benutze dieses System. Ohne es wäre mein Leben noch auslaugender. Das System entlastet meine Gedanken davon, ständig um banale Aufgaben zu kreisen wie: Sandra zurückrufen! Hemden reinigen lassen! Noch vier Tage bis zum Präsentationstermin! Aber das System beschützt mich nicht vor dem Dauerfeuer der elektronischen Kommunikation, und es verhindert nicht meinen Reflex, ständig den Kick zu suchen: E-Mail, Twitter, Facebook, WhatsApp in der Supermarktschlange zu checken, beim Grillen auf dem Balkon, während die Kinder Zähne putzen.

Dieses Gefühl, nie abschalten zu können, nie im Jetzt zu sein, haben inzwischen viele Menschen – sehr viele: »Zu viel Stress, zu viel Termindruck, zu wenig Erholung« – so fasst die populäre Website *Karrierebibel* das Ergebnis einer aktuellen Studie zum Betrieblichen Gesundheitsmanagement zusammen. Darin geht es um die aktuelle Arbeitsbelastung der Deutschen, und das Ergebnis ist alarmierend: Neun von zehn Bundesbürgern fühlen sich im Job gestresst, vor allem junge Arbeitnehmer stoßen an ihre Belastungsgrenze. Besonders zu schaffen machen den Befragten ständiger Termindruck (38 Prozent), das schlechte Arbeitsklima (37 Prozent) und emotionaler Stress (36 Prozent). Überstunden stellen für jeden dritten Arbeitnehmer eine große Belastung dar. Drei von zehn Befragten beklagen die ständige Erreichbarkeit oder Rufbereitschaften auch nach Feierabend.

Das wirkt sich früher oder später auch körperlich aus: Mehr als zwei Drittel der Befragten klagen über Verspannungen im Nacken. 63 Prozent leiden ebenfalls unter Rückenschmerzen. Von Schmerzen in Schultern, Armen oder Händen berichtet jeder Zweite. Weitere arbeitsbedingte Beschwerden der Deutschen sind Kopfschmerzen, Unruhe und Nervosität, Schlafstörungen und Depressionen. Mehr als drei Viertel der Arbeitnehmer sehen in ihren Vorgesetzten übrigens kein Vorbild (78 Prozent) – die machen ebenfalls kaum Pause, sind ständig erreichbar und enorm gestresst.

Wir kennen das alle. Jemand fragt uns, wie es uns geht. Früher hätten wir vielleicht vom letzten Urlaub erzählt, von einem spannenden neuen Projekt oder von der Familie. Vielleicht hätten wir – wie im angelsächsischen Raum üblich – einfach nur »gut« geantwortet. Heute lautet die Standard-Entgegnung auf diese Frage: »Gut! Viel zu tun!«, oder »Ach, gerade ganz schön viel los!«, oder »Wahnsinn, ich komme gar nicht mehr hinterher.«

Abgesehen davon, dass das stimmt, fühlen wir uns dadurch auch bestätigt. Beschäftigt sein unterstreicht unseren sozialen Status. Nichtstun, Langeweile, Ziellosigkeit sind zum Stigma der Erfolglosen geworden. Und zu denen wollen wir natürlich nicht gehören. Würde jemand antworten: »Ich hab gerade wenig zu tun. Saß den ganzen Tag im Café herum. Hab Spaziergänge gemacht und nachgedacht« – was würden Sie denken? Vermutlich, dass es dieser Person nicht gut geht, dass sie beruflich nichts auf die Reihe bekommt, wahrscheinlich auch privat Hilfe braucht.

Dabei ist es häufig gerade umgekehrt: Wer ständig unter Strom steht und von einer Aufgabe zur nächsten hetzt, ist wahrscheinlich am Ende seiner Kräfte. Übermäßiges Beschäftigtsein ist eher ein Zeichen dafür, dass jemand ein geringes

Selbstbewusstsein hat, sich von anderen Aufgaben vorgeben und den Kalender füllen lässt. Der selbstbewusste Mensch hat gelernt, seine Zeit und Energie eigenständig zu managen.

Besonders produktiv ist das gehetzte Herumspringen zwischen Aufgaben sowieso nicht. Überlegen Sie einmal, wie oft Sie einen Arbeitstag mit Meetings, E-Mails und Social Media verbracht haben, sich den ganzen Tag irre beschäftigt und sogar gestresst fühlten – und abends dann ausgelaugt zu Hause ankamen, um sich zu fragen: Was habe ich heute eigentlich geschafft? Welche wirklich wichtigen Aufgaben habe ich erledigt? Die Antwort lautet zu häufig: eigentlich keine.

Die Universität von Michigan untersuchte kürzlich, was das Hin- und Herspringen zwischen zwei Aufgaben für unsere Effizienz bedeutet. Kurz gesagt: Es ist desaströs. Unterbrechen wir Tätigkeiten mittendrin, um kurz etwas anderes zu tun, verlängert das die Zeit, beide Aufgaben fertigzustellen, um ein Viertel. Anders gesagt: Sie verlieren jeden Tag zwei Stunden Arbeitszeit – mal angenommen, Sie wären acht Stunden am Stück produktiv, was natürlich eh unrealistisch ist.

Achtsamkeit hingegen ist das Gegenteil von Multitasking – und das ist sogar biologisch nachweisbar. Wer sich regelmäßig in ihr übt, verbessert seine Fähigkeit, sich zu konzentrieren, weil er die Dichte in einem Gehirnbereich namens Anteriorer Cingulärer Cortex (ACC) vergrößert. Multitasking wiederum hat den gegenteiligen Effekt auf diesen Teil des Gehirns. Wissenschaftler der Universität Sussex belegten das, indem sie die Zeit, die Probanden an mehreren Geräten gleichzeitig verbrachten, mit Magnetresonanz-Scans ihrer Gehirne verglichen. Tatsächlich hatten notorische Multitasker eine messbar geringere Dichte des ACC.

Wenn der ständige Stress uns also nachweislich nicht guttut – warum ist er dann so verbreitet? Das wiederum untersuchten Forscher der Universität Chicago. Ihr Ergebnis: Die Vorstellung, dass Beschäftigtsein ein Anzeichen von Erfolg und harter Arbeit sei, ist so verbreitet, dass wir uns buchstäblich vor dem Nichtstun fürchten. Eine aktuelle Studie prägte dafür den Begriff »idleness aversion« oder Müßiggangs-Aversion. Und der Autor Carl Honoré, von dessen »Slow Movement« wir noch lesen werden, fordert, dass wir uns alle dringend im »Monotasking« üben, also im bewussten Tun von nur einer Sache zu einer Zeit.

Wir raten Sabine dann doch vom Achtsamkeits-Blog ab. Was will sie da jeden Tag schreiben: Achtsamkeit beim Essen, Achtsamkeit beim Spazierengehen, Achtsamkeit im Job? Könnte schnell langweilig werden, das Thema ist ja nicht so kompliziert. Komplizierter ist es, das auch im Alltag umzusetzen. Und da gilt, was der kluge Blogger Merlin Mann sagt: »Einer Facebook-Gruppe über Produktivität beizutreten ist so, als würde man einen Stuhl kaufen, um zu joggen.« Anders gesagt: Ein Blog über Achtsamkeit zu lesen ist, als würde man öfter mal zum Schnaps greifen, um weniger Bier zu trinken.

Eine Sache habe ich aus meiner Beschäftigung mit dem Thema aber doch mitgenommen: Ich werde künftig stärker auf meine Wortwahl achten. Wenn mich das nächste Mal jemand fragt, wie es mir geht, werde ich nicht aus Reflex antworten: »Mann, gerade ist hier echt viel zu tun.« Auch wenn ich tatsächlich gerade fünf Termine umgelegt und drei Deadlines gerissen habe, 30 E-Mails auf meine Antwort warten, und die Windeln zu Hause sind auch aus. Erstens geht das gerade allen so. Zweitens ist es genau darum nicht besonders interessant. Drittens, und vor allem, ist es nichts, womit ich angeben will. Auch nichts, wofür ich mich entschuldigen möchte. Sondern einfach nur: etwas, das ich ändern werde. ◗

23.30 Uhr:
Verdammt, wieso bin ich
immer noch online?

⊙ Sabine ist weg, die Küche aufgeräumt, die Kinder im Bett. Meine Freundin schaut noch ein bisschen auf Facebook, ihr Abendritual. Ich habe auch den Rechner aufgeklappt. Die Sache mit der Achtsamkeit treibt mich um, ich google, was es zu diesem Thema so an Studien gibt, und werde schnell fündig.

Forscher der US-amerikanischen Universitäten von Virginia und Harvard haben neulich eine Reihe von Experimenten durchgeführt, bei denen Menschen gebeten wurden: nichts zu tun. Einfach nur auf einem Stuhl zu sitzen und zu denken. Einige sechs, andere fünfzehn Minuten lang. Fast alle empfanden das als sehr unangenehm. Sie konnten sich nicht konzentrieren, wussten nichts mit sich anzufangen. Dann legten die Wissenschaftler noch eine Schippe drauf: Sie gaben den Probanden die Möglichkeit, sich selbst während der Wartezeit milde – aber durchaus schmerzhafte – Elektroschocks zu verpassen. Erstaunlicherweise taten das ein Drittel der Frauen und zwei Drittel der Männer. »Das Gegenteil der Hast, das Nichtstun, die völlige Ruhe, war früher willkommener, auch unvermeidbarer Teil des Alltags. Nun verwandelt sich die Stille offenbar in eine Zumutung«, schrieb der *Spiegel*, der im Rahmen einer Story über Ablenkung durch Smartphones schockiert von diesem Experiment berichtete. Was die Redakteure nicht schrieben: Der Studienleiter hatte explizit festgestellt, dass die Ergebnisse wahrscheinlich gerade nicht dem immer schnelleren Lebensrhythmus, mobilen Geräten und Social Media geschuldet seien. Sondern dass umgekehrt unsere angeborene Aversion gegen Nichtstun und Langeweile die Popularität dieser Technologien begründet.

Was mindestens drei Fragen aufwirft – erstens: Wer will entscheiden, was hier Henne ist und was Ei? Zweitens: Könnte es tatsächlich sein, dass unsere Unfähigkeit, Feierabend zu machen, psychologische Ursachen hat? Drittens: Warum bin ich um diese Uhrzeit eigentlich immer noch online, um diese Sachen zu lesen? Das muss ich mir von einem Experten erklären lassen. Ich recherchiere weiter und finde – neben Alarmisten wie Manfred Spitzer, dessen Bücher über *Digitale Demenz* sich zwar gut verkaufen, weil sie scheinbar einfache Antworten auf komplexe Probleme liefern und weil sie eine gerade in Deutschland noch immer verbreitete unreflektierte, aber tief sitzende Technik-Skepsis bedienen, unter Fachleuten aber eher skeptisch betrachtet werden – den sozusagen qua Funktion seriösen Hans-Jürgen Rumpf, Psychologe an der Universität Lübeck, Vorstand der Deutschen Gesellschaft für Suchtforschung und ausgewiesener Fachmann zum Thema Internetsucht. Ich schreibe Rumpf eine E-Mail, bitte um ein Interview. Dann schließe ich den Rechner, gehe ins Bad und mache mich bettfertig. ⬤

4.30 Uhr:
BITTE! LASS! MICH! SCHLAFEN!

⬤ Ich schlafe sehr gut. Wie ein Baby. Tief und fest. Wache erholt auf. Immer.

Immer, außer wenn ich nicht gut schlafe.

Was extrem selten passiert, dann aber extrem unangenehm ist. Folter, eigentlich. Und – das macht mir Sorgen – es passiert in letzter Zeit immer mal wieder. Nicht wirklich oft, vielleicht alle zwei Wochen mal eine Nacht. Dann aber jedes Mal nach demselben Muster: Ich gehe in der Regel gegen 23.30 Uhr ins Bett, weil ich weiß, dass ich am nächsten Morgen wieder um 6.30 Uhr raus muss – duschen, anziehen, Milla fertigmachen und zur Schule bringen. Ziemlich früh, sagen Sie, ein bisschen spießig? Moment, früher bin ich auch später ins Bett gegangen. Aber mit einem Schulkind werde ich gegen halb zwölf langsam müde, das wird jeder bestätigen, der in derselben Situation ist. Ich lese dann noch eine halbe Stunde, mache gegen Mitternacht das Licht aus, schlafe sofort ein. Das ist mein Rhythmus, das klappt immer.

Wenn mich dann aber nach kurzer Zeit etwas weckt – meine Freundin, die später ins Bett kommt, eines der Kinder, das einen Albtraum hat, oder einfach meine eigene Unruhe, dann geht es los. Ich fange an, mir Gedanken zu machen. Über die Arbeit, über Deadlines, Probleme, Gespräche, ungelöste Konflikte ... Das Interessante: Ich sehe all diese Verpflichtungen als digitale To-do-Listen vor mir, als E-Mail-Konversationen oder als Word-Dokumente (im Fall dieses Buches zähle ich im Halbschlaf immer wieder die geschriebenen Zeichen, wie man das bei Word ja kann, stelle fest, dass ich NOCH NICHT GENUG geschrieben habe und dass ich das BIS ZUR DEADLINE AUF GAR KEINEN FALL schaffen kann). Also wälze ich mich im Bett. Das Herz pocht in meinen Ohren. Ich versuche, ruhig zu atmen, an etwas anderes zu denken. Es klappt nicht, der Schlaf will nicht kommen. Stattdessen immer wieder neue, vermeintlich unlösbare Aufgaben.

Immerhin bin ich nicht alleine. Nach Erkenntnissen der Deutschen Gesellschaft für Schlafforschung und Schlafmedizin leiden rund 7,4 Millionen Bundesbürger an wiederkehrenden Schlafstörungen, können nicht durchschlafen. Nach einer Studie des Robert-Koch-Instituts ist das Problem sogar noch weiter verbreitet. Knapp 70 Prozent der Befragten gaben an, mehr als dreimal in der Woche nur schlecht einzuschlafen oder nicht richtig durchzuschlafen. Demnach wären über 50 Millionen Deutsche mit ihrem Schlaf unzufrieden. Fast vier Prozent der Männer und doppelt so viele Frauen nehmen Schlafmittel, um nachts Ruhe zu finden. Und mehr als jeder Zehnte schläft weniger als fünf Stunden pro Nacht. Die Ursachen sind gesellschaftlich begründet, sagen Experten: zu viel Stress, ständige Erreichbarkeit, aber auch die Technologie. Laut Chronobiologen der Universität Basel stört das blaue Licht unserer Laptops, Tablets und Smartphones den Schlaf-Wach-Rhythmus vor allem am Abend. Versuchspersonen, die abends fünf Stunden vor LED-Bildschirmen verbracht hatten, blieben länger aufmerksam und waren wacher, weil das blaue Licht bei ihnen das Schlafhormon Melatonin unterdrückte.

Ich will nicht auf die Uhr schauen, tue es dann aber doch. 2.30 Uhr. Ich liege seit einer Stunde wach. Langsam schleicht sich neben der allgemeinen Unruhe die Panik ein: Was, wenn ich nicht wieder einschlafen kann? Ich muss doch morgen früh raus! Habe einen langen Arbeitstag vor mir! Ich stehe auf und trinke ein Glas Wasser. Das hilft auch nichts. Nach einer weiteren halben Stunde stehe ich noch mal auf, trinke diesmal ein Glas Wein. Unvernünftig, ich weiß, aber ich bin langsam verzweifelt. Der Schlaf kommt trotzdem nicht. Meine Augen schmerzen, mein Herz pocht immer schneller, die Gedanken drehen und drehen sich. 3.45 Uhr. Ich ziehe aufs Sofa um, vielleicht hilft das.

Tut es nicht.

4.30 Uhr, mir wird langsam übel – ich weiß nicht, ob vom Schlafmangel oder beim Gedanken daran, dass ich jetzt nicht mal mehr zwei Stunden Schlaf vor mir habe, selbst wenn mich Morpheus sofort in seine Arme nimmt. Was er natürlich nicht tut. Ich gehe zum Rechner und schreibe mir die Dinge auf, die ich mir in den letzten Stunden für morgen vorgenommen habe. Vielleicht hilft das, den Kopf leer zu bekommen.

Ich weiß nicht, wann ich in dieser Nacht eingeschlafen bin. Ich kann mich erinnern, um 5.30 Uhr noch einmal auf die Uhr geschaut zu haben. Vermutlich war es kurz danach. Als um 6.30 Uhr der Wecker klingelt, bin ich im Tiefschlaf. Ich stehe auf, erledige die üblichen Morgen-Handgriffe wie ein Automat – Espressomaschine an, Milch aufstellen, Tisch decken, Schulbrote schmieren – und wundere mich selbst, dass das geht. Ich bringe Milla zur Schule, fahre wieder nach Hause. Schreibe eine Mail ans Büro, dass ich mich heute krankmelde (ich bin selbstständig – also normalerweise NIE krank, wenn ich nicht mit Fieber im Bett liege oder mit einem gebrochenen Bein im Krankenhaus, und selbst dann würde ich dort noch den Laptop aufklappen). Ich mache das Handy aus, lege mich wieder hin und schlafe wie ein Stein bis um 11.

Als ich aufwache, lasse ich das Handy aus und den Laptop in der Tasche. Gehe in ein Café, bestelle ein Frühstück. Fühle mich merkwürdig frei und leicht. Ich schaue einfach nur den Menschen um mich herum zu. Lese ganz in Ruhe eine Zeitung. Und weiß, dass ich etwas ändern muss. Aus Prinzip, und weil mich das Thema abstrakt interessiert. Wegen Milla und ihrem vorwurfsvollen »Mach doch mal das Handy aus, Papa«. Aber eben auch wegen mir.

Vor allem wegen mir. Denn so geht es nicht weiter.

Zweieinhalb Wochen später:
Das permanente Unerledigtsein

◖● Hans-Jürgen Rumpf, der Fachmann für Internetsucht, hatte sich erst nach drei Tagen zurückgemeldet, da war ich schon mit der Familie im Sommerurlaub an der Nordsee. Zwischen Krabbenbrötchen und Burgenbauen schaute ich natürlich regelmäßig auf mein Handy, so sah ich auch die Mail des Psychologen gleich. Ich widerstand der Versuchung, ein Interview gleich am nächsten Tag vorzuschlagen. Ich bin so, ich denke immer Dinge wie: Der Mann ist ja sicher vielbeschäftigt. Toll, dass er überhaupt geantwortet hat. Jetzt will ich seine Geduld aber nicht überstrapazieren. Was interessiert den mein Privatleben, ich habe schließlich eine berufliche Anfrage gestellt. Und überhaupt will ich ja was von ihm, nicht umgekehrt, da muss ich halt auch mal flexibel sein.

Aber ich wollte mich ja bessern. Ich schaute zu meinen beiden kleinen Töchtern, die mit der Mutter im Wasser tobten, und dachte: Zähne zusammenbeißen. Hart bleiben. Was soll schon schiefgehen?

Ich schrieb Rumpf, dass ich jetzt gerade im Urlaub sei. Dass ich das Interview aber gern in zwei Wochen führen würde. Nachdem ich die Mail losgeschickt hatte, wartete ich in dieser passiv-aggressiven Anspannung, die ich in solchen Situationen immer verspüre, auf eine Antwort. Vielleicht meldet er sich jetzt gar nicht mehr, monologisierte meine innere Stimme weiter. Vielleicht ist er sauer. Vielleicht findet er mich unprofessionell.

Nach einem Tag immer noch keine Antwort. Ich wusste: Ich hatte einen Fehler gemacht. Ich hätte einfach anbieten sollen, das Interview gleich zu führen – Urlaub hin oder her. Beim Abendessen schaue ich zum ungefähr hundertsten Mal heute wieder verstohlen auf das Handy. Auch mal »Nein« zu sagen soll also entspannen? Bei mir keine Spur davon. Den ganzen Tag hatte ich über die vertane Chance nachgedacht. Die Kinder bestellten Fischstäbchen und Pommes, ich versteckte das Handy hinter der Karte, tat so, als hätte ich mich noch nicht entschieden, und tippte auf das Mail-Symbol: eine neue Nachricht! Dr. Rumpf! Er freue sich, das Gespräch zu führen. In zwei Wochen passe es ihm gut, dann sei er auch aus dem Urlaub zurück.

Ich bestellte Scholle und ein großes Bier, fühlte mich schuldig und triumphierend zugleich. Schuldig, weil ich an meiner Strategie gezweifelt und einen Urlaubstag mit Grübeln darüber vergeudet hatte. Triumphierend, weil es sich am Ende doch ausgezahlt hat, auch mal Grenzen zu setzen. Vor allem aber weil sich herausstellte: Der Experte für Internetsucht beantwortet auch E-Mails im Urlaub. Ha!

Zwei Wochen später ist Rumpf am Telefon und muss lachen, als ich ihm davon erzähle. Nein, sagt er, er selbst sei keineswegs frei von diesem Verhalten. Die Kultur des Always-On bewirke Veränderungen, die zum Teil etwas mit Dingen zu tun hätten, die bei Suchtentwicklungen stattfinden. Zum Beispiel? »Dass man auf bestimmte Signale reagiert. Wir sind ja ständig davon betroffen, dass wir uns nur kurze Zeit konzentrieren können, bevor wir wieder unterbrochen werden. Das führt dazu, dass die Arbeitsabläufe sich verändern. Die Signale, die wir bekommen, zum Beispiel eine E-Mail, erwecken das Interesse, weil wir hier auch gelegentlich positive Nachrichten bekommen.« Dieses System, dass die Nachricht positiv, aber auch negativ sein kann, nennt man in der Psychologie intermittierende Verstärkung, also Lernen durch Verstärkung. Intermittierende Verstärkung beschreibt die nicht regelmäßige Bekräftigung eines Verhaltens mittels eines Verstärkers. Das Lernen erfolgt bei intermittierender Verstärkung zwar langsamer als bei kontinuierlicher Verstärkung, das Verhalten ist aber wesentlich löschungsresistenter – heißt: Die erlernten Verhaltensweisen sind besonders schwer wieder zu verlernen.

Man kenne das aus der Konditionierung, wo man bestimmte Leistungen belohnt, sagt Rumpf, zum Beispiel in der Dressur von Tieren: »Da gibt man dem Hund ein Leckerli, wenn er apportiert. Aber wenn der Hund merkt, dass er nicht jedes Mal ein Leckerli bekommt, ist sein Verhalten sogar noch stärker geprägt.« Rumpf glaubt, dass genau dies bei uns Menschen mit den neuen Medien passiere: »In der Hoffnung, dass es interessante und positive neue Nachrichten gibt, gehen wir immer wieder da rein und unterbrechen dadurch unsere Arbeitsabläufe. Das führt dazu, dass wir dieses Reagieren auf digitale Reize – zunehmend auch berufliche Nachrichten auf dem Smartphone – nicht mehr abstellen, sondern es den ganzen Tag über ununterbrochen tun und dass dadurch unsere Arbeitsabläufe sehr kleinteilig werden.« Ich kann – nicht erst seit dem Warten auf seine E-Mail an der Nordsee – hinzufügen: Auch das Privatleben wird immer wieder unterbrochen. Aber ich will mit Rumpf ja vor allem darüber sprechen, was dieses Verhalten im beruflichen Kontext mit uns macht.

Seine Einschätzung: Es sei Gift für kreative Aufgaben und für die vielen anspruchsvollen Aufgaben, die mehr Zeit benötigen. Denn das ständige Bombardieren mit immer neuen Kommunikationen, Aufgaben, Informationen fördert paradoxerweise die Prokrastination, also das Aufschieben von Dingen. »Ich reagiere auf die unmittelbaren Reize – zum Beispiel neue E-Mails –, aber meine eigentlichen Aufgaben, die sich auf meinem Schreibtisch stapeln, bleiben liegen. Dieses Hinausschieben von Tätigkeiten führt zu einem anwachsenden Berg von Arbeitsbelastung, und das wiederum ist deutlich mit Stress verbunden.«

Kann ich mir vorstellen. Aber ist denn die Arbeit nicht tatsächlich auch mehr geworden? Alle sprechen doch immer von der zunehmenden Verdichtung von Arbeit. Ist das nur eine Illusion, weil wir in Wirklichkeit nur immer mehr aufschieben und dadurch ineffizienter werden? Nein, sagt Rumpf, durch die zunehmende Kommunikation steige schon auch die tatsächliche Arbeitsbelastung an. Zudem würden die normalen Zeiten von beruflicher Tätigkeit und Erholung in der Freizeit aufgelöst. Aber die veränderten Arbeitsabläufe sind auf seiner Sicht das größte Problem: »Man kann relativ schnell eine Mail beantworten und hat das Gefühl, man habe etwas getan, aber man kann nicht so schnell – beispielsweise – ein Buch schreiben, also Tätigkeiten ausüben, für die man externe Störreize ausschalten muss.«

Eine paradoxe Situation, so scheint mir: Die Zunahme an neuen digitalen Werkzeugen in Unternehmen soll uns eigentlich produktiver machen, führt aber quasi zum Gegenteil, weil sie die Konzentration auf wichtige Arbeiten verhindert. Ärgerlich und unproduktiv, aber – kann man das wirklich schon als Sucht bezeichnen? Wir erinnern uns: Rumpf ist ja Vorsitzender der Deutschen Gesellschaft für Suchtforschung. Bei diesem Thema wird der Psychologe tatsächlich streng. Von einer Sucht spreche man nur dann, wenn die Verhaltensweisen außer Kontrolle geraten, sagt er. Das wurde in der Wissenschaft bisher vor allem bei Computerspielen und bei digitalen Netzwerken untersucht. Spiele und Soziale Netzwerke, sagt Rumpf, sind so konzipiert, dass sie eine Form der permanenten schnellen Belohnung bieten. »Wenn ich etwas poste und umgehend Kommentare oder Likes bekomme – also Dinge, die mich verstärken –, dann ist das ein Verhalten, das für den Menschen sehr angenehm ist und einen Reiz auslöst, der dazu führt, so etwas häufiger zu machen.« Das sei zunächst einmal noch nichts Schlimmes. Die Betroffenen berichteten aber, dass sie zunehmend von dieser Aktivität eingenommen seien. Die Zeit, in der sie sich gedanklich damit beschäftigen, sei übermäßig über den Tag verteilt, ständig da. Rumpf: »Das ist ein Merkmal von Suchterkrankungen.« Dazu fällt mir ein, dass berufliche Kollaborationstools ja ebenso wie Computerspiele mit Gamification-Elementen und Belohnungssystemen arbeiten. Und dass die zunehmende Einführung firmeninterner Social Networks zu denselben Effekten auch im Berufsleben führen müsste.

Aber Rumpf ist noch nicht fertig. Was bei einer Sucht häufig dazukomme, sei ein Kontrollverlust – ähnlich wie bei anderen Suchterkrankungen, also Rauchen oder Alkohol –, sodass der Kranke irgendwann nicht mehr selbst bestimmen könne, wie häufig oder in welcher Intensität er etwas tue. »Bei Internetanwendungen ist das genauso: Auch wenn negative Konsequenzen eintreten – ich spüre, dass ich abgelenkt und unproduktiv bin –, kann ich das Verhalten trotzdem nicht abstellen.« Treffender könnte er mein momentanes Leben nicht beschreiben, was ich ihm – leicht verschüchtert – auch eingestehe.

Aber noch gibt es eine Chance, dass ich nicht krank bin, denn ein dritter und sehr wichtiger Punkt müsse auch gegeben sein, bevor man von einer Sucht spreche, so Rumpf: Es müssen tatsächlich Beeinträchtigungen eintreten, die das Leben schwerer machen – die Arbeitsleistung wird objektiv schlechter, es gibt gravierende Konflikte in der Partnerschaft –, und man kann es dennoch nicht lassen. »Das sind dann Zeichen, dass hier eine Aktivität wirklich aus dem Ruder läuft.« Ich erinnere mich an den schönen Tag mit Milla, der nicht so schön endete, und schlucke. Die Diagnose scheint eindeutig. Immerhin – und darum recherchiere ich ja für dieses Buch – geht es nicht nur mir so, denke ich.

Tatsächlich weiß die Wissenschaft dann doch relativ wenig über dieses Phänomen. Solche Entwicklungen seien bis heute fast ausschließlich für den privaten Bereich untersucht, sagt Rumpf. Bei empirischen Untersuchungen sei das bislang sogar eine Voraussetzung: Die Probanden werden stets gebeten, ihren privaten Internetkonsum zu beschreiben und den beruflichen auszublenden. Ein großer weißer Fleck auf der Landkarte wissenschaftlicher Erkenntnis, so scheint mir. Immerhin mag Rumpf begründete Vermutungen anstellen. Die beschriebenen Suchtphänomene könnten sehr wohl auch durch berufliche Internet- und Smartphone-Nutzung ausgelöst werden, mutmaßt der Psychologe. »Ich selber kenne das – ich lese und beantworte auch mal abends Mails. Die Frage ist immer, inwiefern das mit meiner Rekreation interferiert.« Ich denke an unsere Mail-Korrespondenz im Urlaub und frage nach: Was meint er damit? »Wenn ich das nur ab und zu tue und mich eigentlich dabei wohlfühle, bin ich noch im grünen Bereich«, meint er. Das heiße natürlich nicht, dass man dadurch nicht eine erhöhte Stressbelastung habe, die sich negativ auswirke. »Das merke ich persönlich schon, dass mich das gerade im Urlaub auch belastet. Dass ich nicht aus Spaß in meine Mails schaue, sondern weil ich denke, ich muss wissen, was da passiert. Und dass diese Stunde, die ich da verbringe, mich aus meinem Urlaubszustand rausreißt. Ich bin dann wieder im Arbeitsalltag.«

Ein weiterer problematischer Anreiz sei, dass Menschen den anderen zeigen wollten, wie fleißig sie sind. »Wenn meine Geschäftspartnerin liest, dass ich meine E-Mail noch um 23.30 Uhr beantwortet habe, denkt sie – so hoffe ich: Der ist aber busy und zuverlässig und eifrig. Das macht den Reiz noch zusätzlich aus – anderen zeigen, wie sehr man engagiert ist.«

Verstanden, aber warum hat es mich so dermaßen gestresst, als ich im Urlaub auf seine Mailantwort gewartet habe? Ich konnte mich ja kaum noch auf etwas anderes konzentrieren, meine Gedanken kreisten ständig um dieses Thema, ich fühlte mich permanent angespannt. Das ist doch nicht normal, oder? Doch, ist es, sagt der Psychologe. Puh, ich bin offenbar doch kein hoffnungsloser Fall. Laut Forschung stressen uns hauptsächlich zwei Phänomene: erstens Aufgaben, die unerledigt sind. Zweitens Herausforderungen, bei denen man befürchtet, nicht genügend Kompetenzen zu besitzen, um sie hinzubekommen. »Ich sehe im Urlaub, dass schon wieder 30 Mails eingegangen sind, wo ich etwas tun muss. Dieses permanent Unerledigte, diese ständige Fülle an Aufgaben führen dann auch noch zu einer Überforderungssituation, zum Gefühl: Ich schaff das alles gar nicht«, so Rumpf. »Erstens ist die Bewältigung eingeschränkt, und zweitens kann ich sie auch nicht gut kontrollieren. Das sind dann genau jene Dinge, die Stress auslösen.«

Es sei zu befürchten, dass die technische Entwicklung nicht haltmacht und wir zunehmend in die Arbeit verstrickt werden, so Rumpf. »Wir werden die Zeit nicht zurückdrehen. Die alte Nine-to-five-Arbeitswelt, in der alle um 17 Uhr den Griffel fallen lassen und nach Hause gehen, wird es nicht mehr geben.« Das mache die Suche nach Lösungen umso dringender.

Je mehr ich darüber nachdenke, desto klarer wird mir: Die Sache ist komplizierter, als ich dachte. Es geht eben nicht nur darum, auch mal das Handy auszuschalten. Damit die neue Arbeitswelt uns nicht erstickt, damit wir uns aus der aktuellen Digitalen Erschöpfung befreien können, müssen individuelle und organisatorische Veränderungen zusammenkommen. Müssen wir psychologische Hindernisse überwinden, technologische und architektonische Missverständnisse auflösen. Herauszufinden, wie das geht, schaffe ich nicht alleine, ich muss mir

Unterstützung holen, und zwar die beste, die es gibt. Was zugleich heißt: Weil die Themen so unterschiedlich gelagert sind, wird die Lösung nicht an einer Stelle oder Quelle zu finden sein, ich brauche Experten in den jeweiligen Bereichen. Und genau das ist mein Plan. Ich suche mir in ganz Deutschland und sogar weltweit Menschen, die mir bei den einzelnen Fragestellungen weiterhelfen können – Fachleute und Vordenker. Gründer und Menschen, die in großen Unternehmen arbeiten. Praktiker und Akademiker. Ich spreche mit ihnen zunächst über individuelle Strategien, weil die Lösungen – nicht nur, aber auch – bei uns selbst liegen können. Ich gehe danach in den Bereich der Unternehmensstrukturen, der Organisationstheorien, der Bürogestaltung und der ganz praktischen Regeln im Arbeitsalltag, weil das Neue Arbeiten eben doch ganz viel von oben geplant und implementiert wird, Wandel zum Besseren also nicht allein vom Individuum ausgehen kann. Und schließlich spreche ich über die nahe Zukunft. Weil sich Technologie so schnell wandelt wie noch nie. Und weil es die Futuristen und Technologen sind, die Entwickler und Erfinder aus dem Silicon Valley und ihre hiesigen Jünger, die heute schon festlegen, wie wir alle bald leben und arbeiten werden. Und die – wenn wir jetzt nicht genau hinschauen – gerade vielleicht eine technokratisch geprägte Dystopie der Arbeitswelt schaffen, aus der wir uns nicht wieder werden befreien können, weil sie alles andere vereinnahmt, überdeckt und vergiftet.

Zunächst mal aber will ich schauen, was ich selbst besser machen kann in meinem Verhältnis zu Tools und Technik, zu Kommunikation und Kollaboration, zu Arbeitsstruktur und Always-On.

AUSWEGE

Langsamer werden

🔘 Carl Honoré erzählt gern die Geschichte, wie er auf den Gedanken kam, sein Leben zu entschleunigen. Der Journalist und Autor hat zwei Kinder, und vor einigen Jahren – da war sein Alltag noch sehr stressig – ertappte er sich beim abendlichen Vorlesen dabei, wie er immer ungeduldiger wurde. »Ich wandte eine Technik an, die die meisten Eltern kennen – das Mehrere-Seiten-auf-einmal-Umblättern, damit die Bücher schneller zu Ende waren. Natürlich bemerkten es meine Kinder jedes Mal, denn sie kannten die Geschichten ja.« Als er dann eines Tages ein Buch mit dem Titel *One-Minute-Bedtime-Stories* kaufte, also Gute-Nacht-Geschichten, die nur eine Minute dauern, hielt er inne und sagte sich: Moment. Hier stimmt etwas nicht.

»Wenn man in diesem Modus des Immer-Schneller fest-steckt, braucht man einen Schock, um zu merken, dass etwas nicht stimmt«, sagt er im Rückblick: »Für viele Menschen ist das der Körper: Man wird krank, erlebt ein Burn-out.« Für Honoré war es dieses Erlebnis mit seinen Kindern. Ich kenne das.

Kinder, vor allem kleine Kinder, sind langsam. Irre langsam. Für alle, die keine haben: Sie sind quäääääleeeend laaaaang-saaaam. Sie machen sinnlose Dinge. Sie sind nicht rational, nicht effizient, nicht pragmatisch. Sie stochern mit einem Grashalm im Ameisenbau. Sie untersuchen jeden Kieselstein in einem Kieselsteinbeet. Sie hüpfen von der kleinen erhöhten Treppe eines Hauseingangs auf den Bürgersteig. Bei jedem Haus der Straße. Es dauert ewig. Und es gibt nur zwei Arten, damit umzugehen: Man kann genervt sein, gelangweilt, kann sie antreiben, drängeln, kann laut werden. Das klappt meist, aber danach haben garantiert alle schlechte Laune. Oder man kann sich das Treiben mit buddhistischer Gelassenheit anschauen und sich über die sinnfrei verbrachte Zeit freuen.

Das Problem: Wenn ich aus dem Büro komme oder von einem Kundentermin, bin ich auf Effizienz getrimmt, auf Geschwindigkeit. Dann auf Kindertempo umzuschalten ist sehr, sehr schwer. Aber man kann es trainieren. Und genau das habe ich getan. Der erste Schritt ist, sich die unterschiedlichen Modi klarzumachen. Zu merken, warum einen das Trödeln der Kleinen gerade so aggressiv macht. Der zweite Schritt: durchatmen. Puls runter. Den Blick vom Handy nehmen und einfach mal schweifen lassen. Sich hinsetzen. Die geschenkten Minuten genießen. Schauen, wirklich schauen, was das Kind macht.

Und dann kommt der schwierigste Teil: der Versuchung widerstehen, diese geschenkte Zeit wieder effizient zu nutzen. Nicht mal eben eine E-Mail beantworten, während das Kind mit dem Laufrad kämpft. Nicht noch schnell den Kollegen anrufen, während die Kleine Blätter untersucht. Sondern am besten das Handy auf Flugmodus stellen. Beim Aufsteigen aufs Laufrad helfen. Die Blätter mit anschauen. Ich weiß, es klingt nach einem Rabenvater, aber: Für mich erfordert das eine nahezu übermenschliche Anstrengung. Und wenn sie ehrlich sind, geben das wahrscheinlich viele Eltern zu, zumindest heimlich.

Carl Honoré hat aus dieser Beobachtung ein Buch über *Slow Parenting* gemacht, also »langsame Erziehung«, und daraus dann eine übergreifende Theorie der Entschleunigung, die bald als Teil einer ganzen Bewegung eingeordnet wurde – dem Slow Movement –, auch wenn er darauf Wert legt, diesen Begriff nicht selbst geprägt zu haben. Seine Lehre von der Langsamkeit passt halt so schön in eine Reihe mit älteren Modebegriffen wie dem Slow Food. Inzwischen, so Honoré, gibt es eine regelrechte Slow Revolution mit durchaus ernst gemeinten Unterdisziplinen wie Slow Architecture, Slow Sex oder Slow Journalism. »Slow bedeutet in diesem Kontext nicht, alles in Schneckengeschwindigkeit zu machen«, so der Experte, »sondern vielmehr, die Dinge in der richtigen Geschwindigkeit zu tun. Mehr auf Qualität als auf Quantität zu setzen. Echte und bedeutsame menschliche Beziehungen aufzubauen. Im Moment präsent zu sein.«

»Ich bin ein schneller Mensch, ich liebe Geschwindigkeit«, sagt Honoré: »Schneller ist häufig besser – aber eben nicht immer.« In der modernen Welt sieht er einen allgemeinen Trend, immer und überall schnell zu sein, den es zu bekämpfen gilt. Für ihn geht es darum zu wissen, wann man schnell und wann man langsam sein muss. Mit verschiedenen Geschwindigkeiten zu spielen. »Wenn wir sehr beschäftigt sind, verlieren wir den Blick für die große strategische Richtung, in der wir unterwegs sind. In solchen Situationen tendieren wir dazu, alles immer hektischer zu tun – und das geht schief. Wir machen Fehler, wir denken nicht so kreativ oder innovativ, wie wir könnten, wenn wir uns mehr Zeit ließen.« Sehr oft hilft es in solchen Momenten schon, innezuhalten. Sich zu fragen: Was mache ich hier eigentlich und warum? Muss ich wirklich durch jede Sekunde meines Tages hetzen?

Experten wie Honoré sind davon überzeugt, dass Dinge langsamer zu tun nicht bedeuten muss, weniger produktiv zu sein, im Gegenteil: Ab und zu mal abzubremsen führt dazu, Aufgaben nicht nur besser, sondern auch effizienter zu erledigen – schon weil weniger Fehler passieren. »Diese Erkenntnis setzt sich in Unternehmen zunehmend durch«, so Honoré, »und zwar über alle Hierarchiestufen hinweg. Vor ein paar Jahren waren es noch vor allem die Personalabteilungen, die sich Gedanken über Work-Life-Balance machten und fanden, man dürfe Mitarbeiter nicht wie Roboter behandeln, sondern müsse sie als komplette menschliche Wesen sehen.« Inzwischen sei die Botschaft auch in den Chefbüros angekommen, denn die CEOs seien ja selbst die größten Opfer des allumfassenden Geschwindigkeitswahns. »Sie erleben es nicht nur im Privaten, wo sie zu wenig Zeit mit den Menschen verbringen, die ihnen etwas bedeuten. Sie sehen auch, wie diese exzessive Hetze ihre Arbeit schlechter macht.« Chefs hecheln dem digitalen Kalender hinterher, den Tasks und Terminen, und schaffen es immer seltener, sich Raum zu verschaffen, um über die große Strategie nachzudenken.

Tatsächlich sind es häufig Unternehmen, die am erregtesten Puls der Zeit agieren – Tech-Companies wie Google oder Unternehmensberatungen wie McKinsey –, die ihren gestressten Mitarbeitern Meditationskurse verschreiben oder Mindfulness-Seminare. Der alte Chefspruch ›Sitz nicht einfach nur rum, tu etwas‹ verwandle sich zunehmend in sein Gegenteil, so Honoré: ›Tu nicht einfach etwas, sitz mal still‹. »Vorgesetzte in diesen hochkompetitiven Branchen sagen das nicht, weil es ihnen ein schönes warmes Gefühl vermittelt, sondern weil es besser fürs Ergebnis ihrer Abteilung ist. Weil sie wissen, dass ihre Mitarbeiter dann leistungsfähiger werden.«

Seitdem die Wissenschaft sich verstärkt mit diesen Themen beschäftigt und zweifelsfrei belegt hat, dass das menschliche Gehirn schlicht nicht in der Lage ist zu multitasken, sind es kluge Arbeitgeber, die zu ihren Angestellten sagen: Stellt eure Gadgets auch mal aus. Fokussiert euch, seid nicht ständig abgelenkt. »Diese Botschaft wird nicht mehr nur in Yoga-Retreats verbreitet, sondern in großen Unternehmen und High-Tech-Firmen, die ihre Hausaufgaben gemacht haben und nun wissen: Langsamer zu werden ist die beste Methode, um das meiste aus ihren Mitarbeitern herauszuholen.« Und so gelte umgekehrt für uns alle: Um das meiste aus unseren Gadgets herauszuholen, müssen wir mit dem Multitasking aufhören und das Monotasking lernen: Nicht viele Dinge gleichzeitig schlecht tun, sondern eine Sache nach der anderen – dafür aber richtig.

Neuerdings kommen sogar technische Produkte heraus, die uns bei dieser Suche nach mehr Langsamkeit unterstützen sollen. Apps wie Offtime messen, wie lange ich was am Smartphone tue. Offtime ermutigt mich, meine Nutzungsdauer zu reduzieren, das Ergebnis der Tech-Diät dann mit anderen zu teilen und diese so auch mit dem neuen Langsamkeits-Virus zu infizieren.

Das Mobiltelefon MP01 des Schweizer Herstellers Punkt beispielsweise kann SMS verschicken, hat eine exzellente Sprachqualität sowie ein viel gelobtes schlichtes Äußeres, gestaltet von Design-Star Jasper Morrison – und das war's. Keine Apps, keine E-Mails. Kein Snapchat, Facebook, WhatsApp. Die Technologiepresse hat für derartige Geräte bereits einen neuen Gattungsbegriff gefunden: das Dumbphone. Petter Neby, Erfinder des dummen Telefons, sagt in einem Interview mit der *Schweizer Handelszeitung*: »Wenn die neue Technologie uns glücklicher und produktiver gemacht hätte, hätte ich nie ein Handy entworfen. Aber Smartphones lösen Stress und Ängste aus. Die Leute können nicht mehr allein sein und brauchen den Kick von außen.« Deswegen das schicke Dumbphone: »Ein Instrument, das attraktiv ist und absichtlich dafür gestaltet wurde, hilft uns, offline zu sein.« Carl Honoré nutzt das MP01 hauptsächlich, um möglichst selten in die Versuchung des Multitaskings zu kommen – hat aber zur Sicherheit stets ein iPhone dabei, für jene Fälle, in denen er dann doch mal online gehen oder eine Mail verschicken muss. Das will ich auch mal ausprobieren und schreibe gleich an den Hersteller, um mir ein Gerät zu bestellen.

Honoré ist davon überzeugt, dass wir einen historischen

Wendepunkt erreicht haben. »Spätestens seit der Industriellen Revolution gibt es diese nach oben führende Kurve einer ständigen Beschleunigung. 150 Jahre, in denen alles immer schneller geworden ist.« Im Großen und Ganzen war das eine positive Entwicklung, sagt er. Aber in den letzten Jahren begann das Pendel zurückzuschwingen. »Wir haben eine Kultur geschaffen, in der Geschwindigkeit ein Wert an sich geworden ist. Und all diese Beschleunigung fängt an, ihren Tribut zu fordern: Sie schädigt unsere Gesundheit, unsere Ernährungsgewohnheiten, unsere Beziehungen, Familien, unsere Gesellschaft. Bei der Arbeit behindert sie unsere Fähigkeit nachzudenken, Dinge zu schaffen, innovativ zu sein. Und sie verursacht jede Menge Umweltschäden.« Für ihn ist es darum nur logisch, dass die Slow Revolution dabei ist, sich zunehmend auszubreiten.

Individuelle Strategien

- Aufhören, wirklich bewusst aufhören, mehrere Dinge gleichzeitig zu tun. Dass wir Menschen nicht multitasken können, hat sich herumgesprochen. Es dann auch tatsächlich sein zu lassen, ist irrsinnig schwer. Ich werde das ab jetzt bewusst üben.

- Dinge langsamer tun. Also: langsamer gehen. Langsamer reden. Langsamere Bewegungen machen. Heißt nicht, dass ich ab jetzt immer in Zeitlupe unterwegs bin, das sähe ja albern aus und würde meine Umgebung nerven, mich selbst auch. Aber wenn ich in der Hektik des Büroalltags merke, dass ich nach drei Espressi und fünf Telefonaten pro Stunde hektisch mit dem Fuß wippe, abgehackt rede oder den Stift so verkrampft umklammere, dass die Knöchel weiß hervortreten, dann ist es dringend Zeit, tief durchzuatmen. Bis zehn zu zählen. Und einen Gang runterzuschalten. Mein Role-Model: Marlon Brando in *Der Pate*: Einfach mal fünf Minuten lang bewegungslos und ohne Mimik nur die Augen bewegen und: Sehr. Langsam. Sprechen.

- Nichtstun aushalten. Wenn das Kind zehn Minuten lang ein Blatt auf dem Bordstein untersucht, einfach mal nicht zum Handy zu greifen und E-Mails zu checken, sondern den Blick schweifen zu lassen, Bäume anzuschauen oder Wolken, ist für mich fast unmöglich geworden. Genau darum werde ich das jetzt wieder üben. Als Kind konnte ich doch auch ewig einen Grashalm anschauen. Irgendwo in mir muss diese Fähigkeit schlummern.

Geräte abschalten

⊂● Da ich mein Smartphone immer in Reichweite habe, ist dieses Offtime, auf das ich bei der Recherche über die Langsamkeit gestoßen bin, einfach auszuprobieren: Ich zücke das Gerät, lade die App herunter, aktiviere Ortungsdienste und Mitteilungen – und los geht's. Ab jetzt meldet die App mir, wie lange ich das Handy angeschaut habe. Ich kann voreinstellen, was die maximale tägliche Nutzungsdauer sein soll. Vom Werk sind zwei Stunden eingestellt. Danach würde Offtime mir eine Nachricht schicken, dass ich mein Limit überschritten habe. Interessanterweise merke ich nach zwei Tagen, dass ich keine Warnung bekomme, weil ich gar nicht auf zwei Stunden komme. Bin ich etwa gar nicht so schlimm, wie ich denke?

Ich finde: doch. Denn in Wahrheit ist es bei mir ja gar nicht unbedingt die Gesamt-Nutzungsdauer, die mich unglücklich macht – das, so erfahre ich später, betrifft eher extreme Social-Media-Fans. Wer stundenlang am Handy auf Facebook ist, erreicht so ein Limit schnell. Bei mir sind es eher die vielen kleinen Unterbrechungen – hier eine Nachricht, da ein Anruf, und dann schaue ich auch selbst noch ständig, ob wieder etwas passiert ist –, die mich in den Wahnsinn treiben. Die addieren sich auf den Tag gerechnet zwar gar nicht mal zu so vielen Stunden, wie ich jetzt durch Offtime lerne. Aber sie sind bei mir der Kern des Übels.

Darum ist für mich eine andere Offtime-Funktion wichtiger: In der App gibt es einen großen Knopf, auf dem steht: »Nimm Dir Offtime«. Dann kann ich einen Timer stellen und festlegen, für wie lange mein Handy mich jetzt mal in Ruhe lassen soll. Die Grundeinstellung: zwei Stunden! Im Ernst? Das ist in meinem jetzigen Leben völlig ausgeschlossen. Ich stelle den Timer auf 30 Minuten, und schon dabei spüre ich ein Kribbeln im Bauch, so als würde ich etwas Verbotenes tun. Ich drücke trotzdem auf Start und frage mich, ob Offtime jetzt tatsächlich die Macht über mein Handy übernommen hat. Wie sich herausstellt: nein. Bei Android-Geräten kann Offtime offenbar tiefer ins Betriebssystem eingreifen, aber mein iPhone ist da störrisch – ich muss selbst den Flugmodus aktivieren. Hätte ich auch ohne diese Extra-App machen können. Aber wahrscheinlich hätte ich es nicht getan. Nun sitze ich also in der Sonne auf der Dachterrasse des Soho House, schreibe diese Zeilen, und mein iPhone liegt wie tot auf dem Tisch, auf dem Display zwei Sätze: »Entspann Dich. Dein Gerät hat jetzt Pause.«

Das stresst mich im ersten Moment mehr, als dass es mich entspannt. Was, wenn ich gerade jetzt einen wichtigen Anruf bekomme? Vielleicht nicht mal beruflich – was, wenn etwas mit den Kindern ist? Nach ein paar Minuten setzt aber tatsächlich eine Art Fatalismus ein. Das Handy ist jetzt aus. Ich weiß ja, dass ich schlimmstenfalls den Flugmodus einfach wieder deaktivieren könnte, aber ich tue es nicht. Ich fühle mich wie ein Alkoholiker, der die Whiskyflasche auf den Tisch stellt, aber nicht öffnet, um sich zu beweisen, dass er widerstehen kann.

Gleichzeitig habe ich ja immer noch den Laptop aufgeklappt. Ist das jetzt Schummeln? Solange ich E-Mail-Programm und Browser mit Twitter offen habe, eindeutig ja. Also schließe ich beides. Puh, jetzt bin ich wirklich offline. Ich will ja gar nicht entspannen, wie mir Offtime suggeriert, ich will mich konzentrieren. Will weiter an diesem Buch schreiben. Dafür habe ich jetzt zumindest mal 30 ungestörte Minuten. Und das hilft tatsächlich ungemein. Mal nicht alle zwei Minuten aufs Handy schielen oder ins Mailprogramm wechseln, wenn da wieder eine Nachricht erscheint, führt zu einem enormen Produktivitätsschub. Am Ende habe ich die Frist sogar um drei Minuten überzogen, so konzentriert habe ich geschrieben.

Als ich das Handy wieder anstelle, ist – Überraschung – die Welt zwischenzeitlich nicht untergegangen. Vier E-Mails sind gekommen, keine superdringend. Und ein Geschäftspartner, auf dessen Anruf ich gewartet hatte, schreibt, er sei nun schon bei seiner kleinen Tochter, so gut passe es ihm also nicht, und ob wir vielleicht nächste Woche sprechen könnten? Siehe da: Es geht auch anderen so wie mir. Und manchmal bauen wir uns offenbar gegenseitig unnötig Druck auf, weil wir meinen, der jeweils andere wolle unbedingt kommunizieren. Ein Teufelskreis, den zu durchbrechen ein Hilfsmittel wie Offtime tatsächlich hilft.

Weil ich das Handy nun aber schon mal in der Hand habe, schreibe ich gleich an Alexander Steinhart, den Erfinder von Offtime. Den will ich treffen. Eine Woche später ist es tatsächlich so weit, wir sitzen wieder auf der Dachterrasse, auf der ich seine App zum ersten Mal ausprobiert habe. Alexander bestellt einen schwarzen Kaffee, ich einen kalt gepressten Saft, und ich fange an, ihn auszufragen, denn ich bin wirklich neugierig. Offenbar ist dieser junge Mann mit einem abgeschlossenen Studium in politischer Psychologie schon um einiges früher als ich auf das Thema der digitalen Überforderung gestoßen, denn er hat nicht nur ein Produkt dazu auf den Markt gebracht, sondern auch ein Start-up gegründet.

Steinhart, der mit Bart und halblangen Haaren durchaus so aussieht, wie man sich einen Psychologiestudenten vorstellt, lehnt sich vor, damit seine Stimme gegen die laute und leicht hysterische Jazzmusik aus den Lautsprechern über uns zu hören ist. Er erzählt, dass er 2013 mit Gleichgesinnten eine Crowd-

funding-Kampagne gestartet hat, um Geld für Offtime einzu-
sammeln und um zu sehen, ob das Thema Menschen überhaupt
interessiert. »Die Grundidee kam mir aber schon vorher, als ich
meinen Master in Belfast gemacht habe. Da betrat ich ein Café,
und alle saßen vor ihren Laptops oder dem Handy«, sagt er.
»Und das erinnerte mich an Situationen zehn Jahre früher, als
ich in Amsterdam mit Drogenabhängigen gearbeitet habe. Alle
waren sehr fokussiert, aber der Raum war nicht belebt, es wurde alle Energie aus ihm herausgezogen. Durch meinen Hintergrund als Sozialpsychologe wusste ich ein wenig, warum das
so war, und dachte, da muss es doch Hilfe geben.«

Das Thema interessierte ihn aber nicht nur professionell,
sondern auch persönlich. Als Jugendlicher hatte er selbst viel
Zeit vor dem Computer verbracht, erzählt er, sich dann aber irgendwann aktiv dagegen entschieden, ging als Zivildienstleis-
tender nach Südafrika und lebte eine Zeit lang komplett »ohne
Gadgets«. Diese scheinbar widersprüchliche Mischung aus
Technikbegeisterung und -skepsis ist ihm bis heute geblieben:
»In Projekten bin ich oft derjenige, der sich mit der Technik am
besten auskennt. Ich fordere auch nicht, dass wir von den Geräten wegmüssen. Es geht vielmehr um die Frage, wann und wie
wir sie nutzen. Ich merke insgesamt, dass immer mehr Menschen mit diesem Thema Probleme haben und Hilfe brauchen.«

Mit seinem Team bei Offtime arbeitet er nun daran, dass
Menschen ihre Vernetzung situationsbedingt anpassen können. Und daran, ihnen sichtbar zu machen, wie sie das Digitale
nutzen, wie viel Zeit sie womit verbringen. »Es ist ja eigentlich
absurd, dass es so eine Funktion in den Geräten selbst nicht
gibt – sie haben nur einen An- und Aus-Knopf oder vielleicht
den Flugmodus beim Smartphone«, sagt er: »Es gibt aber keinen Modus für, zum Beispiel, ›fokussiert arbeiten‹ oder ›ich bin
in einer Unterhaltung‹.«

Steinhart weiß, dass sie mit diesem Thema früh dran waren und es immer noch sind. Viele Menschen leiden unter der ständigen Erreichbarkeit, aber erst so langsam fangen manche an, lösungsorientiert zu denken. Inzwischen gibt es diverse Apps, die in eine ähnliche Richtung wie Offtime gehen – sie tragen sprechende Namen wie »Rescue Time«, »Trim the Cord«, »Shut App«, »AppDetox« oder »Digital Detox Challenge«. Steinhart glaubt, dass bei vielen Nutzern nach vielleicht zwei, drei Jahren mit dem Smartphone eine Ernüchterung eintritt. »Die Menschen ziehen eine Zwischenbilanz: Was bringt es mir, wo schadet es? Die Vorteile der Smartphone-Nutzung sind ja groß, aber die Kosten eben auch, und auf die wird wenig geschaut. Viele denken: Ich krieg das schon hin. Man hat ja immer ein besseres Bild von sich in der Zukunft.« Da spricht der Psychologe.

Steinhart lobt die neuen sogenannten Single-Use-Devices, wie das Punkt-Handy, mit dem man nur telefonieren und SMS schreiben kann (mehr dazu im übernächsten Kapitel, »Technik gezielt einsetzen«, Seite 123). Das habe ich mir ja auch bestellt. Aber ist das nicht ein Schritt zurück in die technologische Steinzeit? Wer kann so etwas ernsthaft wollen – gelungenes Design hin oder her? Menschen wie Steinhart. Er holt stolz das Retro-Handy aus der Tasche und sagt, dass man damit eben unterschiedliche Nutzungs-Szenarien auseinanderhalten könne. »Im Smartphone werden ja Freizeit und Arbeit, Nützliches und Soziales miteinander vermischt. Und das ist schwierig. Dass wir Menschen kein Multitasking können, hat sich inzwischen bei vielen herumgesprochen. Gleichzeitig belegen Studien, dass gerade jene Menschen, die glauben, besonders gut multitasken zu können, es besonders schlecht können.« Wir alle, sagt er, müssten zwischen offenen und geschlossenen Arbeitsmodi hin- und herwechseln – offen, wenn wir Informationen einsammeln, geschlossen, wenn wir die Informationen verarbeiten. Das Smartphone und andere digitale Kommunikationsmittel erschwerten das. »Evolutionspsychologisch war der Mensch immer im Vorteil, wenn er schnell aufgenommen hat, dass etwas Neues geschieht«, so Steinhart: »Genau das wird uns jetzt, da Informationen nicht mehr knapp sind, sondern im Überfluss existieren, zum Verhängnis.«

Der Technik-Fan in Steinhart muss dann aber doch noch nachschieben, dass man mit dem Punkt-Handy seine Kontakte nicht synchronisieren kann, auf dem monochromen Display also nur Nummern statt Namen erscheinen. So viel Retro-Feeling muss es denn auch wieder nicht sein. Und auf Nachfrage gibt er zu, neben dem Punkt-Modell auch noch ein iPhone dabeizuhaben – falls er unterwegs doch mal etwas googeln muss oder eine E-Mail schreiben will. Trotzdem besteht er darauf, dass ihn der bewusstere Umgang mit digitaler Kommunikation zu einem glücklicheren Menschen gemacht habe. »Aus arbeitspsychologischer Sicht ahnen viele, dass es besser wäre, seine E-Mails von ›push‹ auf ›pull‹ umzustellen – sie also aktiv herunterzuladen statt automatisch permanent eintrudeln zu lassen – und nur noch zwei- oder dreimal am Tag zu checken. Nur macht das kaum jemand.« Denn es fehle die Messgröße. Wie produktiv man bei der Arbeit ist, kann man vielleicht noch einigermaßen einschätzen. »Aber wie erholt ich bin, wie viel Entspannung ich brauche, dafür gibt es keinen Zähler«, so Steinhart: »Wir müssen abschalten, um uns zu erholen, aber wir können nicht mehr abschalten. Da reicht schon ein kurzer Blick auf das Handy, ich sehe die Betreffzeile der E-Mail und weiß: Oh, das Projekt geht schief oder jemand möchte etwas von mir, und dann bin ich gedanklich wieder drin in der Arbeit.« Was viele Eltern kennen, erlebt auch Steinhart, der kürzlich Vater geworden ist: Man steht auf dem Spielplatz, schaut kurz aufs Handy oder nimmt einen Anruf an und ist 20 Minuten lang abgelenkt. Dieses Verhalten, sagt er, beeinträchtigt auch die Erholungsphase: »Wenn Menschen zum Beispiel im Bett kurz vorm Einschlafen noch aufs Handy schauen, sind sie gedanklich wieder voll in der Arbeit drin und schlafen dann auch schlechter.«

Die Wirtschaftspsychologin Sabine Sonnentag hat verschiedene Kriterien für erfolgreiches Abschalten definiert, zum Beispiel: Kontrolle über das Abschalten haben, Freizeit selbst bestimmen, gut schlafen. Diese Kriterien müssen gegeben sein, um sich richtig zu erholen, erzählt Steinhart, »und alle sind mit der permanenten digitalen Kommunikation nicht vereinbar«.

Wir bestellen noch einen Kaffee. Neben uns auf der Dachterrasse ist ein Pool, in dem unter der Woche mitten am Tag Menschen schwimmen oder sich am Rand sonnen. Sie sehen alle nicht aus, als wären sie arbeitslos oder Privatiers. Aber sie wirken auch nicht irrsinnig gestresst. Ihre Smartphones haben sie auf den Handtüchern der Badeliegen, und sie schauen zwischendurch immer wieder darauf. Trotzdem scheint mir ein Tag am Pool mit dem Handy nicht die schlechteste Art zu sein, einen Arbeitstag zu verbringen, und ich frage Steinhart, wie er das sieht. Haben die digitale Kommunikation und das dadurch ermöglichte Neue Arbeiten nicht auch ein erhebliches Emanzipationspotenzial? Sollte uns all das nicht vom Schreibtisch befreien, mehr Kontrolle über die eigene Zeit geben? Und – mit Blick auf die Menschen am Pool, aber auch auf uns beide, die dieses Interview in der Sonne führen: Ist nicht vieles davon auch eingetreten? Anders gefragt: Betonen wir gerade vielleicht die Nachteile über?

Steinhart überlegt eine Weile. Dann antwortet er langsam, nachdenklich. Er ist sichtlich um eine differenzierte Argumentation bemüht. Er sagt, dass ein Problem vor ein paar Jahren noch nicht so akut war, als die Mobilisierung und Flexibilisierung der Arbeit vor allem positiv als Befreiung vom Schreibtischzwang bewertet wurden: Durch die Smartphones rückt die Arbeit immer näher an uns heran. »Auch wenn man früher Arbeit mit dem Laptop nach Hause genommen hat, konnte man immer noch aufstehen, weggehen, die Interaktion mit der Arbeit kontrollieren. Heute tragen wir sie immer am Körper mit uns herum.« Gleichzeitig kamen Services und Dienste dazu, sodass sich ein immer größerer Teil unseres Lebens ins Digitale verlagerte. Das habe zu einem Wildwuchs geführt, glaubt er, den wir erst mal in den Griff bekommen müssen. Wir haben durch das Digitale viele neue Möglichkeiten, aber es fehlt uns die – auch physische – Ordnung. Steinhart weiß, dass wir nicht ins Vor-Digitale zurückgehen können. Auch wenn VW abends die E-Mail-Server ausstellt oder Daimler die im Urlaub empfangenen Mails automatisch in den Papierkorb verschiebt, sind solche Maßnahmen in einer globalisierten Welt im Grunde zum Scheitern verurteilt. »Das Nine-to-five des einen ist automatisch die Nachtschicht des anderen.«

Dazu kommt: Eigentlich alle Services der großen Technologieanbieter sind nicht darauf ausgelegt, dafür zu sorgen, dass der Nutzer produktiv ist oder gar glücklich, sondern darauf, dass er möglichst viel Zeit im jeweiligen digitalen Ökosystem verbringt und möglichst viel interagiert. »Wenn aber alle Dienste in diese Richtung optimiert sind, bewegen wir uns immer mehr in Richtung Cyborg«, so Steinhart, »weil Mensch und Maschine immer mehr zusammenwachsen. Technologien wie Virtual Reality, Augmented oder Mixed Reality werden diesen Effekt noch erheblich verstärken.« Das Digitale wird also noch erheblich stärker als heute permanenter Bestandteil unseres Lebens werden (siehe auch das Kapitel »Auf die Zukunft setzen«, Seite 221).

Ist das so schlimm? Steinhart, der technophile Techno-Kritiker, ist hin- und hergerissen. Auf jeden Fall, sagt er, sind wir dabei, Dinge zu verlieren. Mikropausen zum Beispiel: In der Supermarktschlange oder auf dem Bahnsteig stehen und einfach mal die Gedanken schweifen lassen. »Das macht ja heute schon fast keiner mehr, man schaut stattdessen schnell aufs Handy. Wir verlernen auch, Pausen auszuhalten. Und wir verlieren natürlich jene Zeit, die wir einfach mal für uns allein hatten.«

Damit wir damit nicht ungewollt und quasi aus Versehen kulturelle, psychologische und soziale Fundamente unserer Menschlichkeit abschaffen, brauchen wir Regeln und kulturelle Konventionen. »Man kennt das aus der Architektur«, so Steinhart, »wir haben Türen in Zimmern, die man schließen kann, und wenn sie geschlossen sind, ist das ein kulturelles Signal, das besagt: bitte nicht stören, oder zumindest vor dem Eintreten anklopfen.« Theoretisch könnte man die Regel auch ohne die Tür haben, aber die Existenz der Tür hilft beim Durchsetzen der Regel. Dasselbe gilt im Digitalen: Regeln sind gut und wichtig, aber manchmal brauchen wir Signale oder Werkzeuge – wie die Offtime-App –, die helfen, diese Regeln und kulturellen Verabredungen zu unterstützen.

Und wer soll diese Regeln aufstellen? Die Politik, die Arbeitgeber – oder müssen sie vielmehr Bottom-up wachsen, sich organisch entwickeln, wie das bei impliziten sozialen Konventionen häufig der Fall ist, bevor sie sich in expliziten Verhaltensregeln oder sogar Gesetzen manifestieren? Der Arbeitgeber habe schon eine wichtige Rolle, glaubt Steinhart, er sollte die Arbeitnehmer nicht allein lassen damit, zu entscheiden, wie man Erreichbarkeit regelt und wie man sicherstellt, dass Mitarbeiter wirklich zeitweise nicht erreichbar sind. »Was für eine Kommunikation wollen wir, wie schnell sollen die Kollegen auf E-Mails reagieren, welche Kanäle sind uns wichtig und wie wollen wir diese jeweils nutzen, wie können wir sicherstellen, dass die Menschen nicht zu viel arbeiten, auch Freizeit haben? All diese Verabredungen müssen verbindlich, explizit und vor allem transparent gemacht werden.«

Im Gesellschaftlichen ist unklarer, wer die Verantwortung trägt, findet Steinhart. Bisherige Regulierungsversuche und Gesetze – wie die oben bereits angesprochene Anti-Stress-Verordnung, das Wahlarbeitszeitgesetz oder das Verteidigen der gesetzlichen Ruhezeiten gegen Begehrlichkeiten der Arbeitgeber – greifen zu kurz, findet er. »Wir brauchen generell mehr Diskussionen darüber, wie wir das Digitale formen möchten. Ob es am Ende die Gewerkschaften oder die Parteien sind – jemand muss die Debatte führen, was im Digitalen eigentlich unsere Werte sind und wie wir sicherstellen können, dass sie auch eingehalten werden.« Heute werde meist einfach die Verantwortung an die Endnutzer abgegeben, die das aber oft gar nicht überblicken könnten und überfordert seien. Steinhart sieht schon jetzt eine Zweiteilung der Gesellschaft, die sich fortsetzen werde, wenn wir nicht aufpassten: »Wer es sich leisten kann, ist auch mal nicht erreichbar, hat vielleicht sogar wieder ein Sekretariat, anstatt alles selber zu erledigen. Aber diesen Luxus kann sich eben nicht jeder leisten.«

Wir blicken auf den Pool, in dem sich das Sonnenlicht glitzernd bricht. Mein Handy summt. Ich lasse es unter größter Willensanstrengung auf dem Tisch liegen. Schaue verschämt zu Steinhart. Der tut so, als würde er weiter die Menschen im Wasser beobachten. Ich greife zum Telefon und entriegele es in einer fließenden Bewegung. ●⃝

Individuelle Strategien

- Geräte haben eine Funktion und einen Ort, beschließe ich. Der Laptop bleibt abends im Büro. So komme ich gar nicht erst in Versuchung, im Bett noch an der Präsentation für übermorgen zu schrauben. Das Smartphone darf mit nach Hause, aber …
- … in den ersten 20 Minuten zu Hause erlaube ich mir noch, letzte Arbeits-Mails und -Nachrichten zu beantworten. Der Arbeitstag ist einfach nicht vorbei, wenn ich das Büro verlasse, Kollegen und Kunden haben noch letzte Fragen – die nicht zu beantworten wäre unhöflich und ineffizient. Aber spätestens wenn die Kinder um 18 Uhr zu Abend essen, wandert das Smartphone in die Ladestation im Bad. Es ganz auszustellen schaffe ich noch nicht, ich nehme mir aber vor, nach 22 Uhr nicht mehr draufzuschauen, damit mir Problemmeldungen nicht den Schlaf rauben.
- Ich werde versuchen, unter der Woche E-Mails nur noch einmal pro Stunde zu checken und dann im Block zu beantworten – egal ob am Rechner oder auf dem Handy. Besser wäre zwei- bis dreimal pro Tag, aber so weit bin ich noch nicht.
- Am Wochenende nehme ich unterwegs das Smartphone nicht mehr auf Spaziergänge oder Ausflüge mit. Damit ich trotzdem in Notfällen telefonisch erreichbar bin, brauche ich eine andere Lösung. Und um die geht es im nächsten Kapitel.

Komplexität reduzieren

Hieß es nicht, dass Technik uns von Ballast befreien würde? Papierloses Büro und so? Mein Handy kann dasselbe wie früher der Rechner? In Wahrheit war meine Tasche noch nie so groß. Und noch nie so schwer. Laptop *und* Tablet, Dienst- *und* Privathandy. Adapter, Netzteile, Kabel, Ersatzakku. Dank der Technik schleppen wir nicht weniger Krempel mit uns herum, sondern immer mehr. Auch mein bewährter Porter-Shorthauler in Olivgrün war zum Universaltransporter geworden: stets mit den Basics gepackt, damit ich im Fall der spontanen Dienstreise alles dabeihabe: Ohropax und Schlafbrille, Ray-Ban und Kopfhörer, Visitenkarten und diese schwarzen Filzschreiber von Muji in Stärke 0,5. Dazu die ganze Kabel-, Stecker-, Gerätefamilie. Was haben Männer bloß früher gemacht, als Handtaschen als Frauen-Accessoire galten?

Und dann sah ich vor ein paar Wochen einen meiner Kollegen entspannt vor dem Büro anrollen: Statt Umhängemonster hatte er nur noch ein kleines ledernes Etui am Fahrradlenker. Statt MacBook und Netzteil nur noch das iPad. Kam frisch an, ohne Muskelkater vom Schulterriemen. Ich nahm mir sofort den Inhalt meiner Arbeitstasche vor. Ersatzbatterien fürs Diktiergerät? Raus! Papierblock, den ich eh nie benutze? Raus! iPad oder Rechner? Je nach Anlass, aber nie mehr beide! Meine Tasche sieht immer noch aus wie der Werkzeugkoffer eines Heizungsmonteurs. Aber: Nach dem Aufräumen wiegt sie schon mal ein Drittel weniger.

Für Ben Hammersley, den wir im Kapitel »Automatisieren

und Nein sagen« (Seite 133) noch besser kennenlernen werden, wurde aus dem Versuch, unterwegs möglichst wenige Dinge mitzunehmen, der Zwang, nur noch mit Handgepäck zu boarden. »Am Ende«, sagt er, »will man auf diese Art nicht nur reisen, sondern auch leben.« Auf alles, was nicht unter den Sitz vor ihm passt, könne er getrost verzichten. Das Reduzieren der Komplexität unseres analogen Lebens mit digitalen Mitteln ist gerade en vogue. Dank veränderter technischer Möglichkeiten wird Verzicht zum neuen Luxus.

Den Vordenker dieser konsequenten Lebens-Entrümpelung habe ich vor einiger Zeit für die *Brand Eins* interviewt. Michael Kelly Sutton lebte damals in Williamsburg, New York, und hatte in den vergangenen drei Jahren nur zwei größere Produkte gekauft: einen Schreibtisch und ein Sofa. Über beides hat er jeweils etwa sechs Monate lang nachgedacht, denn er wollte sicher sein, dass die Anschaffung unumgänglich war. Er wollte die möglichen ökologischen Folgen abwägen. Es sollten Produkte sein, die möglichst lange hielten und nicht modisch waren. Denn der Software-Programmierer versucht, mit so wenigen Dingen wie irgend möglich auszukommen. Auf einer Website rief er zum sogenannten Cult of Less auf, einem Lebensstil, der sich von materiellem Besitz abkoppelt. Sutton war gerade von einer längeren Weltreise heimgekehrt, wie sie Amerikaner nach ihrer College-Zeit gern unternehmen, hatte vorher seinen gesamten Besitz bei Freunden eingelagert und konnte sich nun kaum noch daran erinnern, was alles in den Kisten steckte. »So wichtig konnte das ganze Zeug also nicht sein, dachte ich mir. Warum nicht alles Überflüssige weggeben?« So bliebe er mobil, könne viel reisen und würde sich nicht länger mit Gegenständen belasten, deren Nutzen fragwürdig, deren Lebensdauer überschaubar war und deren Produktion der Umwelt schadete.

Ich habe das Gefühl, dass diese Reduktion auch bei meinem Thema helfen kann: weniger Dinge und weniger Kanäle gleich weniger Ablenkung. Sutton setzte seine Idee entschieden und zügig um. Auf der Cult-of-Less-Website (cultofless.com) listete er seinen kompletten Besitz in drei Kategorien auf: jene wenigen Sachen, die er behalten wollte; einige mehr, die er zum Kauf anbot; und alle übrigen, die zu verschenken waren. Gleichzeitig machte er sich daran, allen digitalisierbaren Besitz auf Festplatten zu übertragen – hauptsächlich Bücher und Musik-CDs. Am Ende passte alles, was er besaß, in zwei Kisten und zwei Koffer. Und so schuf er fast unbeabsichtigt einen Kult, der nie einer sein sollte. »Der Name Cult of Less klang einfach cool«, sagt Sutton, der so gar nichts von einem Moralapostel hat. »Und, hey: Die Web-Adresse war noch frei.« Hat sein Kult denn Anhänger, gar Mitglieder? Er überlegt. Er bekomme viele E-Mails. »Leute aus Chile oder Neuseeland schreiben mir, auch aus Deutschland. Amerikaner interessieren sich komischerweise am wenigsten dafür.« Es reiche ihm, weltweit ein paar Menschen auf einen neuen Gedanken gebracht zu haben. Einen Verein habe er nie gründen wollen.

»Ich hatte es relativ leicht«, sagt Sutton. »Mein Leben als Computerprogrammierer war immer schon digital. Meine Arbeit erledige ich am Laptop, egal, wo ich bin. Filme schaue ich mir auch am Rechner an. Später, in einer anderen Lebenssituation und wenn ich Kinder haben sollte, wird sich meine Einstellung zu Besitz vielleicht noch mal ändern.« Es ist ein wirklich spärlich möbliertes Apartment, das er sich zum Zeitpunkt des Interviews mit einem Mitbewohner teilt. Ein Bett mit bunter Tagesdecke, ein kleiner Schreibtisch mit PC-Monitor, eine Stehlampe, im Wandschrank vier Fächer für Jeans, T-Shirts, Pullover, eines für Festplatten, auf denen er seinen digitalen Besitz speichert – das war's.

Sutton blieb – abgesehen von Sofa, Schreibtisch und auf der Website im Detail dokumentierten Kleinigkeiten wie einem »Leuchtturm 1917«-Notizblock und »Zebra F-301«-Faserschreibern – seinem Plan treu. Er besaß wenig, reiste viel und lange, lebte für ein paar Monate in Berlin und Madrid und bereitete die Gründung seiner eigenen Firma vor. Denn Kelly Sutton ist kein Aussteiger, sondern inzwischen Unternehmer. Seine Firma Layer Vault beschäftigt fünf Mitarbeiter und produziert eine Software für Programmierer und Designer.

Was Jeremy Rifkin schon im Jahr 2000 als Prinzip des Access, also des Zugangs oder Zugriffs, formuliert hat und Ökonomen inzwischen Sharing Economy nennen, ist für Sutton selbstverständlich. »Ich hatte noch nie ein eigenes Auto«, sagt er. »Wenn ich eines brauche, leihe ich es mir.« Damit stehe er nicht allein. Die Zahl von Autobesitzern in seinem Freundeskreis gehe gegen null. Sutton und viele seiner Bekannten orientieren sich an zwei Grundsätzen, die sie für zeitgemäß halten: perfekte Dienstleistungen je nach Bedarf – also etwa einen Wagen für eine Stunde. Und wenn es doch um eine Anschaffung geht, muss es ein gutes Produkt sein, beständig und zeitlos zugleich.

Dieser Wunsch, sich vom Ballast zu befreien, zieht Kreise. Der Blogger Leo Babauta, der über Produktivitätstipps und »Zen-Gewohnheiten« berichtet, rät, für jedes Produkt, das man neu kauft, zwei Gegenstände aus dem Besitz abzugeben, um Wohnung und Alltag kontinuierlich zu entrümpeln. Graham Hill, Gründer mehrerer Unternehmen, darunter das Ökodesign-Blog *Treehugger.com*, unterzog sich einer radikalen Konsumdiät. Um das Jahr 2000 lebte er als frischgebackener Dotcom-Millionär, der seine Firma verkauft hatte und nun eine Management-Position beim Käufer bekleidete, abwechselnd in einem riesigen Haus in Seattle und einem Loft in New York und beschäftigte eigens einen Personal Shopper, um sich in beiden Städten aufwendig einzurichten. Er dachte lange, dass ihn dieses Leben glücklich mache oder seinem Status entspreche. Aber »irgend-wie bestimmte letztlich all dieses Zeug mein Leben«, sagt Hill heute. »Die Dinge, die ich konsumierte, fraßen mich auf. Haus und Besitz waren wie neue Arbeitgeber für einen Job, auf den ich mich nie beworben hatte.«

Nach einer Weltreise wurde ihm klar, dass es viel mehr Spaß machte, aus dem Koffer zu leben, am Laptop zu arbeiten oder mit der Freundin durch Bangkok zu schlendern, statt zu Hause immer mehr Eigentum zu horten. Er verkaufte das Haus, das Loft und einen Großteil seines Besitzes und wurde zum Nach-haltigkeits-Apostel. Heute lebt er in einem modernen Mini-Apartment mit ausklappbarem Bett und Esstisch, sechs Hem-den, zehn Essschalen und nur noch zehn Prozent seiner früheren Bibliothek. ⬤

Individuelle Strategien

- Selbstkritisch überprüfen, ob ich nicht auch zu den Menschen gehöre, die immer mehr arbeiten, um immer mehr zu besitzen. Und dann neu aussteuern: weniger kaufen, weniger arbeiten.
- Für jedes Teil, das ich anschaffe, zwei weggeben. Denn Dinge gehen kaputt. Besitz will gepflegt, repariert oder ersetzt sein. Die Zeit, die ich damit verbringe, aus dem Büro Produkte bei Amazon, Yoox oder Mr. Porter zu bestellen, dann die Pakete nach Hause zu schaffen, die Hälfte wieder umzutauschen, die Zeit, die ich damit verbringe, Kleidung, CDs und Bücher zu sortieren – all diese Zeit trägt zum Gefühl des ständigen Gestresstseins bei. Shoppen ist Arbeit.
- Regelmäßig Bücher, CDs, Kleidung und Kinderspielsachen aussortieren, sodass die Wohnung tendenziell nicht voller, sondern leerer wird. Wenn ich den digitalen Teil meines Lebens entrümpele, ist es nur konsequent, dasselbe beim analogen Teil zu tun.

Technik gezielt einsetzen

⬤ Diese Sache mit den Single-Use-Devices lässt mich nicht los. Ein Handy, mit dem man nur telefonieren und SMS schreiben kann – könnte das ein Teil der Lösung meines Problems sein? Oder würde mich das noch nervöser machen, weil ich nicht sehe, welche E-Mails ich bekomme? Und wäre das nicht nur ein weiteres Gerät, das ich mit mir herumschleppe? Während ich noch hin und her überlege, treffe ich meinen Freund Peter, einen viel beschäftigen Strategieberater. Wir sind auf einer Insel im Tegeler See, Peter hat hier ein Segelboot, wir ein kleines Grundstück, auf dem wir am Wochenende gemeinsam gärtnern und grillen. Bevor Peter die Briketts aufschüttet, legt er sein Handy auf den Gartentisch. Ich muss zweimal hinschauen: Es hat einen kleinen Schwarz-Weiß-Bildschirm, große Zahlentasten, sonst nichts. Es sieht dem Schweizer Designmodell, das mir Steinhart gezeigt hat, ziemlich ähnlich.

»Seniorenhandy«, sagt Peter, »80 Euro. Der Akku hält ewig, es ist irre stabil und Mails will ich eh nicht die ganze Zeit lesen.« Man muss dazusagen, dass Peter einer der stilsichersten Menschen ist, die ich kenne. Das Gerät könnte also für ihn auch Fashion-Statement und Mittel zur Provokation sein. Aber selbst dann bliebe die Tatsache: Er kann mit dem Ding nur telefonieren. Was sagen seine Kunden dazu? Wie arbeitet er in unserer durchdigitalisierten Welt mit dieser freiwilligen Beschränkung? »Kein Problem«, sagt er. »Kunden rufen an. Mails können auch mal ein paar Stunden warten.« Er zündet den Grill an und macht sich ein Bier auf.

Ich lese mehr zu dem Thema und lerne, dass die Firma Nokia mit dem 3310 ein altes Klassiker-Modell wieder auf den Markt bringt, um genau jene Zielgruppen abzugreifen, die keine E-Mails und Videotelefonate auf dem Handy machen wollen. Am nächsten Tag kommt mein Punkt-Handy an, das ich mir als Testgerät bestellt hatte. Als das Päckchen vor mir auf dem Schreibtisch steht, fühle ich mich wie ein Rebell. Aber einer mit Geschmack. Die Verpackung ist sehr schön designt – reduziert, klassisch modern. Im Inneren das Telefon, in schwarzem Karton inszeniert wie ein Apple-Gerät. Es ist im Vergleich zu den heute üblichen Smartphones erstaunlich klein und leicht. Der Akku ist schon geladen. Ich müsste jetzt nur noch die SIM-Karte aus meinem iPhone nehmen, in das neue Gerät stecken, und der erste Schritt zum Digital Detox wäre getan. Die beiden Telefone liegen nebeneinander vor mir. Ich zögere. Wie lange will ich eigentlich ohne Smartphone sein? Einen Tag? Eine Woche? Irgendwas in meinem Magen krampft sich bei dieser Vorstellung zusammen. Ich verhandle mit mir selbst. Der Multitasker gewinnt: Zwei Tage könnte ich schaffen. Muss ich schaffen. Die Geräte liegen immer noch vor mir. Ich nehme eine Büroklammer und verbiege sie so, dass ich das eine Ende in dieses kleine Loch an der Seite der Telefone stecken kann, um die SIM-Karte herauszuholen.

Mein iPhone pingt: Ich habe eine neue WhatsApp-Nachricht. Die muss ich schnell beantworten. Oh, drei neue E-Mails. Ich lege das Punkt-Telefon und die verbogene Büroklammer erst mal zur Seite. Dann in die Schreibtischschublade. Morgen mache ich das!

Eine Woche später – das Punkt-Handy ist von der Schreibtischschublade in meine Arbeitstasche gewandert, dann in eine Ablage zu Hause, und ich benutze immer noch mein iPhone – passiert es: Das Smartphone, das schon seit einigen Wochen nicht mehr so richtig laden wollte, verweigert es, den Stecker des Ladegerätes zu erkennen. Ich biege und drücke, mache einen Neustart und biege und drücke noch etwas mehr – nichts. Die Akkuanzeige bewegt sich stetig nach unten. Zehn Prozent. In einer Stunde wird das iPhone leer sein. Es ist Abend, also kann ich erst morgen in den Apple-Store. Das ist ein Wink des Schicksals, oder? Ich reize den Akku bis aufs Letzte aus, schreibe Nachrichten, surfe, dann wird der Bildschirm schwarz.

Ich nehme das Punkt-Handy aus der Ablage, lege die SIM-Karte aus dem toten iPhone ein, tippe ein bisschen im Menü herum – das Ding kann wirklich gar nichts. Nachdem ich Uhrzeit und Datum eingestellt habe, bin ich hier am Ende. Ich lege beide Telefone – das kluge, aber leere und das vollgeladene, aber dumme – in die Schublade und setze Wasser für die Nudeln auf. Dieser Abend fühlt sich schon mal anders an als sonst. Normalerweise liegt mein Smartphone auf der Arbeitsplatte in der Küche. Während ich Salat schnippele, erledige ich letzte Dinge, zu denen ich tagsüber nicht gekommen bin: Schreibe kurze Mails an Arbeitskollegen. Ergänze in meiner To-do-Liste auf dem Handy Dinge, die ich in den nächsten Tagen erledigen will. Aber ich lese auch Artikel auf dem iPhone, so wie ich früher in Zeitungen oder Zeitschriften gelesen habe. Ich speichere mir interessante Texte in einer App namens Pocket ab, und wenn ich Zeit habe – also zum Beispiel beim Kochen –, lese ich ein paar davon.

Heute geht das nicht. Ich konzentriere mich darauf, Eier in die Pfanne zu schlagen. Teller aus der Schublade zu nehmen. Apfelschorle für die Kinder einzugießen. Ist das jetzt diese Achtsamkeit, von der alle sprechen und über die Sabine ein Blog schreiben wollte? Ich versuche, mich wie ein Zen-Mönch zu fühlen, der jeden noch so kleinen Handgriff mit größter Hingabe erledigt. Ganz leicht fällt mir das nicht – Nudelwasser abgießen ist nun mal keine besonders transzendente Tätigkeit. Stattdessen fallen mir lauter Dinge ein, die ich jetzt wirklich gern ins Handy tippen oder gleich rausmailen würde. Aber nach einer Weile ergibt sich mein innerer Schweinehund ins Unvermeidliche. Das iPhone geht nicht. Das Punkt-Handy kann nichts. Also kann ich mich auch einfach mal entspannen, die Dinge laufen schon nicht weg. Meine automatisch Richtung Bildschirm zuckende Hand wird ruhiger.

Später, im Bad, fehlt mir wieder etwas. Normalerweise sind diese paar privaten Minuten, während ich allein bin und mich bettfertig mache, eine weitere Insel digitaler Aktivität. Die Zahnbürste im Mund schaue ich dann auf die Docking-Station mit dem Handy, die auf Augenhöhe im Badregal steht. Ich gucke mir an, was auf Twitter so los ist. Dann auf Facebook. Ich gehe den Kalender für den kommenden Tag durch, mache mir elektronische Notizen, was ich als Nächstes auf jeden Fall erledigen will. Klingt stressig, beruhigt mich aber. Ich komme dabei runter. Weiß, dass ich für heute wirklich alles abgehakt und für morgen alles vorbereitet habe.

Heute stehe ich nur da und schaue mir im Spiegel dabei zu, wie ich die Zahnbürste hin und her bewege. Achtsamkeit oder nicht – mir ist jetzt einfach langweilig.

Die erste Handlung des nächsten Tages ist natürlich: das iPhone in die Reparatur geben. Das dauert doch bestimmt eh zwei Tage, damit erreiche ich genau das mir selbst gesetzte Ziel. Ich fühle mich wie ein Raucher, der entschieden hat, heute aufzuhören, und die halb leere Packung wegwirft. Wie jemand auf Diät, der souverän einen Salat bestellt, obwohl alle anderen am Tisch Burger und Pommes ordern. Sprich: Ich fühle mich sehr gut. Ich bin Herr der Lage. Ich beantworte ein paar Mails am Rechner, dann muss ich raus, habe heute diverse Termine. Vorsichtshalber stecke ich außer dem Punkt-Telefon noch mein iPad ein, das kann ja auch E-Mail und SMS. Als Back-up, falls es ernst wird. Die Zigarettenpackung oder der Schokoriegel als Notfallration.

Unterwegs packt mich – wie gestern Abend beim Kochen – ständig das Bedürfnis, aufs Handy zu schauen, das mir jetzt jedes Mal bewusst wird, weil ich eben nur das Dumbphone in der Tasche habe. Ich schaue trotzdem alle paar Minuten drauf – vielleicht hat mich ja jemand angerufen? Oder habe ich eine SMS bekommen? Beides passiert sehr selten, merke ich. Die Frequenz der Unterbrechungen durch E-Mail, Chat und die Notifications der digitalen Kollaborationsplattformen ist dramatisch höher. Was auch erklärt, warum ich normalerweise nicht mal mehr an einer Ampel anhalten kann, ohne während der Rotphase kurz einen Blick aufs Smartphone zu werfen – die Belohnung setzt da jedes Mal ein, denn ständig passiert etwas.

Heute ist das anders, ich fühle mich einerseits viel stärker im Hier und Jetzt verankert, schaue mich um, nehme Dinge und Menschen klarer wahr. Gleichzeitig nagt die Unruhe an mir: Welche Nachrichten verpasse ich gerade? Wie viele E-Mails sind in der Inbox, wenn ich heute Nachmittag wieder im Büro bin? Immerhin: Der Versuchung, einfach mal das iPad herauszuholen und nachzuschauen, widerstehe ich tapfer. Es hilft, dass das Gerät keine SIM-Karte hat, also nur im WLAN funktioniert – und das habe ich unterwegs ja meist nicht.

Die Antwort auf meine Frage kommt – wenig überraschend, aber dann doch – mit Wucht: Gegen 15.30 Uhr bin ich wieder vor meinem Laptop am Schreibtisch. Und habe fast hundert Mails. Mein Puls geht hoch, ich scanne schnell, welche dringend sein könnten. Puh – keine Katastrophe. Vier oder fünf sollte ich jetzt mal schnell beantworten, da warten Kollegen auf meine Entscheidung, um weitermachen zu können. Zack, erledigt. Rund 30 Mails kann ich direkt löschen oder als Spam markieren. Bei zehn weiteren ist keine direkte Aktion von mir nötig, die wandern in den »Waiting for«-Ordner. Fünf weitere muss ich nachher mal in Ruhe beantworten. Den Rest überfliege ich nur und schiebe ihn ins Archiv. Fertig. Inbox Zero. Das hat jetzt knapp 15 Minuten gedauert. War aber dramatisch effektiver, als alle fünf Minuten eine einzelne Mail zu beantworten.

Theoretisch weiß ich ja, dass diese Technik, die Experten »Batching« nennen, besser ist. Nur drei- oder viermal am Tag seine Mails checken, das auch allen sagen. Eine Analogie, die mir gut gefällt, ist Wäsche. Ich stelle ja auch nicht für ein Paar Socken die Waschmaschine an, sondern sammele erst Schmutzwäsche, bis eine Trommel voll ist. Genauso sollte man es mit E-Mails machen, predige ich in Interviews seit Jahren. Ich selbst schaffe das aber nie. Ein schöner Experte! Heute bin ich zum ersten Mal seit langer Zeit meinem eigenen Rat gefolgt. Und es war natürlich viel besser – nicht nur angenehmer, sondern auch effizienter. Dem Dumbphone sei Dank!

Ich rufe die Pressesprecherin von Punkt an und bekomme direkt am nächsten Tag einen Interviewtermin mit Petter Neby, dem Gründer und Geschäftsführer. Neby ist Norweger, lebt in der Schweiz und hat vor Punkt mehrere Software-Unternehmen gegründet. Ein moderner, technikverliebter Unternehmer also. Wie kam ausgerechnet er auf die Idee zum Retro-Handy? »Meine Stieftochter und ich stritten uns immer wieder darüber, ob sie ihr Handy am Esstisch benutzen darf«, erzählt er. »Nachts beantwortete sie Nachrichten ihrer Freundinnen, und wenn sie dann morgens nicht aufstehen konnte, hat sie behauptet, sie litte an Schlaflosigkeit.« Das brachte ihn dazu, darüber nachzudenken, wie er selbst mit dem Blackberry umging.

Die zugrunde liegende Idee von Punkt sei, dass er Technologie liebe und dass Technologie der Menschheit großartige Werkzeuge liefere. Aber dass wir gerade dabei seien, die Kontrolle über sie zu verlieren. »Das iPhone ist gerade erst zehn

Jahre alt geworden. Wir reden heute darüber, als wäre es vor 50 Jahren gewesen, können uns kaum noch an das Leben ohne Smartphone erinnern«, sagt er. »Aber es sind eben erst zehn Jahre, und wir gehen mit dieser Technologie immer noch um wie Kinder in einem Süßwarenladen. Wir wissen, dass es nicht gut für uns ist, aber wir können nicht widerstehen.«

Neby hofft, dass wir langsam erwachsen werden und lernen, mit dieser Technologie umzugehen. »Um uns das zu erleichtern, haben wir mit Punkt schön designte und sehr fokussierte Geräte entwickelt: einen analogen Wecker zum Beispiel, der wirklich nur die Uhrzeit anzeigt und weckt. Oder eben ein Handy, mit dem man nur telefonieren und SMS schreiben kann.« Er wird oft gefragt, ob man so etwas wirklich braucht. Können die Menschen nicht einfach seltener auf ihr Smartphone schauen? »Das hat viel mit Willensstärke zu tun«, sagt er: »Wir sind keine Roboter, sondern Menschen.«

Dazu kommt, und da ist Neby wieder ganz Unternehmer, dass all diese modernen Technologien und Services die Wirtschaft gar nicht produktiver gemacht haben. Dass die Kultur der ständigen Erreichbarkeit, all die E-Mails mitten in der Nacht, gar keinen wirtschaftlichen Mehrwert bietet, sondern lediglich Zeichen einer fehlgeleiteten Unternehmenskultur ist. Und dass gerade in großen Konzernen die Einführung flexibler Arbeitsmethoden und Kollaborationstechnologien immer auch viel mit Kontrolle zu tun hat.

Mit dieser Meinung steht Neby nicht allein da, und daraus hat er ein Geschäft gemacht. Nachdem Neby das Telefon vor etwa drei Jahren auf den Markt gebracht hatte, war er überrascht, wie viele Menschen tatsächlich noch solche simplen Telefone benutzten – aber eben alte Modelle. Allein schon, weil man es nur einmal pro Woche aufladen muss. Aber auch, weil gerade Manager und Führungskräfte wissen, dass es häufig effektiver ist, mit jemandem zu sprechen, als Nachrichten zu senden. »Ich sehe das auch bei meinen eigenen jüngeren Mitarbeitern im Büro. Sie erzählen mir dann, dass sie jemandem viele E-Mails geschickt, aber keine Antwort bekommen haben. Ich frage dann immer: Hast du denn versucht, anzurufen? Haben sie natürlich nicht.«

Neby teilt seine Kunden in zwei Kategorien: Für die eine Hälfte unterstützt das simple Telefon eine bestimmte Art zu arbeiten: »Wenn ich nicht vor dem Computer sitze und kein Smartphone bei mir habe, fange ich plötzlich wieder an, die Welt um mich herum wahrzunehmen. Ich bin viel offener. Ich spreche Menschen an.« Die andere Hälfte, und zu der gehöre er selbst, besitzt durchaus auch ein Smartphone, das er zum Beispiel auf Reisen dabeihat. Aber es bleibt die meiste Zeit in seiner Aktentasche und er benutzt es wie einen Computer. Wenn er im Büro ist, lässt er das Smartphone auf dem Schreibtisch, sobald er Feierabend hat. Dann nimmt er nur das Punkt-Telefon mit und schützt dadurch sein Privatleben vor dem Einsickern von Arbeit. »Ich bin da sehr strikt geworden. Ich will präsent sein für die Menschen, denen ich begegne. Das gilt übrigens auch, wenn ich allein bin. Am Freitag verlasse ich das Büro etwas früher und habe wirklich das Wochenende für mich und meine Familie. Das Telefon zwingt mich auf sanfte Art zu dieser positiven Angewohnheit.«

Und das ist vielleicht der Knackpunkt an Erfindungen wie dem Dumbphone: Sie zwingen zu einer bestimmten Verhaltensweise. Das mag nicht jeder. Ich übrigens auch nicht, ich will Optionen, will selbst entscheiden können. Neby sagt, er wolle den Menschen nicht vorschreiben, wie sie sich zu verhalten haben. »Wir sagen eher: Ziehen Sie das doch einmal in Betracht. Probieren Sie es mal aus. Wir haben unser Telefon kürzlich 40 Personen für 48 Stunden geliehen und sie gebeten, uns ihre Erlebnisse damit zu erzählen.« Es war ein riesiger Erfolg: Tausende wollten mitmachen. Punkt hat die Erlebnisberichte auf seiner Website veröffentlicht. Das Bild war durchaus gemischt: »Alle wollten 48 Stunden ohne Smartphone sein, aber manche haben es einfach nicht geschafft. Andere waren völlig begeistert und erzählten von wunderbar ungestörten Wochenenden mit ihren Liebsten.«

Meine eigenen 48 Stunden sind noch nicht ganz rum, ich komme gerade wieder von einem Auswärtstermin ins Büro. Die Assistentin begrüßt mich mit einem Strahlen: »Dein iPhone ist repariert.« Sie drückt es mir in die Hand. Oje, was nun? Vier Stunden, bis heute Abend, müsste ich noch durchhalten. Ich schalte das iPhone ein, es ist jetzt im WLAN, hat aber noch keine SIM-Karte. Vielleicht ist das eine Idee – so wie Neby selbst das Punkt-Gerät zum Telefonieren zu nutzen, das Smartphone nur als Computer-Ersatz unterwegs dabeizuhaben, um bei Bedarf eine E-Mail schreiben oder eine Website aufrufen zu können? Da fällt mir ein, dass ich dringend noch einem Bewerber per SMS antworten muss. Jetzt dessen Handynummer ins Punkt-Telefon einzutippen und mühsam eine Nachricht zu verfassen, dauert mir zu lange– es gibt keine vollwertige Tastatur, man muss, wie früher, mehrfach auf die Zahlentasten drücken, um einen Buchstaben auszuwählen. Ich habe gleich ein Meeting, will vorher diese verdammte SMS schicken.

Ich nehme mir eine Büroklammer vom nächstbesten Schreibtisch, tausche die SIM-Karte wieder vom Punkt-Handy ins iPhone zurück, das sofort wieder voll zum Leben erwacht. Es fühlt sich so irrsinnig vertraut an. Als würde es mich kennen, sich freuen, dass wir wieder vereint sind. Ich schreibe die SMS. Stecke das iPhone ein und gehe ins Meeting.

Das Dumbphone liegt seitdem wieder zu Hause. Ich werde es bestimmt bald wieder einsetzen. Bestimmt … ◖●◗

Individuelle Strategien

- Für das Dumbphone eine zweite SIM-Karte bestellen, damit ich einfach spontan zwischen ihm und dem Smartphone wechseln kann.
- Am Wochenende unterwegs nur noch das Dumbphone mitnehmen. Zu Hause kann ich dann ja mal kurz Nachrichten auf dem Smartphone checken – wenn ich mir das auch verbiete, macht mich die Ungewissheit nur noch nervöser.
- Nächste Eskalationsstufe: Unter der Woche abends, wenn ich das Büro verlasse, das Smartphone zusammen mit dem Laptop dort lassen. Tatsächlich Feierabend machen. Kollegen sagen, dass ich nur in Notfällen telefonisch erreichbar bin.

Strategien für Arbeitgeber

- Klare Regeln aufstellen, wann Mitarbeiter nach Feierabend oder am Wochenende telefonisch erreichbar sein müssen.
- Diensthandys ausgeben, damit Angestellte die berufliche und die private Kommunikation trennen können, nicht automatisch mit dem Smartphone auch immer das Büro dabeihaben.

Automatisieren und Nein sagen

⬤ Ben Hammersley habe ich zum ersten Mal auf dem Mobile World Congress in Barcelona getroffen, einem irrsinnig hektischen, überfüllten und lautsprecherischen Branchentreffen der internationalen Technologiebranche. Ich kannte Hammersley vorher nur durch seine klugen Texte, seinen guten Ruf als informierter, aber zugleich distanzierter Beobachter der digitalen Transformation unseres Lebens. Meine Agentur hatte Hammersley darum als Vortragsredner gebucht, er kam aus London eingeflogen. Wir waren alle etwas nervös: Ist der Flug pünktlich? Findet Hammersley im allgemeinen Chaos den Stand mit der Bühne? Wird er genervt, gestresst, unpässlich sein? Ich hatte ihn empfohlen, darum war es mir wichtig, dass er einen guten Eindruck machte.

Ich holte mir den gefühlt zehnten Espresso des Vormittags, mein Blick zuckte von links nach rechts auf der Suche nach einem großen Mann mit Schnauzer. Meine Handflächen schwitzten. Und dann kam Ben Hammersley um die Ecke geschlendert. Komplett entspannt. Ohne Koffer, Reise- oder Laptoptasche. In Karohemd und Freizeitjacke. Lächelnd, ruhig, lässig. Er hielt seinen Vortrag ohne Charts. Diskutierte kontrovers, aber höflich mit den anderen Experten auf der Bühne. Lieferte ab.

Abends saßen wir in einer Tapas-Bar zusammen. Beim Bier erzählte er, dass er in wenigen Wochen nach Los Angeles umziehen werde. Dass er gerade Vater geworden sei. Er wirkte auf mich wie ein Mensch, der sein Leben im Griff hat. Trotz vieler

Reisen, trotz all der digitalen Werkzeuge, die auch sein Leben bevölkerten, für die er Experte war. Kurz: Er war für mich das Vorbild eines Menschen, der souverän durch die moderne Welt navigiert. Ich wollte wissen, wie er das macht. Das Ergebnis hat mich überrascht. Inspiriert. Aber auch nachdenklich gemacht.

Ein paar Wochen nach dem Treffen in Barcelona steht Hammersley am Strand von Marina del Rey in Los Angeles County. Er ist inzwischen umgezogen. Seine sechs Monate alte Tochter hat er sich vor den Bauch geschnallt. Auf dem Fahrrad Einkäufe: Heute Abend wird gegrillt. Es ist Montagmittag, und Hammersley ist stolz darauf, nicht im Büro zu sitzen. Keinen Anzug zu tragen. Die Füße in den Sand stecken und das Gesicht in die Sonne halten zu können. Er ist mit Frau und Kind vor ein paar Wochen aus London hergezogen. Das Interview, das ich für die Wirtschaftszeitschrift *Brand Eins* mit ihm führe, beginnt. 40 Minuten, wie abgemacht. Danach wird er für heute erst mal genug gearbeitet haben und nach Hause radeln.

Hammersley ist bekennender Faulenzer, dabei lässt seine Vita eher einen Workaholic vermuten: Der Mann hat als Journalist für die *Times* und den *Guardian* geschrieben, war stellvertretender Chefredakteur der britischen *Wired*. Gründete ein Magazin für Geopolitik, arbeitete in Internetfirmen, beriet das britische Außenministerium, schrieb fünf Bücher. Er ist Mitglied einer Expertenkommission der EU, Fellow verschiedener akademischer Institutionen und freier Reporter der BBC, für die er 2014 eine Dokumentationsreihe über Cyber-Verbrechen moderierte. Sein Geld verdient er hauptsächlich mit Vorträgen in aller Welt.

Hammersley ist eloquent und kompetent, trägt einen Hipster-Schnauzer und krempelt auf der Bühne gern die Ärmel seiner Holzfällerhemden hoch, um tätowierte Unterarme zu entblößen. Seine Agentin ruft pro Termin 10 000 Euro auf, ein Tagessatz, der es Hammersley erlaubt, sein Leben so einzurichten, wie er es haben will, eine »Lifestyle-Entscheidung«, wie er sagt. Ein bis zwei Tage die Woche hart arbeiten – reisen, Reden halten, beraten –, das sei wirklich anstrengend. Die restliche Zeit arbeitet er nur wenig, spielt viel mit der Tochter, liest, denkt nach.

Hammersley liebt Produktivitäts- und Effizienztheorien. Was wie ein Widerspruch zu seiner erklärten Faulheit klingt, ist in Wahrheit die Voraussetzung dafür. »Es ist unmöglich, produktiv zu sein, ohne dass man gleichzeitig faul ist«, sagt er. »Faule Personen werden immer einen einfacheren Weg suchen, etwas zu erledigen, und in der Folge immer produktiver werden. Sie installieren Systeme, versuchen ständig, mehr Ergebnis mit weniger Aufwand zu schaffen.« Hammersley optimiert sein Berufsleben nicht auf maximales Einkommen hin, sondern auf maximal effizienten Zeiteinsatz. Er könnte an fünf Tagen pro Woche arbeiten und deutlich mehr verdienen, entscheidet sich aber dafür, nur an einem oder zwei Tagen tätig zu sein, und den Rest der Zeit nahezu frei zu haben. Klingt logisch, ist aber leichter gesagt als getan. »Faul zu sein ist harte Arbeit«, sagt er.

Sein entspannter Arbeitstag – wenn er nicht auf Vortragsreise ist – sieht so aus: Bis zum frühen Nachmittag kümmert er sich um das Baby, dann übernimmt seine Frau. Er erledigt seine Korrespondenz und verbringt dann etwa eine halbe Stunde damit, über seine Arbeit nachzudenken. Was ist neu? Was ist dringend? Was hat sich verändert? Es gehe darum, sich die Gesamtheit aller Aufgaben anzuschauen und zu entscheiden: Was sollte ich als Nächstes sinnvollerweise tun? »Wer das nicht macht, ist permanent überwältigt von lauter Aufgaben, die gar nicht mehr relevant sind.« Hammersley pflegt neben seiner digitalen To-do-Liste auch eine Not-to-do-Liste, also eine, auf der er überflüssige Zeitfresser notiert, die er künftig aus seinem Leben verbannen möchte. Sein zentraler Tipp, um so zu leben wie er: »Menschen sollten mehr Zeit damit verbringen, darüber nachzudenken, was genau ihre Arbeit ist. Und viel weniger Zeit mit der eigentlichen Arbeit.«

Hammersley steht damit in der Tradition des sogenannten Lifehacking, einem Begriff aus der amerikanischen Computerszene. Gemeint waren ursprünglich Tricks von Programmierern, um der täglichen Informationsflut Herr zu werden. Bald erweiterte sich die Bedeutung hin zu »eigentlich allem, das alltägliche Probleme auf clevere, nicht offensichtliche Art löst«, wie es bei Wikipedia heißt. Es entstand eine weltweite Bewegung, die Alltag und Beruf besser vereinbar und insgesamt weniger stressig machen will.

Hammersley sucht zum Beispiel permanent nach Wegen, eine Sache nur einmal tun zu müssen. Wiederkehrende Aufgaben in ein System zu übertragen, sodass er nicht mehr über sie nachdenken müsse. »Ich habe zum Beispiel für Lebensmittel und Babysachen, die wir immer wieder kaufen, Abonnements auf Amazon eingerichtet, sodass sie in regelmäßigen Intervallen nach Hause geliefert werden. Dadurch erspare ich mir zwei Dinge: Ich muss nicht mehr selbst einkaufen gehen, vor allem aber muss ich nicht mehr daran denken, was wann eingekauft werden müsste.«

Und so analysiert er ununterbrochen alle Aspekte seines Lebens, vor allem seines Arbeitslebens. Sobald er merkt, dass er Handlungen wiederholt, versucht er sie zu automatisieren. Hammersley ist – wie ich selbst übrigens auch – ein Fan der Getting-Things-Done-Methode (GTD) des Produktivitäts-Gurus David Allen. Diese liefert ein System, um die gesamte Kommunikation und alle Aufgaben so zu organisieren, dass man jede E-Mail und jedes Stück Papier nur einmal anfasst, dabei entweder direkt bearbeitet, löscht oder in klar definierte Ordner einsortiert. Ergebnis: Nichts geht mehr verloren, Papierberge und E-Mail-Friedhöfe entstehen gar nicht erst. Im Idealfall – der natürlich selten eintritt – genießt man dann eine leere E-Mail-Inbox, einen leeren Schreibtisch und das, was Allen »Mind like water« nennt, ein Begriff, den er aus dem Karate übernommen hat und der absolute Entspannung beschreibt. Laut Allen der Zustand, wenn man nicht mehr nachts aufwacht, weil einem plötzlich einfällt, dass für die Präsentation am nächsten Tag eine wichtige Zahl fehlt oder dass man vergessen hat, den Werkstatttermin fürs Auto zu vereinbaren.

»Man sollte über Dinge nicht öfter nachdenken als unbedingt nötig«, sagt Hammersley. »Das wende ich nicht nur auf meine E-Mail-Inbox an, sondern auch auf Menschen. Ich versuche in all meinen Aktivitäten so rationell wie möglich zu sein. Das erfordert Disziplin. Aber wenn man es einmal verstanden hat und konsequent einsetzt, befreit es einen von all den langweiligen Aspekten der Arbeit.« Klingt gut. Wer einen Termin mit Ben Hammersley ausmacht, erlebt allerdings auch, wie sich sein System für die andere Seite anfühlt. Meine E-Mail-Anfrage beantwortet er erst nach einer Woche. Ich schlage daraufhin einen Tag für unser Interview vor, diesen bestätigt er nach einer weiteren, dann aber muss der Termin sofort in den elektronischen Kalender. Seine Mails sind nur wenige Worte lang. Bis zum Gespräch gibt es keine weitere Kommunikation, kein höfliches »Ich freue mich auf …«, kein verbindliches »… möchte ich hiermit noch einmal bestätigen«. Ich zweifele bis zuletzt, ob er denn auch wirklich an den Termin denkt. Und dann ist er auf die Sekunde pünktlich. Entspannt, jovial. Plaudert, scherzt, nimmt sich die Zeit – aber eben nur die exakt verabredete. Die Arbeit bekommt ihre knappe Stunde eingeräumt, danach ist Freizeit. Ich bin für ihn Arbeit, also raus. Das ist effizient, wirkt aber auch leicht maschinell.

Für Hammersley funktioniert es. »GTD befreit einen von vielen langweiligen Routinen, und dann fragt man sich: Was mache ich mit der gewonnenen Zeit?« Für viele Menschen wäre die Antwort: mehr arbeiten. Denn wer produktiver ist, kann mehr erledigen – so die gängige Wirtschafts-Logik. Hammersley entschied sich stattdessen dafür, »mit meinem Hund spazieren zu gehen. In Cafés zu sitzen. Über Dinge nachzudenken. Das hatte einen absolut positiven Effekt auf die Qualität meiner Arbeit. Statt mehr zu schaffen, bin ich interessanter geworden.«

Ja, er könnte noch mehr Geld verdienen. Aber dafür müsste er sich einen Anzug anziehen und jeden Tag in ein Büro gehen. »Das ist es nicht wert. Ich habe das früher gemacht, aber ich habe mich dagegen entschieden. Man hat die Wahl.« Über solche Dinge müsse man übrigens ziemlich intensiv nachdenken, ergänzt er, und dafür brauche man wiederum Muße. Die meisten Menschen hätten diese Zeit nicht, weil die Kultur ihrer Unternehmen oder auch ihrer Nationen es ihnen nicht erlaube, Faulsein als Wert zu begreifen. Also bleiben sie im sich digital ständig beschleunigenden Hamsterrad, anstatt innezuhalten und darüber nachzudenken, was sie da eigentlich tun. Und warum. Und ob das nicht auch anders gehen kann.

»Wir vergeuden nicht Zeit, statt härter zu arbeiten, sondern wir vergeuden Zeit, weil wir härter arbeiten«, schrieb die *New York Times* einmal und zitierte Bob Kustka, einen Berater für Produktivität und Zeitmanagement: »Je länger man arbeitet, desto weniger effizient wird man.« Arbeitnehmer seien wie Sportler, so Kustka: Intellektuelle Energie werde ebenso wie physische am besten »in Spurts eingesetzt, während derer wir hart und konzentriert an wenigen Aufgaben arbeiten«. Diese Beobachtung deckt sich mit zwei populärwissenschaftlichen Phänomenen: der Pareto-Verteilung und dem Parkinsonschen Gesetz.

Der italienische Ingenieur, Soziologe und Ökonom Vilfredo Pareto untersuchte Anfang des vergangenen Jahrhunderts die

Verteilung des Volksvermögens in Italien und fand heraus, dass etwa 20 Prozent der Familien rund 80 Prozent des Vermögens besitzen. Banken sollten sich also vornehmlich um diese 20 Prozent der Menschen kümmern, und ein Großteil ihrer Auftragslage wäre gesichert. Daraus leitet sich die Pareto-Verteilung ab. Sie besagt, dass sich Aufgaben am besten erledigen lassen, indem man sich auf die wichtigsten 20 Prozent konzentriert und die übrigen 80 Prozent tendenziell vernachlässigt. Statt stundenlang nebensächliche E-Mails zu beantworten, nicht zeitkritische Routineaufgaben zu erledigen oder Unterlagen zu sortieren, müsste man den einen Anruf beim wichtigsten Kunden machen. Das eine Gespräch mit dem Chef führen. Das Konzept aufschreiben, das man so lange vor sich herschiebt.

Der britische Historiker Cyril Northcote Parkinson wiederum stellte in den Fünfzigerjahren den Lehrsatz auf, der heute als Parkinsonsches Gesetz bekannt ist und den er aus einer augenzwinkernden Beobachtung abgeleitet hatte: Arbeit dehnt sich in genau dem Maß aus, wie Zeit für ihre Erledigung zur Verfügung steht – unabhängig davon, wie umfangreich sie tatsächlich ist. Diese Erkenntnis hat in wohl fast jedem Büro dieser Welt Gültigkeit. Die Kombination aus der Pareto-Verteilung und dem Parkinsonschen Gesetz ermöglicht es, Arbeit effektiver anzugehen. Konzentriert man sich auf die wirklich wichtigen 20 Prozent seiner Aufgaben und erledigt diese unter selbst gesetztem Zeitdruck, sollte eine erhebliche Reduzierung der Arbeitsbelastung dabei herauskommen.

»Die Menschen verbringen viel mehr Zeit im Büro, als sie eigentlich müssten«, sagt Hammersley. »Die wenigsten Organisationen analysieren ihre Abläufe und fragen, was ich mich jeden Tag frage: Gibt es einen Weg, das einfacher und schneller zu erledigen? Kann ich das automatisieren, in ein System überführen? Müssen wir das überhaupt machen?« Für ihn ist ein

Großteil der Büroarbeit »kompletter Bullshit«. Die Menschen könnten Vier-Tage-Wochen haben, könnten das Büro um vier verlassen oder die meiste Zeit von zu Hause aus arbeiten. Stattdessen sei der typische Angestellte neun Stunden am Tag nicht besonders produktiv, obwohl er drei Stunden lang sehr produktiv sein und die restliche Zeit mit Kindern oder Hobbys verbringen könnte. Diese vergiftete Arbeitskultur gelte es zu bekämpfen: »Viele, wenn nicht alle Bürojobs sind auf eine merkwürdige Art formalisiert, um Arbeitsbedingungen durchzusetzen, die angesichts technischer und kultureller Entwicklungen gar nicht mehr angemessen sind.«

Unstrittig ist, dass in einer immer hektischeren digitalen Welt mit immer höherer Arbeitsdichte, in der die Pflicht ins Privatleben sickert, die Lebensqualität Schaden nimmt. Menschen, die hartes Arbeiten als Selbstzweck begreifen, bestrafen sich auf eine schwer verständliche Art selbst, findet Ben Hammersley: »Hart zu arbeiten ist kein Wert an sich, nicht ehrenhaft oder moralisch richtig – wenn man stattdessen die Aufgabe cleverer erledigen kann und dann freihat.«

Die vereinbarten 40 Gesprächsminuten sind vorbei, Hammersley schnallt das Baby vor den Bauch, schwingt sich aufs Fahrrad. Und ich nehme mir vor: Ich muss ein bisschen mehr so werden wie er: effizienter. In der Folge vielleicht: fauler. Aber hoffentlich zugleich: interessanter. ◖▭

Individuelle Strategien

- Meetings und Verabredungen nicht mehr einfach zusagen, sondern immer erst mal zurückfragen: Was ist die Agenda? Welche Funktion oder Rolle habe ich dabei? Braucht Ihr mich wirklich? Was wollen wir erreichen, und können wir das nicht auch anders schaffen? Muss das Treffen wirklich so lange dauern?

- GTD und Inbox Zero praktizieren: Jede Mail nur einmal anfassen und entweder beantworten oder sie in eine Kategorie einsortieren: Next Actions, Waiting For, Maybe Someday, Archive.

- Regelmäßig Twitter-Followern entfolgen, wenn mich ihre Tweets nicht mehr interessieren, und Facebook-Freunde ausblenden, wenn sie mir den Stream zumüllen. E-Mail-Newsletter nicht nur löschen, sondern abbestellen. Spam-Mails nicht nur löschen, sondern als Spam markieren. Texte, die ich online entdecke, in einer App wie Pocket speichern, um nicht ständig kurze Häppchen zu lesen, sondern zusammenhängend, in Ruhe.

- Routineaufgaben automatisieren. Regeln, Filter und Makros einsetzen. Wie viel Lebenszeit ich allein dadurch spare, dass ich nie wieder Standardformulierungen wie »Herzlich, Markus Albers« tippen muss, weil ich diese durch kurze Tastenkombinationen auf meinem Laptop ersetzt habe.

- Neben der To-do-Liste auch eine Not-To-do-Liste pflegen.

Strategien für Arbeitgeber

- Wiederkehrende Prozesse auf ihre Standardisierbarkeit hin überprüfen und – wo möglich – automatisieren.

- Die richtigen Incentives setzen: Mitarbeiter nicht dafür belohnen, dass sie im Büro als Letzte das Licht ausmachen, sondern dafür, clevere Wege zu finden, Arbeit zu vereinfachen.

- Von freien Mitarbeitern lernen: Diese sind in der Regel Experten darin, einen Job so effizient wie möglich zu erledigen.

Prioritäten setzen und durchsetzen

◖● Benedikt Lehnert erkennt man schon von Weitem am akkurat gestutzten Vollbart und der New-York-Yankees-Basecap, die er fast immer trägt. Sitzt man dem Mittdreißiger gegenüber, ist man sofort gefesselt von dieser merkwürdigen Mischung aus ruhigem Plauderton und intensivem Fokus. Ben ist keine Rampensau, aber Ben brennt. Für Design als Business-Treiber, für bessere digitale Produkte, für Nutzerführung – dafür, mit solchen Themen das Leben der Menschen zu verbessern und Unternehmen nachhaltig erfolgreicher zu machen. Ben ist einer der Köpfe hinter der weltweit enorm erfolgreichen Produktivitäts-Software Wunderlist, einem im Grunde einfachen Werkzeug, das es Menschen erlaubt, To-do-Listen über mehrere Geräte hinweg elegant zu synchronisieren. Klingt simpel, verändert aber die Klarheit und Effizienz des täglichen Lebens – privat wie beruflich – grundlegend. Vor allem, wenn man es mit einer universellen Produktivitätsmethode wie »Getting Things Done« kombiniert (siehe Kapitel »Automatisieren und Nein sagen«, Seite 133).

Als 6Wunderkinder, das Start-up hinter Wunderlist, 2015 von Microsoft gekauft wurde, musste Ben als einer der frühen leitenden Mitarbeiter im Grunde nicht mehr arbeiten. Ein Traum vieler Gründer: Produkt aufbauen, Exit, Strand. Nicht so für Ben – dazu ist er zu getrieben von seiner Mission. Er nahm sich die nächste, größere Herausforderung vor: für Microsoft in den USA als Director of Product Design die Software »Outlook« weiterzuentwickeln. Das macht diesen unaufgeregten jungen

Deutschen zu einer der einflussreichsten Personen des weltweiten Technologiekonzerns. Zu einem Menschen, der unser künftiges Verhältnis zu Technologie und damit zueinander definieren wird wie kaum ein anderer. Weil Outlook – wer es nicht kennt: das ist die Standardlösung in den meisten Büros dieser Welt, um Kalender, E-Mail und Adressbuch zu verwalten – damit mitten im technologischen Zentrum des von mir untersuchten Problems steht, gab es für mich keinen kompetenteren Gesprächspartner zu meinem Thema als Lehnert.

Ich möchte drei Dinge von ihm wissen: Wie hat er das Thema des immer und überall Arbeitens für sich persönlich gelöst – vor allem als Vater und Mitarbeiter von Tech-Unternehmen? Wie sieht er grundsätzlich das Verhältnis von Technologie und Arbeitskultur – also: Wo müssen wir ansetzen, um die aktuellen Probleme zu lösen? Und schließlich: Was können und wollen Technologieunternehmen konkret tun, um den Schlamassel, den sie (mit) angerichtet haben, wieder in Ordnung zu bringen?

Wir treffen uns ein paar Tage vor seinem Umzug nach New York im versteckten Garten eines kleinen Berliner Cafés. Ich schaue zum Ende des Gesprächs immer wieder auf die Uhr und – unauffällig – auch aufs Handy. Gleich habe ich wieder die nächsten Termine. E-Mails, Chat-Nachrichten, SMS und Projectplace-Benachrichtigungen sind natürlich während des Interviews wieder jede Menge eingegangen. Ben hingegen wirkt komplett entspannt. Er schaut während des Gesprächs nur zweimal kurz aufs Handy, um Anrufe wegzudrücken. Dabei hat er den deutlich verantwortungsvolleren Job – und das bei einem Weltkonzern –, hat gerade ein Haus bei New York gekauft und zieht in wenigen Tagen mit Frau, Baby und Hund um. Irgendetwas macht der Mann richtig.

Ich trage Ben meine Sichtweise vor. Könnte ja sein, dass er das alles ganz anders sieht – nicht so dramatisch. Er nippt an seinem laktosefreien Cappuccino und legt sofort los: Als um das Jahr 2008 das flexible Arbeiten aufkam, steckten wir mitten in der alten Nine-to-five-Präsenzkultur, erinnert er sich, waren immer im Büro – und »das Gras ist immer deutlich grüner auf der anderen Seite. Dann sind wir alle weitergehüpft und haben dann festgestellt – diese neue, flexible Arbeitswelt ist gar nicht so toll.« Auch er hat eine ganze Zeit gebraucht, um zu verstehen, dass Flexibilität in der Arbeit in der Theorie positiv ist, »aber ob es funktioniert, hängt zu einhundert Prozent von meiner eigenen Disziplin ab. Egal, welche Tools wir haben, am Ende kommt es darauf an, wie mündig ich mich in dieser Welt bewege.«

Ben hat das am eigenen Leib erlebt: Hat rund um die Uhr gearbeitet und ständig auf sein Handy gestarrt. War süchtig danach, E-Mails zu checken, Slack-Nachrichten und Chat-Apps. Es war nie ein Problem, abends um acht noch einen Telefontermin mit ihm auszumachen. Er hat sich – sagt er heute – komplett in einer Welt verrannt, die deutlich stressiger war als die alte, nicht produktiver, und die ihn im Endeffekt ausgelaugt hat. Nun ist ein stressiges Arbeitsleben in Start-ups natürlich eher die Regel, er glaubt, dass er da keine Ausnahme ist: »Wenn man in seinem Job sehr engagiert ist, hat man diesen Drive, gibt die Arbeit einem auch viel zurück. Man trägt vielleicht Verantwortung, hat das positive Gefühl, etwas zu bewegen – da ist es leicht, dieser Versuchung nachzugeben.« Man vergesse dabei zu reflektieren: Was ist denn eigentlich mein persönlicher Antrieb, was sind meine Ziele? Was sind meine Prioritäten im Leben? »Dank meiner Frau gab es dann mehrere Momente des Innehaltens, in denen ich mich gefragt habe: Ist das jetzt gerade wirklich wichtig?«

Ben merkte vor etwa zwei Jahren, dass es so nicht weiterging, dass er etwas Grundlegendes ändern musste. Er fing an, hart dafür zu kämpfen, die Kontrolle über sein Leben zurückzugewinnen. Zu sagen: Ich bin mündig! Ich möchte flexibel arbeiten! Aber gleichzeitig möchte ich nicht *nur* arbeiten! »Heute kenne ich meine Prioritäten«, sagt er: »Als Erstes die Familie, dann meine persönlichen beruflichen Ziele. Und dann der Job. Daraus resultiert, wie ich arbeite.« Theoretisch wusste er auch vorher schon, dass man nicht produktiver ist, wenn man 14 Stunden am Tag arbeitet. Vor allem durch das Vatersein, sagt er, habe er nun auch ganz praktisch gelernt: »Ich bin deutlich effizienter, wenn ich vier Stunden konzentriert arbeite und danach etwas anderes mache – wobei sich mein Gehirn ja weiter mit den Arbeitsthemen beschäftigen kann. Aber die Zeit, in der ich aktiv arbeite, ist limitiert, und dadurch bin ich fokussierter.«

Wenn Sie denken, dass das jetzt ein bisschen wie Ben Hammersley aus dem vorhergehenden Kapitel klingt, beachten Sie: Hammersley ist Freiberufler, kann sich seine Arbeit also sowieso selbst einteilen. Lehnert hingegen ist festangestellt. Hammersley hat sich aus dem Hamsterrad verabschiedet, lebt weitgehend nach seinen eigenen Regeln, bestimmt selbst, wann und wie er erreichbar ist. Lehnert hingegen versucht das Neue Arbeiten im Austausch mit Kollegen erträglicher zu machen, reflektiert dabei auch permanent seine Rolle als Vorgesetzter sowie die Verantwortung, die er als Arbeitnehmer eines Technologieunternehmens für das Leben der Menschen hat, die seine Produkte nutzen. Wo Hammersley den Weg der technokratischen Isolation gewählt hat, arbeitet sich Lehnert am sozialen Aspekt der neuen Arbeitswelt ab. Das ist anstrengender, aber letztlich fruchtbarer, jedenfalls wirkmächtiger.

Nun würden sich die meisten Arbeitnehmer vermutlich ein Leben wünschen, in dem sie – wie Lehnert – einfach entscheiden können, nur vier produktive Stunden lang zu arbeiten. Die Wirklichkeit in deutschen Unternehmen sieht vielmehr so aus:

Der ganze Tag ist dermaßen mit Meetings und Terminen zu-
gepflastert, dass man nicht mal dazu kommt, die vielen E-Mails
anzuschauen, die parallel eintrudeln – was man dann eben
abends oder am Wochenende macht. Und schafft es wirklich
jemand, dank effizienterer Methoden seine Arbeit von früher
acht in jetzt vier Stunden zu erledigen, kommt mit Sicherheit
der Chef, der Kollege oder der Kunde und füllt die frei gewordenen vier Stunden mit der nächsten Aufgabe. Anders gesagt:
Lebt Lehnert in einer Traumwelt, die mit der Unternehmens-
wirklichkeit fast aller Menschen nichts zu tun hat?

Er sieht das gerade umgekehrt. Er weiß auch, dass die Be-
schreibung seines Arbeitstages ein Idealzustand ist, von dem
die meisten anderen so weit entfernt sind wie Reiner Calmund
vom Waschbrettbauch. Gerade weil das so ist, sagt Lehnert,
müsse man den Menschen beibringen, so wie er Prioritäten zu
identifizieren und selbstbewusst durchzusetzen. »Als ich wusste, dass ich etwas ändern musste, habe ich angefangen zu sagen: Ich mache keinen Call nach fünf. Oder: Kein Meeting am
Wochenende. Das ist für mich Zeit für die Familie, und wenn
nicht die Hütte brennt, bin ich da nicht verfügbar.« Viele Kollegen, Vorgesetzte und Kunden hätten da erst mal gestutzt. Er hat
es trotzdem durchgezogen und sagt heute, dass nur daraus echte Freiheit entstehe, weil man dem permanenten Ansturm von
noch mehr Arbeit endlich Grenzen setze. »Der erste Moment
ist komisch«, erinnert er sich: »Im Lauf der Zeit nehmen Menschen dich aber ernster, finden, dass du professioneller bist.
Denn in der Zeit, in der du arbeitest, arbeitest du wirklich. Und
in der Klarheit, Nein zu sagen, liegt auch eine Stärke, die gerade in Führungspositionen wichtig ist.« Genauso wichtig sei es
für Führungspersönlichkeiten, Mitarbeitern diese Disziplin und
Philosophie beizubringen. »Am Ende werden sie produktiver
und glücklicher sein. Als Unternehmen ziehe ich mir also eine

effiziente und loyale Mitarbeiterschaft heran, die es schätzt, wertgeschätzt zu werden. Ein krasses Gegenteil zur von der Industrialisierung getriebenen Kultur um kranke und krankmachende Arbeitszeiten und -pensum.« Ben weiß, dass all das erst einmal kontraintuitiv klingt, aber es sei am Ende viel effizienter.

Sein Modell sieht heute so aus: extrem flexibel sein, wie und wo man arbeitet. Und gleichzeitig die Zeit limitieren, in der man arbeitet. Keine Telefonkonferenzen nach 17 Uhr, das ließ sich in seiner neuen Position dann doch nicht durchhalten, weil er nun oft von Deutschland aus mit der US-Westküste telefonieren muss. Gestern Abend ging das zum Beispiel so, von 20 bis 24 Uhr. Auch kein Zuckerschlecken. Aber dafür nimmt er sich eben heute Vormittag frei, und das wäre in den meisten deutschen Unternehmen wahrscheinlich schwierig. Da wird erwartet, dass man nach Feierabend flexibel ist, aber morgens trotzdem wieder am Schreibtisch sitzt.

»Ich gehe nicht aus Prinzip ins Büro, sondern nur, wenn es passt«, sagt Lehnert. Ob er seine Anrufe von zu Hause macht, am Flughafen oder eben doch im Büro, sei völlig egal. »Ich glaube, das wird das Modell sein müssen, damit wir alle gesund aus dieser neuen Arbeitswelt rauskommen, aber trotzdem produktiv sind.« Denn das permanente Arbeiten ist für ihn sowieso nur die Illusion von Produktivität.

Damit man sich als Angestellter so freischwimmen kann wie Lehnert, müssen – so glaubt er – neben dem Bewusstwerden der eigenen Prioritäten zwei Dinge passieren. Die individuelle Psychologie muss sich ändern, und die Unternehmenskultur. »Der Einzelne muss sich die Frage stellen: Warum mache ich das jetzt? Warum beantworte ich abends noch E-Mails?« Der wahre Grund sei in der Regel Angst. Angst, nicht wertgeschätzt zu werden. Angst, nicht gut genug zu sein. Angst, dass jemand anders den Job besser macht. Darum sei es für Angestellte, die – viel stärker als jemand wie er – fremdbestimmt sind, weil Manager über sie verfügen, sogar noch wichtiger, Grenzen zu setzen.

Die Angst vieler Menschen, morgen den Job zu verlieren, wenn sie nicht funktionieren, nicht immer noch eine Schippe drauflegen, ist in erster Linie ein Führungsthema, findet Lehnert, der ja selbst Teams leitet. »Da muss der Chef sich vor seine Leute hinstellen und sagen: Wir wissen, dass die Welt sich verändert hat. Wir wissen, dass Menschen nicht produktiver sind, weil sie mehr arbeiten. Wir wissen, dass jemand, der im Büro sitzt, deswegen nicht unbedingt seinen Job schneller und besser macht.« Hier müsse Führung die Rahmenbedingungen schaffen – über Coaching, Unternehmenspolitik und über Anreizsysteme, die die richtigen Dinge belohnen –, um den Menschen diese Angst zu nehmen.

Mal angenommen, all das klappt – entsteht nicht im konkreten Arbeitsalltag trotzdem Chaos, wenn jeder arbeitet, wann und wo er will, dazu noch quasi beliebig mal erreichbar ist und mal nicht? »Gerade in einem Team muss man natürlich Klarheit schaffen«, sagt Lehnert, aber das sei nicht so schwierig. Bei ihm sieht das so aus: Jeder darf bestimmen, wann und wo er oder sie die sechs bis acht Stunden arbeitet. Es gibt Kernzeiten, die sich überschneiden, damit das Team auch miteinander reden kann – »wenn man, wie wir, in verschiedenen Zeitzonen sitzt, muss man sich sowieso arrangieren und zwischen Kollegen ein Verständnis etablieren.« Da hat er recht – global verteilte, virtuell organisierte Teams sind in immer mehr Unternehmen Alltag.

Klingt ja alles gut. Aber wie konnte es überhaupt so weit kommen? Wie konnte das fundamentale Freiheitsversprechen des Neuen Arbeitens so ins komplette Gegenteil kippen, dass wir uns nun elaborierte Selbstverteidigungs-Strategien überlegen müssen, um unsere Zeit wieder zurückzuerobern? Da überlegt Ben nicht lange – er hat sich inzwischen in Rage geredet, der halb ausgetrunkene Cappuccino steht kalt vor ihm: »Weil durch das alte Weltbild der Bedarf da war«, sagt er: »Wir leben in dieser Hinsicht noch in der Industriegesellschaft: Je mehr gearbeitet wird, desto besser. Das wird heute belohnt. In der Wissensgesellschaft ist aber das Gegenteil der Fall – je mehr wir arbeiten, desto schlechter werden wir.«

Da spricht er einen wirklich wichtigen Punkt an, denke ich, vielleicht den wichtigsten: Es ist genau die Kombination dieses alten Weltbildes des »Mehr ist Mehr« mit den neuen technologischen Möglichkeiten, in Echtzeit überall auf der Welt jederzeit verfügbar zu sein, die zur aktuellen unerträglichen Situation führt.

»Und die einzige Möglichkeit, dagegen anzugehen, ist zu sagen: Ist mir egal. Ich setze für mich selbst bestimmte Regeln, denn wenn ich produktiv bin, dann diene ich dem Unternehmen.« Wichtig sei, eine Grundhaltung zu entwickeln, dass einem die Welt nicht einfach so passiert. Sondern dass man die Kontrolle über sein Leben habe. »Ich entscheide über mein eigenes Schicksal«, sagt Lehnert. »Die meisten Menschen haben diese Haltung nicht, die fühlen sich eher so, als würde jemand anders über sie bestimmen.« Diese Einstellung wird durch die neuen Technologien dramatisch verstärkt, weil diese das Gefühl vermitteln, ununterbrochen fremdbestimmt und auch auf Distanz kontrolliert zu werden. Wenn wir uns also von diesem Grundgefühl nicht befreien, nutzen uns auch die schönsten technischen Tools nicht – im Gegenteil, wir werden dann zunehmend ihre Sklaven sein.

Für Ben ist das wie bei der Kindererziehung – man muss Mündigkeit trainieren. Im Unternehmen sollte dieses Wissen gecoacht werden, und es müssen die richtigen Anreize geschaffen werden: Also nicht viel arbeiten belohnen, sondern weniger, dafür aber besseres Arbeiten. »Bislang belohnen wir Mitarbeiter nicht genug für kritisches Denken, dafür, Dinge auch mal infrage zu stellen.« Dadurch türme sich gerade in großen, hierarchisch strukturierten Unternehmen immer mehr Arbeit auf, die irgendein Manager irgendwo angeordnet hat und die auf den unteren Ebenen nur exekutiert wird, ohne ihre Notwendigkeit zu diskutieren. Das schafft diese Kultur der ewigen Meetings, der Hunderte von E-Mails jeden Tag. »Vieles, was in Unternehmen getan wird, ist völlig sinnlos«, sagt der Mann, der gerade in ein wirklich großes Unternehmen gewechselt ist: »Zumindest ist es oft ineffizient.« Verdichtet aber – verstärkt durch die neuen digitalen Werkzeuge – den Arbeitstag der Mitarbeiter bis zum Zustand der Unerträglichkeit. ⬤▭

Individuelle Strategien

- Sport, Treffen mit Freunden oder Familienzeit im Kalender blocken. So nehme ich mir die Zeit wirklich. Kollegen, Mitarbeiter und Kunden sollen gerne sehen, dass mein Leben nicht nur aus Arbeit besteht.

- Ich hole jetzt schon zweimal pro Woche die Kinder aus Schule und Kita ab, bleibe auch mal den Tag zu Hause, wenn ein Kind krank ist, einen Arzttermin hat oder die Schule geschlossen ist. Dafür muss ich mich nicht entschuldigen, darum werde ich das in Zukunft offensiver kommunizieren.

Strategien für Arbeitgeber

- Telefonkonferenzen oder Meetings am frühen Morgen oder späten Nachmittag möglichst vermeiden. In der Regel findet sich ein anderer Termin, und auf die Dauer setzt bei Mitarbeitern und Kunden der Lerneffekt ein: Wir wollen gar keine Kultur der ständigen Erreichbarkeit.
- Mitarbeitern erlauben, mindestens einen Tag pro Woche gar nicht im Büro zu arbeiten, sondern im Café oder zu Hause – um konzentriert Dinge wegschaffen zu können.
- Mitarbeiter ermutigen, das Büro auch wirklich zu verlassen, wenn sie mal nach fünf oder sechs Stunden ihre Arbeit erledigt haben.

Arbeit klüger organisieren

◖● Ansgar Oberholz ist eine Legende, jedenfalls in bestimmten Kreisen. Er eröffnete 2005 am Rosenthaler Platz in Berlin Mitte das Café St. Oberholz. Zum Konzept gehörten bereits damals guter Kaffee, gesundes Essen und – freies, schnelles WLAN. Schon bald bestand seine Kundschaft zum größten Teil aus jungen Menschen, die hier ihre Laptops aufklappten, Blogs schrieben, Geschäftsideen entwickelten. Das ist bis heute so. Viele sagen, dass Oberholz in Deutschland das Coworking erfunden hat – eine Behauptung, die nicht nachprüfbar ist, aber irgendwie gut zu ihm passt. Denn der 45-Jährige ist ein umtriebiger Geschäftsmann, setzte bald über das Café Mietbüros und Apartments, in denen sich vorzugsweise Start-ups einmieten – zum Beispiel die Musikplattform Soundcloud, als sie noch in ihren Anfängen steckte.

Heute betreibt Ansgar Oberholz eine weitere große Coworking-Filiale in der Nähe des Stammhauses sowie ein kleines Café am Helmholtzplatz. Er berät Unternehmen, organisiert Netzwerk-Veranstaltungen für die Berliner Gründerszene, verbreitet seine Ideen über ein von ihm gegründetes »Institut für Neues Arbeiten« und ist Teilhaber eines Technologie-Start-ups. Kurz: Der Mann lebt mitten in jener Szene von Menschen, die Technik atmen. Die stets das neueste Tool ausprobieren. Für die Telefonieren altmodisch ist und Slack selbstverständlich.

Weil ich ja die starke Vermutung habe, dass die Technologie Auslöser der aktuellen Misere ist, aber gleichzeitig auch Teil der Lösung sein muss, treffe ich Oberholz. Wenn es jemanden gibt, der mir diese Frage kompetent beantworten kann, dann dieser kluge, nüchterne Beobachter, der jeden Trend rund um Neues Arbeiten kennt, aber sich von keinem vereinnahmen lässt. Der alt genug ist, nicht nur arbeiten zu wollen (aktuell betreibt er das Projekt seiner persönlichen »Deinstallation«, also den Versuch, bei laufenden Projekten operativ überflüssig zu werden). Der sich aber wie ein kleiner Junge begeistern kann, wenn es darum geht, neue Arbeitsstrukturen, -theorien und -technologien zu testen.

Genau dieses Paradox mag ich, denn es scheint mir den Ausweg aus der aktuellen untragbaren Situation vorzuzeichnen. Es könnte ja sein, dass wir, um die E-Mail-Flut und den Telko-Terror in den Griff zu bekommen, auf digitale Kollaborationsplattformen umschwenken, gleichzeitig aber lernen müssen, die zunehmende Kommunikation intelligent zu steuern und zu kanalisieren. Mein Gefühl: Hier entscheidet sich gerade der Generationenkonflikt in Unternehmen: Die Jungen haben das längst erkannt, die Älteren hängen noch an Mail und SMS. Mal sehen, wie Ansgar Oberholz das sieht.

Er bestellt sich erst mal einen kalt gepressten Saft. Ein bisschen müde sieht er heute aus. Neben all seinen Projekten ist Oberholz gerade auch noch einmal Vater geworden – das geht an die Substanz. Eines ist dieser digital supervernetzte Multitasker aber nicht: hektisch, unkonzentriert, gereizt. Also all jene Charaktereigenschaften, die ich an mir selbst in letzter Zeit zunehmend beobachte und die ich so gar nicht mag. Während unseres Gesprächs bleibt Oberholz' Smartphone aus. Sein Blick schweift nicht herum, sondern fixiert mich. Er spricht langsam, überlegt. Man merkt: Diese Dinge sind ihm wichtig. Er spult keine Phrasen ab, sondern denkt wirklich über die Fragen nach. Ein angenehmer Gesprächspartner.

Generell, sagt er zum Einstieg, sei derzeit das Gefühl prägend, dass die Technik zwar die Arbeit erleichtert, weil sie uns effizienter macht, aber zugleich die Erwartungshaltung verstärkt, dass wir in noch kürzerer Zeit noch mehr schaffen können. »Dafür kann aber die Technik erst mal nichts, sondern das ist eine Systemfrage, eine der Unternehmenskultur.« Oberholz ist Unternehmer genug, um dieses Effizienzdenken nicht moralisch verwerflich zu finden, sondern vielmehr zu akzeptieren, dass es in einem auf Wachstum und Steigerung ausgelegten System nur rational ist, nicht auf maximale Lebensqualität, sondern auf maximale Ergebnisse hin zu optimieren. Und da kommen die neuen Tools vielen Vorgesetzten natürlich nur gelegen. Schuld ist aber nicht die Technik, sondern die Art und Weise, wie wir mit ihr interagieren. Genau da liegt für Oberholz die größte Chance der modernen Arbeitswelt: »In den meisten Unternehmen wurde nie ein tiefes Verständnis dafür etabliert, was man mit wem auf welche Weise entlang der neuen Medien kommuniziert. Da wurde irgendwann E-Mail eingeführt, dann noch ein Server, auf dem Informationen liegen, dazu neuerdings vielleicht noch ein Unternehmens-Chat – aber es ist nie jemand geschult worden, wie man eigentlich sinnvoll damit umgeht.«

Schön und gut, sage ich, aber wie geht es denn nun richtig? Da erzählt er vom Beispiel eines internationalen Unternehmens, mit dessen deutschen Statthaltern er neulich über die Zukunft der Arbeit diskutierte: Github wurde 2008 gegründet und ist ein webbasierter Online-Dienst, der Software-Entwicklungsprojekte auf seinen Servern bereitstellt. Den meisten Menschen ist die Firma vermutlich kein Begriff – unter Programmierern aber ist Github so ungefähr das, was Tempo für Taschentücher ist: eine Marke, die für einen einmalig nützlichen Service steht. Programmierer teilen auf Github Quelltext-Datenbanken, sogenannte Repositories, um gemeinsam an Software-Entwicklungsprojekten zu arbeiten, egal, welcher Teilnehmer wo auf

der Welt sitzt. Da ist es nur logisch, dass die etwa 600 Mitarbeiter von Github ebenfalls extrem dezentral arbeiten. Im Head-
quarter sind nur 50 oder 60 Leute, der Rest ist über die ganze
Welt verstreut, in fast allen Zeitzonen. »Eine Herausforderung«,
so Oberholz trocken, und zugleich ein Vorgeschmack auf den
Globalisierungsschub, der vielen heimischen Unternehmen gerade bevorsteht (siehe Kapitel »Unternehmen vorsichtig verändern«, Seite 164).

Das deutsche Team arbeitet von 10 bis 17 Uhr und noch mal
von 22 bis 23.30 Uhr, weil dann die USA anfangen. Frühmorgens
können sie schon wieder mit Indien reden, und grundsätzlich
schlägt der Puls der Arbeit hier nicht im Tages-, sondern Stundenrhythmus, also permanent. Während die einen schlafen, ist
bei den anderen immer schon wieder etwas passiert. Um unter
diesen Umständen überhaupt sinnvoll zusammenarbeiten zu
können, nutzen die Menschen bei Github jede Menge digitaler
Werkzeuge. Das Problem der Ablenkung lösen sie auf scheinbar paradoxe Art: Sie kommunizieren nicht etwa sehr gezielt
und reduziert, sondern setzen vielmehr auf eine Strategie, die
sie »overcommunicating« nennen. Das bedeutet: Alle schwimmen ständig in einem digitalen Kommunikationsstrom mit, in
dem Dinge per E-Mail, Chat oder Kollaborationsplattform nicht
knapp und hektisch, sondern maximal detailliert erklärt werden. Dann erst, so die Github-Mitarbeiter, funktioniert so eine
dezentrale Arbeitsweise. Missverständnisse entstehen schon in
persönlichen Meetings schnell, aber wenn man über Zeitzonen
und Kontinente hinweg zum größten Teil nur schriftlich miteinander kommuniziert, ist die Wahrscheinlichkeit, dass sowohl
technisch als auch emotional Schwierigkeiten entstehen, noch
mal erheblich größer.

Jeder neue Mitarbeiter bei Github bekommt im sogenannten
Onboarding, also den ersten zwei bis drei Arbeitswochen, bei-

gebracht, wie die digitalen Kanäle zu benutzen sind. Das Mantra lautet: Kommunikation ist der wichtigste Teil der Arbeit. Und hier kommt Oberholz' erstes Fazit: »In der alten Denke ist das genau andersherum, da heißt es ›Diese ganzen E-Mails, ich komme gar nicht mehr zum Arbeiten‹. Das muss man genau umdrehen und verstehen, dass gerade interne Kommunikation unter Kollegen mindestens gleichberechtigter Teil der Arbeit wird.« Und das darf dann durchaus auch mal über private Themen gehen, gerade wenn man sich nicht mehr an der Kaffeemaschine treffen kann. Bei Github kann man neben dem Beruflichen auch über Segeln oder Haustiere chatten.

Ich bin skeptisch. Die Lösung von zu viel digitaler Kommunikation soll also noch mehr Kommunikation sein? Oberholz bestellt sich einen Espresso, lehnt sich kurz zurück und schaut, als würde er sich fragen, ob ich einer dieser hoffnungslos in der ›alten Denke‹ verwurzelten Typen bin, denen man die neue Arbeitswelt von Adam und Eva an erklären muss. Oder habe ich einen wunden Punkt getroffen, über den er erst mal nachdenken muss? Dann lehnt er sich wieder nach vorn und versucht, den scheinbaren Widerspruch aufzulösen: Natürlich, sagt er, birgt all das die Gefahr, dass wir in eine Welt stolpern, in der wir mehr über unsere Arbeit kommunizieren als dass wir sie machen. »Ich glaube aber, dass das eine Frage der Justierung und der Einstellung ist.« Bei Meetings zum Beispiel müsse viel stärker das Pareto-Prinzip gelten (siehe Kapitel »Automatisieren und Nein sagen«, Seite 133). Die Essenz vieler Meetings bestehe in wenigen Minuten, aber sie dauerten Stunden. Er erzählt von einer befreundeten Kommunikationsberaterin, die – wenn sie Schulungen zu besserer Arbeitskultur hält – ausgerechnet das Thema Mortalität aufbringt. Oberholz lächelt schelmisch, er mag solche Provokationen: »Wenn beim nächsten Meeting alle mal daran denken, dass sie sterblich sind, läuft das schon schneller ab.« Bei Github beispielsweise gibt es zwar auch Videokonferenzen, aber die sind immer sehr straff organisiert und dauern in der Regel nicht länger als 20 Minuten. Auch hier gilt also wieder: Man kann nicht alles der Technik in die Schuhe schieben, es geht eher um die Anwendung der Technik.

Ein weiteres Beispiel: »Durch digitale Technologie verlernen alle gerade, sich festzulegen. Das fängt bei der privaten Verabredung an und endet bei großen geschäftlichen Entscheidungen. Da man am Computer alles immer wieder digital überarbeiten kann – anders als früher bei der Schreibmaschine oder dem Vierspur-Bandgerät –, geht die Kulturtechnik des Sich-Festlegens, auch auf die Gefahr hin, einen nicht mehr korrigierbaren Fehler zu machen, verloren.« Das spüre man in der Kommunikation, in Meetings und in Workflows. Oder, ganz konkret, in E-Mails: »Da sieht man immer mehr Formulierungen wie ›Hast du schon mal daran gedacht, dass …‹ oder ›Wir könnten ja vielleicht auch mal überlegen, ob …‹ anstatt: ›Meine Meinung ist, dass wir das soundso machen sollten. Findet ihr das gut oder nicht?‹ Würden die Menschen einen Brief mit der Hand schreiben, würden sie anders formulieren – genau so, wie sie in Meetings anders agieren würden, wenn sie daran dächten, dass sie sterblich sind.«

Das Digitale lässt uns also manche eigentlich selbstverständlichen Kulturtechniken verlernen, andere wiederum passen heute einfach nicht mehr. Hier kommt Oberholz immer wieder auf das Thema Bildung zurück, auch Erwachsenenbildung. »Diese neuen Kulturtechniken müssen vermittelt werden. Manche Arbeitnehmer – vielleicht zehn Prozent – bringen sich diese Dinge selbst bei, aber die meisten laufen der Technologie ständig hinterher, sind im Grunde Opfer dieser Entwicklung.« Man hat früher immer vor einer digitalen Kluft gewarnt zwischen jenen, die Computer und Internet verwenden, und denen, die das nicht tun. Heute hat fast jeder ein Handy und ist online. Die neue digitale Zweiteilung der Gesellschaft entsteht darum zwischen jenen Menschen, die wissen – oder immer wieder neu erlernen wollen –, wie man neue Werkzeuge richtig einsetzt, und einer stillen Mehrheit, die daran erstickt und sie nur als Belastung empfindet, weil sie sie falsch benutzt.

Der Einzelne kann da natürlich in seiner Arbeitsumgebung wenig ausrichten, das weiß auch Oberholz. Der richtige Wandel werde erst dann eintreten, wenn viele Arbeitnehmer sagen: ›So geht es nicht mehr weiter, Wahnsinn, das ist ja alles nicht effizient.‹ »Im Moment befeuern die Systeme der Corporates aber das Elend eher weiter.« Denn in vielen Unternehmen kollidieren für ihn alte und neue Welt. »Die neue Welt erfordert zwar, dass wir kontinuierlicher kommunizieren, räumt uns dafür aber viele persönliche Freiheiten in der zeitlichen und räumlichen Gestaltung von Arbeit ein. Das ist eigentlich die Zukunft.« Die alte Welt ist aber auch immer noch da, nimmt uns diese Freiheiten wieder weg, und im Ergebnis haben wir das Schlechteste aus beiden Welten: ständige Erreichbarkeit und Kontrolle ohne Flexibilität und Freiheit.

Da hat er eine tiefe Wahrheit gelassen ausgesprochen.

Trotzdem braucht es für Oberholz künftig nicht mehr Regeln, Verordnungen und Gesetze. »Schon weil diese immer bereits veraltet sind, wenn man sie ins Leben ruft. Es geht aber doch darum, einen Konsens zu finden – in Teams, in Unternehmen, in Familien und vielleicht auch der Gesellschaft –, was gute Kommunikation ist, also hilfreiche, und was schädliche Kommunikation.« Am Ende muss die Gesellschaft es schaffen, jeden Einzelnen so gut auszubilden und zu erziehen, dass er seine individuelle und eigenverantwortliche Art findet, Technologie gewinnbringend einzusetzen. Oder eben auch mal auszuschalten. »Wenn ich in Umgebungen bin, die technologisch sehr hoch entwickelt kommunizieren, also sehr souverän mit diesen Werkzeugen umgehen können, ist die Akzeptanz, nicht erreichbar zu sein, sogar höher.«

Wie läuft das bei ihm persönlich, in seinen vielfältigen Projekten, die er ja alle anschiebt, leitet und bis zu einem gewissen Grad doch auch kontrollieren, inspirieren, steuern muss? Wenn er abends um halb elf noch in Slack eine Frage an ein Team poste, sagt er, wüssten seine Leute, dass sie das nicht sofort beantworten müssen, sondern dass das mindestens bis morgen Zeit hat. »Wenn es dringend wäre, würde ich anrufen. Andersrum gesagt: Wenn bei mir am Wochenende jemand von der Arbeit anruft, gehe ich ran, denn ich weiß: Das muss jetzt wichtig sein. Was eben gleichzeitig bedeutet, dass meine Kollegen und Mitarbeiter genau wissen, dass sie mich nicht mit Trivialitäten am Telefon belästigen dürfen.« Diese feinen Unterschiede zu kennen ist für ihn der Kern des richtigen Umgangs mit modernen Kommunikationstechniken. »Bei uns ist das selbstverständlich, das muss man gar nicht mehr erklären. Ich sehe aber natürlich, dass diese Art von Wissen in anderen Unternehmen nicht gleichermaßen verbreitet ist.«

Er berät ja auch andere, größere Unternehmen, wie sie das Neue Arbeiten bei sich einführen können. Dabei hört er immer wieder, was typischerweise schiefläuft, ist: Der Kollege oder der Chef ruft samstagabends um 18 Uhr an, nervt »mit Pillepalle-Quatsch – zum Beispiel, weil er auf dem Server irgendwas nicht findet, wonach er aber auch nicht richtig gesucht hat … da bräuchte man in vielen Unternehmen einen Kommunikations-Ombudsmann, der hinterher sagt: Leute, das war nicht gut, das entspricht nicht unserer Kommunikationsphilosophie. Da hätte man auch eine E-Mail oder Slack-Nachricht schicken können, sodass der andere ganz in Ruhe hätte überlegen können, ob und wann er das beantworten möchte.«

Dazu kommt, dass in vielen Unternehmen, die mit Ideen der Neuen Arbeit experimentieren, die klassische Befehlskette infrage gestellt und stattdessen auf flache Hierarchien und Selbstorganisation gesetzt wird. Da dürfen sich Rollen verändern, dürfen Menschen bei Sachen mitreden, für die sie eigentlich gar nicht eingestellt wurden. Das führt – zusammen mit der sehr transparenten Kommunikation – oft zu sehr guten und überraschenden neuen Ideen. Oberholz hält das darum auch für richtig und klug. Aber gerade durch diese dezentrale Arbeitsweise und die damit verbundene massenhafte Kommunikation brauche es eine ganz saubere Struktur. »Wenn die nicht klar ist, kann ich in den Slack-Kanal auch dreimal reinfragen, ob ein Raum für ein Event frei ist, aber es antwortet keiner, weil sich keiner zuständig fühlt.« Die Kommunikation muss sich also immer in einem Organigramm abbilden lassen – für Oberholz wie für viele Verfechter neuer Arbeitskultur sollte das keine klassische Pyramide sein, aber eine klare Struktur mit eindeutigen Zuständigkeiten und eben doch einer gewissen Hierarchie – »so flach oder steil die auch immer sein mag. Das unmissverständlich zu definieren ist dann wieder Management-Aufgabe.«

Hat man diese Struktur richtig aufgesetzt, bietet für Oberholz das intensive und fast permanente Nutzen verschiedener digitaler Kommunikationskanäle deutlich mehr Vor- als Nachteile. »Die Omnipräsenz von Werkzeugen wie Slack kann einen im Negativen auffressen, ja. Aber im Positiven führt diese ständige Kommunikation dazu, dass ich über ganz viele verschiedene Projekte auf dem Laufenden bin, weil ich immer mal wieder mitlese, was darüber ausgetauscht wird – ohne dass ich den ganzen Tag in Meetings sitze.« Für ihn ist das wie Unternehmensfernsehen schauen, sagt er: Man klickt immer wieder in verschiedene Kanäle rein. Vor allem als jemand, der Teams leitet, ist das ein sehr angenehmes Steuerungselement. »Ich sehe, welche Probleme entstehen, wie sie gelöst werden, kann mich bei Bedarf kurz einmischen oder Dinge einfach laufen lassen. Auch wenn man sich wenig sieht, schafft diese Kommunikation eine Nähe unter Kollegen, die man mit E-Mail nie erreichen würde.«

Und so empfindet er die vielen neuen digitalen Kanäle nicht als Belastung, sondern als Bereicherung. Er benutzt alle möglichen, für jeweils verschiedene Zwecke – »so wie ich auch verschiedene Stifte habe oder mit Word etwas anderes tue als mit Excel. Tools wie Slack oder WhatsApp erlauben mir, mit großer Zeitsouveränität so viele verschiedene Projekte und Teams zu managen, wie das früher mit Telefon und E-Mail nie möglich gewesen wäre.« Oberholz glaubt, dass sich die E-Mail schon sehr bald so anfühlen wird wie heute das Fax, also hoffnungslos veraltet. Für seine Teams ist das bereits heute so: Mails schreiben sie nur noch für externe Kommunikation und fühlen sich dabei so, als würden sie einen Brief mit der Schreibmaschine tippen. Unumgänglich dabei ist, sich so intensiv mit den neuen Werkzeugen zu beschäftigen, dass man Filter einstellen kann, also Regeln, welche Absender und Inhalte man mit welcher Priorität auf welchem Kanal empfangen will. Man kann diese Dinge in der Regel sehr detailliert vorgeben, und man muss es auch, will man nicht im Strom der Nachrichten untergehen.

Der zweite Espresso kommt, Oberholz ist jetzt in seiner Komfortzone. Der Mann begeistert sich stets für noch den obskursten kommunikativen Mikrotrend, derzeit zum Beispiel: fragmentierte, asynchrone Telefonate bei WhatsApp – man schickt sich gegenseitig nur noch kurze Sprachnachrichten, statt zu telefonieren oder in Chats zu tippen. Oberholz macht das natürlich mit, und er mag es: »Es ist schneller, als eine Nachricht zu tippen, man bekommt auch die Emotionalität besser mit –

und zugleich ist es nicht so aufdringlich und unterbrechend wie ein Anruf, den ich in Echtzeit annehmen muss.«

Gleichzeitig gehört für ihn zum gesunden Aussteuern von Kommunikation in dieser zunehmend fragmentierten, globalisierten und ortlosen Arbeitswelt unbedingt auch das Physische, Persönliche. Je mehr er digital auf Entfernung kommuniziert, sich als Chef deinstalliert und nur noch selten vor Ort ist, umso wichtiger werden für ihn persönliche Meetings und Workshops, wenn sie dann doch einmal stattfinden. Eine der großen Verbesserungen der neuen Arbeitswelt ist, dass es weniger Steuerungsmeetings gibt, weil alle Steuerungsfragen schon im permanenten Kommunikationsstrom in Echtzeit gelöst werden. Das heißt: Alle wichtigen Entscheidungen sind eigentlich immer schon gefällt, wenn man sich trifft. Beim persönlichen Treffen hält man sich nicht mit operativem Kleinklein auf, sondern kann viel konsequenter nach vorne schauen.

Das Gespräch geht zu Ende, wir müssen beide weiter. Er zum nächsten externen Treffen irgendwo – denn die Arbeit hat er ja auf dem Handy dabei und schwimmt im Kommunikationsstrom mit. Ich ins Büro, denn meine Kollegen haben mir den Tag wieder ordentlich mit Meetings zugepackt. Vermutlich werden wir viele Steuerungsfragen besprechen. Und bestimmt werde ich zwischendurch öfter mal an meine Sterblichkeit denken.

Individuelle Strategien

- Entscheidungsfreudig kommunizieren. Positionen klarstellen. Ziele unmissverständlich benennen. Nicht mehr herumeiern.
- Neue Tools nicht rundheraus ablehnen, aber auch nicht vergöttern. Vielmehr eine kritische Diskussion unter Kollegen und mit den Chefs darüber führen, wie man diese richtig einsetzt.
- Sich mit den Funktionsweisen der jeweiligen Software beschäftigen, um möglichst detailliert Filter und Regeln einzustellen, welche Themen, Absender und Benachrichtigungen einen mit welcher Priorität auf welchem Kanal erreichen dürfen.

Strategien für Arbeitgeber

- Als Arbeitgeber Leistung tatsächlich nicht mehr nach Zeit, sondern nach Ergebnissen messen.
- Im Unternehmen eine offene Diskussion darüber führen, wie wir mit den modernen Tools umgehen wollen: auf welchen Kanälen wir was kommunizieren. Wie wir Erreichbarkeit definieren. Welche Grenzen wir ziehen. Dieses implizite Wissen dann auch explizit machen, zum Beispiel in Form einer Gebrauchsanleitung für neue Mitarbeiter, besser noch eines Kommunikations-Organigramms.
- Den permanenten digitalen Kommunikationsstrom nicht nur als Bedrohung empfinden, sondern als Chance, »Unternehmensfernsehen« zu schauen, also dafür zu sorgen, dass alle immer auf dem gleichen Stand sind. Dafür dann weniger telefonieren, kürzere und besser organisierte Meetings. Verstöße gegen diese guten Vorsätze von einem »Kommunikations-Ombudsmann« ahnden oder schlichten lassen. Steuerungsfragen im digitalen Strom klären. Persönliche Treffen aufwerten, indem sie für große strategische Themen reserviert sind. Und für Zwischenmenschliches.

Unternehmen
vorsichtig verändern

◖ Wenn es ist, wie Ansgar Oberholz erzählt – und ich glaube, dass vieles dafürspricht –, dann liegt ein großer Teil der aktuellen Malaise um die neue Arbeitswelt nicht bei den Tools und Technologien, nicht bei den vielen digitalen Kanälen, sondern darin, wie Unternehmen diese benutzen. Denn – wir erinnern uns an den Anfang des Buches: Nicht nur betreiben gerade sehr viele große deutsche Unternehmen New-Work-Programme in der einen oder anderen Form, zum Beispiel Daimler, Lufthansa, Bosch oder Henkel, die Strahlkraft dieser großen Marken hat auch Vorbildcharakter: Was jetzt die Großen tun, ahmen die Mittelständler bald schon nach. Die Entwicklung ist also unaufhaltsam, und das Ausmaß, in dem die Vorgaben dieser neuen Arbeitswelt unser tägliches Leben bestimmen, übertrifft bei Weitem all unsere Möglichkeiten zur individuellen Gegenwehr. Sprich: Meine bisher beschriebenen persönlichen Strategien, langsamer zu werden, Geräte auch mal abzuschalten, Technik gezielt einzusetzen, zu automatisieren, Nein zu sagen und Prioritäten zu setzen, sind zum Scheitern verurteilt, wenn mein Arbeitgeber nicht mitspielt. Andersherum: Nie zuvor war die Verantwortung der Chefs – egal, ob Führungskraft oder Eigentümer – so groß, die derzeit angestoßenen und oft technologisch getriebenen Veränderungen auf das hin zu prüfen, das man etwas pathetisch Menschlichkeit nennen könnte. Darauf, ob die zum großen Teil ja durchaus gut gemeinten Ausprägungen der viel beschworenen digitalen Transformation des

Unternehmens uns am Ende eigentlich wirklich produktiver machen, innovativer und – ja, bitte, auch: glücklicher.

Wir erinnern uns an die Forderungen der New-Work-Apologeten: Mitarbeiter müssen überall arbeiten können und dürfen. Arbeitsprozesse im Unternehmen müssen digitalisiert werden. Das Büro wird zum Ort, um sich punktuell mit den Kollegen persönlich auszutauschen und gemeinsam kreativ zu sein. Sodass danach jeder wieder seiner Wege gehen kann. Digitale Kollaborationsplattformen sorgen für einen kontinuierlichen Workflow. Manager müssen lernen, loszulassen und zu vertrauen. Wissen muss stärker geteilt werden, Kollaboration ist das Motto der Stunde. Dazu braucht es auch ein neues Bürodesign: weniger Einzelräume, mehr Fläche. Auch der Chef muss raus aus dem Eckbüro und in die Fläche. Das Versprechen: So entsteht mehr Innovation, mehr Motivation. Der Nine-to-five-Arbeitstag ist tot. Virtuelle Teams, globale Organisationen und entgrenzte Arbeitszeiten führen dazu, dass wir flexibler und mobiler werden müssen. Die Hoffnung: Wir können auch Privates besser in den Arbeitstag eintakten – gehen zwischendurch shoppen oder zum Sport, holen die Kinder aus der Schule – und setzen uns dafür abends noch mal an den Laptop. Das Ziel ist Empowerment: Mitarbeiter bekommen dramatisch mehr Kontrolle über ihre Zeit und über die Struktur ihrer Arbeit. Das führt zu mehr Kreativität und Produktivität, weil jeder dann arbeitet, wenn er/sie am leistungsfähigsten ist. Es führt auch zu einer stärkeren Bindung ans Unternehmen und wirkt als Mittel des Employer Branding nach außen, um die besten Köpfe anzuziehen. Alle gewinnen.

Wenn aber permanente Kollaboration dazu führt, dass es keinen Moment der Kontemplation mehr gibt, und wenn die Entgrenzung der Arbeit dazu führt, dass wir immer arbeiten, dann geht etwas schief. Unternehmen müssen verstehen, dass sie nicht das Neue einführen und am Alten trotzdem festhalten können. Wenn Arbeitgeber erwarten, dass ihre Mitarbeiter noch mal den Rechner aufklappen, wenn die Kinder im Bett sind, und am Wochenende Mails beantworten, dann können sie nicht gleichzeitig verlangen, dass diese am nächsten Morgen wieder um 9 im Büro sind und bis 18 Uhr bleiben. Wie kann ein Unternehmen klug durch diese Widersprüche navigieren? Wie kann es verhindern, jetzt in der Begeisterung des Aufbruchs Technologien, Prozesse und Regeln einzuführen, die in drei oder fünf Jahren katastrophale Folgen zeitigen, dann aber nicht mehr zurückzudrehen sind? Darüber will ich nicht mit feuilletonistischen Theoretikern oder akademischen Beobachtern sprechen, sondern mit einem Menschen aus der Praxis, aus der Mitte des täglichen Tuns.

Janina Kugel ist so ein Mensch. Sie ist Personalvorstand bei Siemens und so etwas wie das Poster-Girl des Neuen Arbeitens in Deutschland. Als Siemens 2016 seine neue Konzernzentrale eröffnete, wurde den besuchenden Journalisten, Unternehmern und Experten vorgeführt, wie Neues Arbeiten in einem Traditionsunternehmen konkret aussehen kann, wie es alles von Grund auf umkrempelt. Das freundliche Gesicht dieses Wandels: Janina Kugel. In Interviews in der FAZ und der *Süddeutschen Zeitung* erklärte, sie, warum bei Siemens das Eckbüro jetzt ausgedient hat, jeder geduzt wird, Krawatten out sind. Dass Homeoffice jetzt normal ist, der Nine-to-five-Arbeitstag ausgedient hat, aber auch – zumindest für die meisten Mitarbeiter – der eigene Arbeitsplatz. Wer immer und überall arbeiten kann, braucht keine Familienfotos mehr auf dem Schreibtisch.

In der neuen Konzernzentrale gibt es kaum noch Wände, stattdessen weitläufige, offene Räume. »Früher sagte man Großraumbüro dazu. Heute heißt das ›Area‹. Oder ›Lounge‹«, ätzte die FAZ zum Einzug und beschrieb irritiert: »Zum ungestörten Telefonieren geht es ans Stehpult im kleinen gläsernen Kabuff.

Die Festnetztelefone verschwinden, die Mitarbeiter werden gefragt, ob das Smartphone ihnen nicht genügt. Akten, sofern überhaupt physisch nötig, wandern in den Archivschrank in der Ecke.« Bebildert werden all diese Artikel mit Fotos von Janina Kugel, die anlässlich des neuen Gebäudes geduldig erklärt, was unter »Arbeiten 4.0« oder »New Ways of Working« denn zu verstehen sei. Vielleicht wird Kugel auch deshalb so gern gezeigt, weil sie selbst ein Beispiel für den Wandel ist. Als sie 2016 antrat, war sie mit 45 das jüngste Vorstandsmitglied. Eine Frau in einer Männerdomäne. Mutter von Zwillingen. Eine also, die glaubwürdig über die Vereinbarkeit von Beruf und Familie sprechen kann, über Work-Life-Balance, Homeoffice und die Erwartungen der jüngeren Generationen an Arbeit.

Ich schaue mir zunächst mal die Fakten an: Das neue Bürokonzept wurde schon im Jahr 2010 unter der Federführung von Siemens Real Estate und in enger Zusammenarbeit mit Human Resources und Information Technology gestartet. Inzwischen ist es weltweit in mehr als 43 Ländern und an über 120 Standorten für rund 62 000 Mitarbeiter umgesetzt. Mitarbeiter bei Siemens werden schon seit Jahren mit Notebooks, Smartphones und mobilen Internetzugängen ausgestattet. Die aktuelle und 2010 global eingeführte Plattform URA (Universal Remote Access) erlaubt weltweit über 230 000 Mitarbeitern, von überall digital auf ihre Arbeitsunterlagen zuzugreifen. Damit verfügt Siemens über eine der weltweit größten Remote-Access-Lösungen. Natürlich gibt es auch bei Siemens seit 2013 eine digitale Kollaborationsplattform, hier heißt sie »Siemens Social Network«, und auch hier soll sie »den Kompetenzen- und Know-how-Transfer innerhalb des Unternehmens fördern«. Inzwischen hat das Network über 130 000 aktive Nutzer und verfügt über rund 15 300 offene und geschlossene Gruppen zu unterschiedlichen Themen.

Deutsche Siemens-Mitarbeiter dürfen im Jahresdurch-schnitt bis zu 80 Prozent ihrer Arbeitszeit regelmäßig von zu Hause aus arbeiten. Auch die Nachfrage nach Sabbaticals zeigt dem Unternehmen, dass es ein neues Verständnis von Arbeit und Karriere gibt: Die Zahl der Anträge stieg auf rund 1000 im Jahr 2015 – das war eine Verdoppelung innerhalb von drei Jah-ren. Wer bei Siemens eines machen will, muss keine Gründe angeben – denkbar ist laut dem Unternehmen alles Mögliche von Kindern, Pflege, Hausbau bis zu Weiterbildung oder einer Weltreise. Siemens beschäftigt sich im sogenannten Ausbil-dungsprojekt »Industrie 4.0« auch mit den Folgen der Digita-lisierung auf die Menschen und deren Kompetenzen, um die Berufsausbildung weiterzuentwickeln. Insgesamt wurden im Rahmen des Projekts 25 für die Digitalisierung relevante Kom-petenzen identifiziert, z. B. Cloud Computing, Machine-to-Ma-chine-Communication, Identifikationssysteme, Sensorik oder Robotik. Diese werden nun sukzessive in die Ausbildungsplä-ne eingebunden. Und weil sich im Zuge der Digitalisierung die Anforderungen an praktisch alle Mitarbeiter verändern, bietet Siemens seinen Mitarbeitern ein umfassendes Angebot, um ein lebenslanges Lernen zu unterstützen. Im Geschäftsjahr 2015 hat Siemens in die Aus- und Weiterbildung seiner Mitarbeiter welt-weit über 500 Millionen Euro investiert.

Klingt nach einem idealen Beispiel: ein Unternehmen, das im Grunde alle Dinge umsetzt, die in Sachen Neues Arbeiten gefordert werden. Hier werde ich doch herausfinden können, ob das alles so problemlos läuft – und was Siemens tut, um die negativen Folgen abzumildern. Ich stelle über Janina Kugels Pressesprecher eine Interviewanfrage. Nach ein paar Tagen die Antwort: Ja, sie hat Lust. Vier Terminvorschläge für ein länge-res Telefonat sind auch gleich dabei – drei davon nach 21 Uhr abends. Ich suche einen davon aus, zwei Tage vorher sagt sie ab, der Pressesprecher schickt neue Termine: Diesmal liegt keiner vor 21.30 Uhr. Frau Kugel nimmt die neue Arbeitswelt des Always-On offenbar ernst.

Ich überlege, wo und wie ich das Interview führe, schließlich muss ich das Gespräch ja aufnehmen, also das Telefon laut stellen. Normalerweise suche ich mir für so was eine ruhige Ecke im Büro. Aber um halb zehn abends bin ich ja zu Hause. Und die Kinder sind gerade erst im Bett, schlafen wahrscheinlich noch nicht. Im Wohnzimmer habe ich schlechten Telefonempfang. In der Küche wird meine Freundin aufräumen. Schließlich entscheide ich mich fürs Schlafzimmer, baue eine komplexe Konstruktion aus Computer, Telefon und Aufnahmegerät auf dem Nachttisch, setze mich auf die Bettkante und rufe Janina Kugel an. Gut, dass wir nicht skypen. Ein bisschen unprofessionell fühle ich mich trotzdem. Dass durch die geschlossene Schlafzimmertür noch die gedämpften Rufe der kleinen Tochter und die leicht genervten Antworten meiner Freundin zu hören sind – während ich hier arbeite, muss sie ja die Küche allein aufräumen und dabei letzte schläfrige Kinderfragen beantworten –, nützt meiner Konzentration auch nicht unbedingt. Immerhin ahne ich, dass Janina Kugel keine übergestresste Managerin ist, die am Ende eines langen Arbeitstages noch das Interview in den Kalender gequetscht hat – sondern dass es ihr wahrscheinlich ganz ähnlich geht wie mir: Auch sie dürfte gerade ihre Kinder ins Bett gebracht haben, um nun etwas wegzuschaffen. Ich nehme mir vor, das am Ende mal anzusprechen. Zwar schafft die Parallelität der Situation eine eigenartige Vertrautheit – den Vorstand eines der traditionsreichsten und größten deutschen Unternehmen zu fragen, ob sie auch gerade auf der Bettkante sitzt, um die Kinder nicht zu wecken, traue ich mich dann aber doch nicht.

Jedenfalls nicht gleich zum Einstieg. Da möchte Janina Kugel noch mal betonen, dass dieses ganze Neue Arbeiten für sie so neu ja gar nicht ist. Dass all das, worüber man heute unter dem Stichwort Arbeit 4.0 spricht, Siemens schon etwa seit dem Jahr 2010 beschäftigt. »Wir haben damals erkannt, dass die Arbeitswelt sich wandelt, dass sich die Ansprüche der Mitarbeiter verändern und unterschiedliche Formen der Zusammenarbeit eine zunehmend wichtige Rolle spielen. Wir haben seither eine Reihe von Veränderungen in die Wege geleitet.« Schon klar, unter Experten wird das Thema seit einigen Jahren diskutiert. Aber dass es seit zwei, drei Jahren in vielen Unternehmen und den Medien so sehr in Mode ist, muss doch einen Grund haben, oder? Frau Kugel nennt gleich drei: Die Technologie wird immer besser, ermöglicht immer komfortableres virtuelles Zusammenarbeiten. »Das war ja vor zehn Jahren noch deutlich schwieriger, denken wir nur an Videokonferenzen.« Zweitens hat die Politik das Thema entdeckt. Unter Stichworten wie Industrie 4.0 oder Digitalisierung werden derzeit regelmäßig sogenannte Weißbücher oder Grünbücher dazu veröffentlicht. »Aus Unternehmenssicht führt aber vor allem die Verknappung von Talenten in den westlichen Industrienationen, also der Fachkräftemangel, zu einer stärkeren Adressierung des Themas Arbeitszeitflexibilisierung.«

Damit diese neue Arbeitswelt funktioniert, müssen drei Bereiche zusammenkommen, die in vielen Unternehmen derzeit noch in Silos behandelt werden: Bürogestaltung und Architektur, Technologie und IT sowie die Kultur – also die Frage, wie wir unter diesen neuen Bedingungen und mit diesen neuen Werkzeugen arbeiten wollen. Experten sprechen auch von Bricks, Bytes und Behaviour. »Die meisten Unternehmen tun sich vor allem mit dem dritten Punkt, der Kultur, schwer«, sagt Janina Kugel. Schicke neue Büros werden gerade überall gebaut oder neu eingerichtet. Die IT schafft moderne Tools und

Software an. Aber die Kultur bleibt oft schwierig: »Beim Thema Flexibilisierung – auch Brüchen im Lebenslauf – gibt es gerade in Kontinentaleuropa noch große Skepsis, allen voran Deutschland. Der sprichwörtliche deutsche Ordnungssinn ist kulturell sicher manchmal ein Hindernis. In den Niederlanden oder Skandinavien spielt vor allem das Thema des Einklangs von Beruf und Familie schon lange eine viel größere Rolle.« Um die Kultur zu verändern, ist es als Unternehmen auf der einen Seite wichtig, Angebote wie beispielsweise zur Kinderbetreuung oder für Sabbaticals zu machen, damit die Menschen Flexibilität auch tatsächlich leben können. Auf der anderen Seite muss man auch die Art der Zusammenarbeit im Unternehmen ändern, etwa durch ein neues Führungsverständnis, das die Kompetenzen in den Vordergrund stellt und sich weniger auf Hierarchien beruft.

Sie selbst habe nach der Geburt ihrer Kinder angefangen, deutlich flexibler zu arbeiten. »Damals war es noch nicht so üblich, frei zu entscheiden, wann und wo man arbeiten möchte. Ich habe das Thema damals in einem engeren Kreis von Kollegen besprochen und mir diese Flexibilität einfach genommen, ohne es jedoch als großartige Forderung in den Raum zu stellen.« Heute hingegen werde die Flexibilität von einer ganzen Generation eingefordert – sicher auch bedingt durch die Start-up-Kultur und die Einflüsse aus dem Silicon Valley. »Inzwischen ist es bei Siemens in vielen Bereichen ganz selbstverständlich, dass Mitarbeiter auch von zu Hause arbeiten. Die stärkere internationale Zusammenarbeit, etwa mit den zahlreichen Kollegen aus den USA oder in Asien, hat Mitarbeitern über alle Altersgrenzen gezeigt, dass dezentrale Teams und die Tätigkeit vom Homeoffice aus gut funktionieren können.« Schon deshalb, weil Siemens an vielen Stellen selbst wie ein Start-up agieren möchte. So hat das Unternehmen Mittel bereitgestellt, mit denen Mitarbeiter innovative Ideen in internen Start-ups realisieren können. Die eigenständige Einheit »next 47« soll disruptive Ideen fördern und neue Technologien schneller vorantreiben.

»Heute sind Flexibilität und Selbstbestimmung das Credo der Generationen Y und Z«, sagt Janina Kugel, »und die Unternehmen reagieren darauf. Die Tendenz geht dahin, den Mitarbeitern einen höheren Freiheitsgrad zu ermöglichen, sodass man seine Arbeit erledigen kann, wann und wo man will – immer natürlich im Rahmen der jeweiligen lokalen Gesetzgebung.« Es gehe darum, die unterschiedlichen Aspekte des Lebens in Einklang zu bringen und selbstbestimmt managen zu können. »Dinge, die wir außerhalb des Beruflichen machen, sind ja bei jedem anders gelagert – der eine hat Familie, der andere seinen Sport, wieder andere pflegebedürftige Angehörige. Wir bei Siemens haben uns von der Definition verabschiedet, dass Arbeiten nur in der Präsenz stattfinden und nur im Büro erbracht werden kann. Diese Entwicklung lässt sich auch bei anderen Unternehmen beobachten.«

Im Nebenzimmer ruft die kleine Tochter, sie hat noch Durst. Meine Freundin ist im Stockwerk darunter, räumt die Spülmaschine ein und ermahnt die Große, jetzt doch endlich mal einzuschlafen. Ich versuche, das übliche abendliche Elternchaos ausnahmsweise zu ignorieren und mich auf die nächste Frage zu konzentrieren. Einfach ist das nicht. Der Laptop steht ziemlich wackelig auf dem Nachttisch, meine Stimme klingt gepresst, weil ich so tief auf der Bettkante hocke. Ich höre, wie meine Freundin die Treppe hochkommt, um der Kleinen Wasser zu bringen. Puh, noch mal gut gegangen. Ich frage Janina Kugel, ob das denn eigentlich eine gute Entwicklung ist, dass die Menschen jetzt quasi immer arbeiten können, aber eben oft auch müssen.

Die zunehmende Verdichtung von Arbeit sei auf jeden Fall zu beobachten, findet sie. »Als es noch keine E-Mail und Mobiltelefone gab, war die Arbeit einfach nicht so stressig. Auf Reisen hat man zum Beispiel etwas zu lesen mitgenommen und konnte Akten bearbeiten, aber das war es dann auch. Solche Ruhephasen finde ich sehr wichtig und angenehm, und die gab es natürlich früher deutlich mehr. Heute hat man ja sogar im Flugzeug WLAN und kann einen 10-Stunden-Flug lang durcharbeiten.« Der richtige Umgang mit digitalen Technologien und modernen Kommunikationsmitteln sei aber nicht allein auf die Berufswelt beschränkt. »Der Drang zur ständigen Erreichbarkeit ist auch im Privatleben zu beobachten. Wir tun alle gut daran, das Smartphone auch einmal ruhen zu lassen.« Das ist mir jetzt zu allgemein, damit kann ich sie nicht vom Haken lassen. Ob ich abends noch privat kommuniziere, kann ich mir ja aussuchen, dienstlich eben nicht. Stimmt schon, sagt sie da, durch die Globalisierung hat die Komplexität natürlich nochmals zugenommen. »Man kann die Menschen ja nicht 24 Stunden am Tag arbeiten lassen, nur weil ihre Kollegen in anderen Zeitzonen sitzen. Da muss man dann auch mal sagen: Wer von Deutschland aus viel mit Asien zu tun hat und dadurch seinen Tag früh beginnt, der beendet den natürlich auch früher. Wer hingegen viel mit der amerikanischen Westküste arbeitet, wird regelmäßig abends Telkos haben und Mails beantworten. Allein das erfordert ein komplettes Umdenken.«

Eine Forderung, die sie und andere Personalvorstände großer Unternehmen in diesem Zusammenhang immer wieder an das Bundesarbeitsministerium (BMAS) richten, ist, das alte Arbeitszeitgesetz zu überdenken, das elf Stunden Ruhezeit vorschreibt. »Dieses Gesetz ist sicher sinnvoll bei Schichtarbeitern. Aber für manche ist das nicht zeitgemäß. Wer abends um 23 Uhr seinen Rechner zumacht, dürfte demnach ja nicht vor

10 Uhr morgens wieder arbeiten. Aber wer die Kinder um acht für die Schule fertiggemacht hat, will ja nicht zwei Stunden totschlagen, bevor er wieder ins Büro darf. Das ist nicht realistisch und hilft auch keinem. Aber auch hier kommt erste Bewegung rein.« Tatsächlich will Arbeitsministerin Andrea Nahles wohl in einer Probephase Arbeitgebern und Gewerkschaften mehr Flexibilität gestatten, als es das Arbeitszeitgesetz vorsieht. »Es muss nicht immer der Acht-Stunden-Tag sein, aber als Norm bleibt er wichtig«, sagt die Ministerin. Über die Arbeitszeit solle in Betrieben verhandelt werden. »Wenn Unternehmen Flexibilität einfordern, müssen sie diese auch möglich machen. Wir müssen weg von der reinen Anwesenheitskultur, hin zu mehr Homeoffice und anderen flexiblen Möglichkeiten kommen.« Bei klaren Grenzen für die maximale Länge der Arbeitszeit und Ruhezeiten müsse es aber trotzdem bleiben, so die Ministerin.

Gewerkschaften sehen hingegen beim Thema Arbeitszeiten keinen Reformbedarf, weil Angestellte schon jetzt per Betriebsvereinbarung oder Tarifvertrag flexibel einsetzbar sind. »Eine Aufweichung des Arbeitszeitgesetzes wäre fatal und unnötig«, so die Vorsitzende der Gewerkschaft Nahrung, Genuss, Gaststätten, Michaela Rosenberger, in der *Neuen Osnabrücker Zeitung*. Bereits jetzt seien viele Beschäftigte zu stark belastet. »Übermäßiger Zeitdruck, ständige Überstunden, Nichteinhalten von Pausen. Das alles gibt es schon heute, und das macht die Menschen krank.« DGB-Vorstandsmitglied Annelie Buntenbach fordert darüber hinaus »ein Recht auf Logoff«, also einen Anspruch darauf, sich in der Freizeit von der Arbeit ausklinken zu können.

Angesichts der zurückgehenden Tarifbindung und der Vielzahl von Beschäftigten, die von solchen Gestaltungsansätzen nicht erfasst werden, etwa weil sie in Kleinbetrieben tätig sind, stellt das von Nahles in Auftrag gegebene *Weißbuch Arbeiten 4.0* die Frage, inwieweit individuelle Ansprüche gesetzlich gestärkt werden sollten. Ein recht weitgehender Ansatz hierfür wäre das sogenannte Wahlarbeitszeitgesetz, das allen Beschäftigten – auch denen in Betrieben ohne Mitbestimmung – garantierte Arbeitszeitoptionen verschaffen soll. Kernelement des Konzepts ist der individuelle Anspruch aller Beschäftigten auf Änderung der jeweiligen vertraglichen Arbeitszeit, und zwar in Bezug auf Dauer und Lage, aber auch auf den Arbeitsort.

Bis das besagte Wahlarbeitszeitgesetz solche Dinge regeln könnte, dürfte aber noch einige Zeit vergehen. »Wird es im Sinne der vom BMAS selbst so genannten ›lernenden Politik‹ befristet, dürften Jahre vergehen, bis es zu verlässlichen gesetzlichen Regeln kommt, die Planungssicherheit geben«, schreibt der Arbeitsrechtler Axel Klasen im Fachmagazin *Human Resources Manager*.

Zurück beim Interview im Schlafzimmer denke ich: So, jetzt ist der Boden der Theorie bereitet. Jetzt muss ich einfach mal nach dem Persönlichen fragen. Ist doch ein Zeichen der Zeit, sage ich, dass wir beide hier um Viertel vor zehn zu Hause sitzen und noch arbeiten, oder? Das wäre doch vor zehn Jahren nicht so normal gewesen, da hätten wir uns zu normalen Bürozeiten verabredet. Da muss Janina Kugel erst mal lachen, überhaupt scheint sie ein fröhlicher, entspannter Mensch zu sein. Ich hätte doch der Uhrzeit für das Gespräch hoffentlich vorher zugestimmt, hält sie mir entgegen. Na ja, denke ich, wenn ich nicht zugestimmt hätte, wäre das Gespräch nicht zustande gekommen. Sie hat ja ausschließlich Termine um 21.30 Uhr angeboten. Das zu sagen traue ich mich dann aber doch nicht. Versuche stattdessen, Empathie herzustellen, erzähle, dass ich ja gerade die Kinder ins Bett gebracht habe, mir die Uhrzeit also eigentlich sehr gut passt. Hoffe, dass sie jetzt auch ein bisschen etwas von sich erzählt. Das klappt.

»Für mich ist es normal, zum Beispiel wie jetzt bei diesem Interview, abends um halb zehn noch zu arbeiten«, sagt sie, »weil ich in den früheren Abendstunden Zeit für meine Familie haben und die Kinder ins Bett bringen möchte. Wenn die Kleinen dann schlafen und ich ungestört bin, kann ich meinen Laptop wieder aufklappen. Ich genieße es, mir meine Zeit oft einteilen zu können, und habe mich an so einen Rhythmus jetzt gewöhnt.« Es gebe zwar eine große Gruppe von Arbeitnehmern in Deutschland, die so flexibel noch nicht arbeiten – entweder weil ihre Tätigkeit das nicht hergibt oder weil diese neue Kultur noch nicht in ihren Unternehmen angekommen ist. »Was die Gesamtbevölkerung angeht, sind Menschen, die wie ich stark flexibel arbeiten, noch eher die Ausnahme. Wenn man aber Wissensarbeiter anschaut, also Ingenieure, Akademiker, Journalisten, die klassischen White-Collar-Berufe, dann steigt die Zahl derer, die das betrifft, permanent an, vor allem im internationalen Kontext. Wenn ich am Abend mit Kollegen arbeite, dann sitzen die entweder in den USA oder Brasilien, sind also in ihrer jeweiligen Zeitzone noch mitten im Arbeitstag. Oder sie haben eine ähnliche private Situation wie ich, also Kinder, für die sie abends da sein wollen, um danach noch mal in Ruhe zu arbeiten.«

Aber, denke ich, ist nicht diese Ungleichzeitigkeit der Entwicklung genau das Problem: Wenn die Leistungsträger, die Vorgesetzten und die Jungen so arbeiten – wird dann nicht jeder, der sich verweigert, automatisch als Gestriger abgestempelt oder als Faulenzer? Janina Kugel sagt, dass man niemandem Flexibilität aufzwingen dürfe. Sie findet auch, dass sich natürlich die Frage nach der Dauererreichbarkeit stelle, nach dem gefühlten Druck, immer ansprechbar sein zu müssen. »Dazu sage ich immer: Das Handy oder der Laptop haben ja auch einen Knopf, an dem man sie ausschalten kann. Ich würde niemals mit jemandem am späten Abend versuchen in Kontakt zu treten, von dem ich nicht sicher weiß, dass er oder sie wie ich selbst ansprechbar ist.« Ich denke: also wie bei mir. Diese Sichtweise blendet aber doch das kommunikative Machtgefälle aus. Ich will etwas von ihr, also kann sie die Bedingungen der Kommunikation vorgeben. Das Gleiche gilt bei Kunden, die immer anrufen dürfen. Bei Kollegen, die Hilfe brauchen oder vor einer dringenden Deadline sitzen. Für Vorgesetzte, die abends oder am Wochenende schnell noch eine Frage haben. In der Summe, so meine Erfahrung, führt das dazu, dass sich irgendwer immer meldet – der eine früh am Morgen, die andere spätabends, der Dritte am Sonntag. »Meine Mitarbeiter wissen auch, dass sie auf eine E-Mail, die sie von mir abends bekommen, nicht am selben Abend antworten müssen. Ob so eine Mail abends oder am nächsten Morgen beantwortet wird, ist doch vollkommen irrelevant.«

Klingt nach einer guten, einfachen Regel, die wir in unserer Firma übrigens auch praktizieren. Brauchen wir also mehr solcher Vorschriften, Regulierungen oder – wie Personaler das gern nennen: Policys? »Ja, es muss Regeln geben«, sagt sie. »Ich halte aber nichts davon – wie einige andere Unternehmen das tun –, den E-Mail-Server abends auszuschalten oder im Urlaub eingegangene Mails einfach zu löschen.« Da bezieht sie sich auf Volkswagen und Daimler, bei denen es jeweils diese Praxis gibt. Meine Erfahrung: Volkswagen-Mitarbeiter, die ich kenne, wechseln abends einfach auf den privaten E-Mail-Account, wenn der dienstliche nicht mehr geht. Bei Daimler habe ich mal ein Führungskräfte-Seminar gehalten und gefragt, was die anwesenden Manager – jung und alt gemischt – davon halten, dass Nachrichten, die sie im Urlaub bekommen, automatisch in den Papierkorb des E-Mail-Programms verschoben werden. Die Meinung war geteilt, einige fühlten sich dadurch entspannter, die anderen im Gegenteil gestresster. Einig waren sich alle, dass es gut ist, das Thema zu vieler E-Mails überhaupt anzusprechen. Sie waren sich aber auch einig darin, dass mehr von oben verordnete Regeln und Vorschriften gerade im Großkonzern nicht die Lösung des Dilemmas ständiger Kommunikation sein können: Wir haben auch jetzt schon viel zu viele Regeln, so der Tenor.

Janina Kugel kennt sich mit Konzernen aus, sie arbeitet ja selbst in einem. Darum sieht sie das genauso wie die Kollegen bei Daimler: Bitte nicht noch mehr Vorschriften. Sie setzt stattdessen auf einen »vertrauensvollen Dialog«, der zu einem »guten Klima« führe. Klingt ein bisschen Wischiwaschi, finde ich. Was ist denn, wenn ein Mitarbeiter sich schlicht nicht traut, dem Vorgesetzten »vertrauensvoll« zu sagen, er solle ihn verdammt noch mal nach Feierabend in Ruhe lassen? »Zugegeben«, sagt Janina Kugel, nicht jeder Mitarbeiter wird die Offenheit haben, den Dialog so zu suchen, wie es nötig wäre, um sich abzugrenzen. Komme dieser Dialog zwischen Mitarbeitern und Führungskraft nicht zustande, dann müsse die Personalabteilung eingreifen und brauche Instrumente, um diesen Konflikt zu moderieren. »Aber wenn das Thema vernünftig diskutiert wird, kommt es aus meiner Sicht auch nicht zu Stresserscheinungen. Stress bei Mitarbeitern entsteht, wenn es eine gefühlte, nicht ausgesprochene Erwartungshaltung gibt, die beim Vorgesetzten so vielleicht gar nicht existiert.« Je flexibler die Organisation werde, desto wichtiger sei es, sich innerhalb der Teams auf praktikable Formen der Zusammenarbeit zu verständigen.

Ich glaube, sie hat recht, frage mich aber trotzdem, wie das praktisch aussehen kann. Zum Beispiel die gerade angesprochene Regelung, dass der Chef am Wochenende mailen darf, der Mitarbeiter aber nicht antworten muss. Ja, wir praktizieren das in unserer Firma auch so. Oder jedenfalls: Ich sehe das so, und ich habe das auch schon mehreren Kollegen erzählt. Aber reicht das? Weiß wirklich jeder von dieser Regel? Was ist mit neuen Mitarbeitern? Müsste man das nicht doch mal formalisieren, explizit machen, sprich: aufschreiben? Welche bewährten Praktiken müssten dann noch dazu? Und: Ist das nicht doch schon wieder eine Regel, die ich von oben festgelegt habe, statt sie aus dem Team heraus entscheiden zu lassen? Müsste nicht am Anfang ein Prozess stehen, in dem die Mitarbeiter untereinander diskutieren, wie sie eigentlich arbeiten wollen? Und, da kommt dann doch wieder der Unternehmer in mir hoch: Wie viel Arbeitszeit frisst das dann auf, werden die sich überhaupt einigen? Und wiederum: Muss man es dann aufschreiben oder muss man es alle paar Monate wieder neu diskutieren, weil sich Technologien verändert haben oder weil wieder neue Kollegen im Team sind, die ja auch mitsprechen dürfen?

Puh. Ein endloses Möbiusband an Argumenten und Fragen. Vielleicht muss doch einfach der Chef entscheiden, und gut ist? Ist das Ganze vielleicht doch ein Thema der richtigen Führung? Da widerspricht Janina Kugel vehement: Das wäre nur dann so, wenn man definiert, dass die Führungskraft allein das Klima in einem Team bestimmt – da ist sie allerdings skeptisch. »Ich vertrete ja das horizontale Führen. Das heißt: Bestimmte Themen, die in einem Team laufen, kann ich als Vorgesetzte vielleicht anregen. Wenn das Team aber eine andere Meinung dazu hat, dann wird es sich damit auch durchsetzen, und dann ist es völlig irrelevant, ob ich formal der Chef bin oder nicht.« Ja, sagt sie, es brauche neue Policys, also Leitlinien, die eben zum Beispiel festlegen, dass die Führungskraft nicht erwarten darf, dass Mitarbeiter nach Feierabend oder am Wochenende Nachrichten beantworten. »Wir können aber nicht alles mit Vorschriften von oben regeln, weil letztlich jedes Team für sich herausfinden muss, was für seine Mitglieder funktioniert. Ich bin überzeugt davon, dass das Ganze nur funktionieren kann, wenn die Kultur so geprägt wird, dass die Mitarbeiter und Teammitglieder definieren, wie sie zusammenarbeiten wollen. Sonst ist es wieder so, dass einer oder eine von oben vorgibt, wie es sein soll, und alle müssen mitmachen. Damit wäre ja die Frage der Flexibilität und der Selbstbestimmung wieder obsolet.«

Ich finde das plausibel: Statt jahrelang auf neue Gesetze zu warten, die – angesichts der immer schnelleren technologischen Entwicklung – im Moment des Inkrafttretens immer schon veraltet wären und die zudem ein patriarchalisch geprägtes Menschenbild voraussetzen, in dem der Einzelne selbst in seiner Zeitgestaltung noch vom Staat geschützt werden muss, sollte die Debatte darüber, wie wir in der digitalen neuen Arbeitswelt miteinander umgehen wollen, überall stattfinden. In Teams und Vorstandsbüros. In Unternehmen und Familien. Schon deshalb, weil Menschen – auch Arbeitnehmer, nicht nur Chefs – immer Möglichkeiten finden werden, unliebsame Vorschriften zu umgehen. Jene Regeln hingegen, die sich die Menschen selbst geben, werden immer auch die höchste Akzeptanz erfahren. Nein, nicht all diese Verabredungen werden funktionieren. Und von den praktikablen werden nicht alle durchsetzbar sein. Aber am Ende werden Best Practices geteilt werden und zu jenen neuen, sozial akzeptierten Kulturtechniken werden, die wir jetzt brauchen. Dringender als Gesetze und Verordnungen.

Übrigens, sagt Janina Kugel dann noch, gebe es ja trotz all dieser neuen Flexibilität viele Mitarbeiter, die lieber ins Büro kämen, als zu Hause zu arbeiten, und die lieber geregelte als flexible Arbeitszeiten hätten. »Schon weil sie es dann einfacher haben, Grenzen zu ziehen. Sie können dann gegenüber ihren Kollegen und der Familie sagen: Hier arbeite ich, und hier arbeite ich auch nicht mehr. Selbstbestimmung bedeutet ja eben nicht, dass ich als Arbeitgeber den Menschen vorschreibe, flexibel zu arbeiten, oder ihnen verbiete, ins Büro zu kommen.« Sie selbst beobachtet in ihrem monatlichen Leadership-Meeting, dass die meisten versuchen, physisch dabei zu sein, obwohl sie sich auch telefonisch oder per Video einwählen könnten. »Die soziale Konversation, die sich rund um solche persönlichen Treffen ergibt, ist nach wie vor extrem wertvoll.« Mag sein, denke ich, aber ist das nicht auch eine Generationenfrage? Sehen die viel beschworenen Generationen Y und Z das vielleicht anders? Da erzählt Janina Kugel erst mal die Anekdote, als sie einmal eine neue Technologie testen sollte, um Vorstellungsgespräche nur noch per Video zu führen. Sie mochte das nicht, es fehlte ihr die Intuition des persönlichen Gesprächs. Eine junge Kollegin aber meinte: Das liegt an deinem Alter. Mir würde der Video-Chat völlig ausreichen, um jemanden einzustellen.

Der Zugang und Umgang mit Technologien seien also auch eine Frage der Sozialisation und des Alters, sagt sie. »Mir persönlich ist manchmal eine Nachricht per SMS oder Messenger App deutlich lieber als ein Telefonanruf. Da liege ich auch immer mit meiner Mutter im Clinch, die mich tagsüber ganz schlecht telefonisch erreichen kann. Ich sag dann immer: Mama, wenn du irgendetwas von mir brauchst, schreib mir lieber eine SMS oder WhatsApp-Nachricht, dann kann ich das schnell beantworten. Das macht die Kommunikation deutlich effektiver und auch schneller. Findet meine Mutter natürlich gar nicht.« Janina Kugel glaubt, dass Technologie nicht nur Teil des Problems ist, sondern auch Teil der Lösung sein muss. »Die Frage ist angesichts der Geschwindigkeit, in der Technologie sich weiterentwickelt, allerdings schon: Wie schnell werden wir Menschen uns mitentwickeln können? Und bleibt dabei dann doch irgendwann Zwischenmenschliches auf der Strecke oder nicht?«

Zum Schluss traue ich mich dann doch noch zu fragen, ob sie denn morgen früh etwas später anfängt, wenn sie heute so lange gemacht hat. Sie lacht wieder, diesmal klingt es aber, als sei ihr das Thema unangenehm. In ihrer Position, sagt sie, mache man abends immer spät und fange morgens trotzdem pünktlich an. Das sei ja für andere nicht so. Manchmal, entfährt es ihr dann aber doch, erlaubt sie sich, morgens Sport zu machen, bevor sie ins Büro geht. Es klingt wie eine Mischung aus Geständnis und Trotz.

Das Gespräch ist vorbei, ich räume die Technik wieder aus dem Schlafzimmer, strecke mich erst mal, weil ich über eine halbe Stunde lang auf der Bettkante gehockt habe. Ich gehe durch die Wohnung, stecke den Laptop für morgen in die Arbeitstasche. Die Kinder schlafen. Die Küche ist aufgeräumt. Meine Freundin schaut demonstrativ konzentriert fern und sieht nicht aus, als hätte sie jetzt noch Lust auf ein Gespräch mit mir. Ich merke plötzlich, dass ich Hunger habe – klar, habe ja noch gar nicht zu Abend gegessen. Ich gehe an den Kühlschrank, mache mir ein Brot. Esse im Stehen in der Küche. Es ist 22.48 Uhr.

Strategien für Arbeitgeber

- Darauf achten, dass man Mitarbeiter, die man von Schreibtischzwang und Anwesenheitspflicht befreit hat, nicht im Gegenzug an die digitale Kette legt.

- Unterschiedliche Bedürfnisse und Lebensrhythmen respektieren: Manche arbeiten gern nachts, andere wollen einen pünktlichen Feierabend. Beide müssen das dürfen. Die Kommunikation zwischen ihnen und der Workflow im Team müssen trotzdem sichergestellt sein. Eine Herausforderung.

- Abmachungen besser bottom-up entstehen lassen, als sie top-down zu verordnen. Teams selbst entscheiden lassen, wie sie zusammenarbeiten wollen. Dabei aber durchaus unternehmensweite Eckpfeiler einziehen, wie mit den neuen digitalen Tools umgegangen werden soll.

- Führungskräfte müssen Vorbild sein: in Sachen Flexibilität, Transparenz und Erreichbarkeit. Aber eben auch darin, Grenzen zu ziehen, mal nicht erreichbar zu sein, andere Prioritäten als die Firma zu haben und offen darüber zu sprechen. Wenn die Arbeit für den Chef erkennbar nicht alles ist, nimmt das Druck von den Mitarbeitern.

- Implizite Erwartungshaltungen explizit machen. Was geht noch, was nicht mehr? Woran erkennt der Mitarbeiter, was im Unternehmen Common Sense ist? Kulturtechniken testen. Die erfolgreichen mit anderen Teams im Unternehmen teilen. So werden sich Best Practices zunehmend überallhin verbreiten und durchsetzen. Das funktioniert besser und schneller, als auf gesetzliche Regelungen zu warten.

Zusammenarbeit
neu denken

⬤ Adam Khan ist beim Kosmetikgiganten L'Oréal für digitale Transformation und Partnerschaften zuständig. Er hat außerdem ein Buch über Twitterstrategien veröffentlicht, investiert in Start-ups, berät CEOs und Gründer. Der New Yorker ist also sehr beschäftigt, muss mit sehr vielen verschiedenen Menschen und Institutionen Kontakt halten. Und er ist Kommunikationsexperte, arbeitete früher bei der bekannten Werbeagentur AKQA. Konsequenterweise veröffentlichte Khan auf Twitter eine kleine Liste der bevorzugten Arten, mit ihm in Kontakt zu treten:

1. Textnachricht (also SMS oder Chat)
2. Twitter-Direktnachricht
3. E-Mail
4. Telefon
5. Klettern Sie durch mein Fenster.

Daran sind zwei Dinge interessant – erstens: Der Punkt »Kommen Sie in meinem Büro vorbei und sprechen Sie mich an«, steht gar nicht auf der Liste. Zweitens: Telefonieren liegt abgeschlagen auf Platz vier, hinter drei anderen, neueren Kommunikationsformen. Bevor Sie sich über so viel neumodische Technikbegeisterung ärgern, schauen Sie genau hin. Den ersten drei Punkten ist nicht nur gemeinsam, dass sie für Technologien stehen, die nach dem Telefon erfunden wurden. Viel wichtiger ist, dass sie alle sogenannte asynchrone Kommunikationsformen darstellen. Also eine Möglichkeit, sich mit einem anderen Menschen zeitnah auszutauschen, aber eben nicht in Echtzeit.

Telefonieren oder den anderen persönlich treffen hingegen sind synchrone Kommunikationsformen, sie finden gleichzeitig statt, nicht zeitversetzt. Warum ist das wichtig? Weil synchrone Kommunikation per Definition unterbrechend ist. Wenn mein Telefon klingelt, muss ich aufhören zu tun, was ich gerade tue, und mit dem anderen sprechen. Wenn jemand in mein Büro kommt und etwas mit mir besprechen möchte oder mich zu einem Meeting bittet, ebenso.

Nun besteht der Arbeitstag des modernen Wissensarbeiters aber sowieso schon aus zu vielen Unterbrechungen. Im Schnitt können wir uns nur acht Minuten auf eine Aufgabe konzentrieren, bevor ein Kollege, ein Anruf oder ein Meeting uns herausreißen. Psychologen sagen aber, dass acht Minuten zu kurz sind, um konzentriert, produktiv oder gar kreativ zu arbeiten. Der berühmte Flow, also jener Zustand, in dem ich sehr konzentriert eine Tätigkeit ausübe, die schwer ist, die ich aber beherrsche – übrigens eine der wenigen nachgewiesenen menschlichen Glücksquellen –, kann so gar nicht erst entstehen.

Immer mehr Menschen finden darum asynchrone Kommunikationsformen besser, zumindest bei der Arbeit. Es ist wiederum ein Trend, der bei Programmierern begonnen hat, die lange Zeit am Stück konzentriert arbeiten müssen. Sie lehnen Telefonieren zunehmend als altmodisch ab und möchten stattdessen so angesprochen werden, dass sie auch etwas später antworten können – also zum Beispiel per E-Mail oder Chat.

Listen wie jene von Khan sind also mehr als eine eitle Spielerei – sie sind notwendige Voraussetzung gelingender Kommunikation im digitalen Zeitalter. Zu Ende gedacht, ist das Kaskadieren verschiedener Kommunikationskanäle je nach

Dringlichkeit der Anfrage völlig plausibel. Bei mir sähe das so aus – und ich sage das meinen Kollegen auch: nicht zeitkritische Anfragen, die bis zu einem Tag warten können, bitte per E-Mail. Dringende Themen, die eine Antwort innerhalb von maximal einer Stunde benötigen, bitte per SMS, WhatsApp, Facebook Messenger oder Twitter DM – je nachdem, welchen Kanal die Person bevorzugt, ich nutze alle vier. Nur wenn es wirklich brennt oder das Thema ein persönliches, politisches oder kritisches ist, sollte man mich anrufen. Und dann bitte mobil.

Natürlich ist das ein frommer Wunsch. Die Realität sieht auch bei mir anders aus. Bin ich im Büro, schaut alle paar Minuten ein Kollege durch die Tür, hat eine Frage oder Bitte. Und natürlich rufen mich bestimmte Menschen zu jedem Thema an – egal, ob es zeitkritisch ist, und ohne zu fragen, ob sie mich vielleicht gerade stören. Das Ganze ist durchaus eine Grundsatzdiskussion mit zwei verschiedenen Lagern. Gerade von Führungskräften höre ich oft ein Argument, das meinem Standpunkt genau entgegengesetzt ist: Statt viele E-Mails zu schreiben, solle man doch einfach mal zum Telefonhörer greifen. Probleme, die durch endloses digitales Hin und Her nur komplizierter werden – so dieser Standpunkt –, lassen sich durch einen persönlichen Kontakt meist aus der Welt schaffen.

Da ist etwas dran. Nur – an dem oben Gesagten eben auch. Noch mal: Die vermeintlich schnellere und klarere Echtzeitkommunikation ist immer unterbrechend, wird immer eine Seite aus der Arbeit herausreißen, weil die andere Seite mal flott etwas klären möchte. Und das macht Echtzeitkommunikation entweder egoistisch, weil ein Kollege zu wenig Respekt vor der Zeit der anderen hat. Oder, und das ist noch häufiger: zu einer Machtfrage. Denn die Chefin wird immer ein Interesse daran haben, dass andere sich mit einem Thema genau dann beschäftigen, wenn sie es geklärt haben will. Egal, ob es den anderen gerade passt. Und natürlich wird sie daraus den Eindruck ableiten, dass diese Art der Kommunikation doch irrsinnig effizient ist. Weil es für sie effizient ist. Die organisatorischen und emotionalen Kosten, die sie damit den anderen aufbürdet, sieht sie nicht.

Und dann sind da ja noch jene Vorlieben, die im modernen Arbeitsalltag mindestens aus der Mode gekommen, wenn nicht sogar tabu sind. Allein sein, mal nicht kollaborieren, Stille wirken lassen ... das klingt ja schon nach New-Age-Metaphorik, nach Räucherstäbchen und Batiktüchern. Wer in einem Start-up oder einem Großkonzern sagt: Ich würde gern eine Stunde am Tag komplett ungestört sein und nur nachdenken, wer sich einen Terminblocker »Spazierengehen« einträgt oder wer schlicht im modernen Büro auf einer Tür besteht, die er hinter sich zumachen kann, erntet mindestens skeptische Blicke. Ein Teamplayer ist so jemand sicher nicht, vermutlich sogar etwas wunderlich.

Und trotzdem müssen wir genau diese scheinbar altmodischen Tugenden nicht nur reaktivieren und für uns individuell wieder trainieren. Wir müssen zudem unser Bedürfnis, sie zu praktizieren, offensiv verteidigen – und wir müssen auf unternehmensorganisatorischer Ebene eine Sprache entwickeln, die es erlaubt, über diese Themen zu reden. Sowie Strukturen, Abläufe und Werkzeuge einführen, die das dann auch operationalisieren. Ein Beispiel sind die »Manager Schedules« und die »Maker Schedules«, über die wir im ersten Teil des Buches gelesen haben. Weil wir in unserem Arbeitsalltag inzwischen alle einen Kalender wie ein Manager haben – lauter kurze Zeiteinheiten, Meetings, Telkos –, fehlen uns Zeiten ungestörter Konzentration: Blöcke von halben oder ganzen Tagen, die frei von Unterbrechungen sind und an denen wir uns auf unsere Arbeit konzentrieren können. Diese Erkenntnis gilt es, in Unternehmen und Teams zu diskutieren. Und dann konkrete Änderungen einzuführen: Mitarbeitern erlauben, längere Zeiteinheiten im Kalender zu blocken. Weniger Meetings anberaumen, diese dann auf wenige Tage in der Woche beschränken. Mehr asynchron kommunizieren.

The Economist weist auf die Langzeitkosten einer Arbeitsweise der permanenten Ablenkung hin. In Unternehmen gibt es eine Schnittmenge von lediglich 50 Prozent zwischen jenen Mitarbeitern, die am meisten kollaborieren, und den Top-Performern unter den Leistungsträgern. Anders gesagt: Etwa 20 Prozent der Stars in einem Unternehmen arbeiten lieber in Ruhe für sich. »Organisationen müssen lernen anzuerkennen, dass die Menge an Zeit, die Mitarbeitern zur Verfügung steht, endlich ist«, so der *Economist*: »Jede Anfrage, an einem Meeting teilzunehmen oder sich an einer Online-Diskussion zu beteiligen, lässt dem Einzelnen weniger Zeit für fokussiertes Arbeiten.« Viele kleine Anfragen nach der Zeit eines Mitarbeiters (»Kannst du mal schnell hier draufschauen?«, »Kommst du auch kurz dazu?« »Poste doch auch mal was in der Gruppe, dauert ja nur fünf Minuten«) summieren sich am Ende zu einer großen und ständigen Ablenkung. »Den Menschen zu helfen, mehr zu kollaborieren, ist großartig«, so der *Economist* mit trockenem britischem Humor: »Ihnen Zeit zum Denken zu geben ist noch besser.«

Wie das praktisch aussehen kann, beschreibt die *Harvard Business Review*, die verschiedene Studien und Best Practices zu diesem Thema ausgewertet hat. Ihre Tipps (vor allem für Vorgesetzte):

1. Verhaltensänderungen befördern: Zeigen Sie jenen Kollegen, die am aktivsten kollaborieren und dabei am stärksten überfordert sind, wie sie Anfragen filtern und priorisieren können. Geben Sie ihnen die Erlaubnis, Nein zu sagen oder

nur die Hälfte der angefragten Zeit zur Verfügung zu stellen (Meetings per Grundeinstellung nicht auf eine Stunde, sondern auf 30 Minuten anzulegen hat mir ja übrigens sehr geholfen, meinen Kalender zu leeren). Ermutigen Sie sie, die Anfrage an jemand anderen weiterzuleiten, wenn sie nicht die Einzigen sind, die hier unterstützen können. Führen Sie Kommunikationssoftware ein, die einen Pause- oder Ruhemodus anbietet. Erlauben Sie ausdrücklich, diesen auch zu nutzen, um Kollegen zu signalisieren, wann man ungestört sein will.

2. Zeitfresser eliminieren: Auch die andere Seite muss aber mitspielen, also diejenigen, die um Unterstützung bitten oder spontane Kollaboration einfordern. So ist es immer sinnvoll, die Regeln grundsätzlich neu zu definieren, wann und wie Anfragen per E-Mail gesendet werden dürfen sowie wann und wie Meetings einberufen werden können. Das amerikanische Technologieunternehmen Dropbox beispielsweise stoppte zwei Wochen lang alle regelmäßigen Meetings (die berüchtigten Jour Fixes, die unsere Kalender zumüllen). Während dieser Zeit mussten die Mitarbeiter bewerten, ob das Meeting überhaupt nötig war, ob es ihnen fehlte. Nach der Zwangspause wurden sehr viel weniger regelmäßige Treffen als zuvor reaktiviert, und es wurde festgelegt, dass jedes Meeting eine Agenda haben muss und einen »Owner«, also eine verantwortliche Person, um ziellose Diskussionen zu vermeiden. Das Ergebnis, laut einer Untersuchung der Uni Stanford: Obwohl Dropbox in den folgenden zwei Jahren seine Mitarbeiterzahl verdreifachte, blieben die Meetings kürzer und produktiver.

3. Besser delegieren: Viele Vorgesetzte leiden darunter, dass sie ständig etwas anschauen, bewerten, freigeben müssen. Davon kann ich übrigens auch ein Lied singen. Hier empfeh-

len die Experten, Mitarbeiter zu ermutigen, selbstbewusster zu sein, bestimmte Entscheidungen einfach mal selbst zu fällen, anstatt ständig den Chef oder Kollegen um Rat zu fragen und sich doppelt oder dreifach abzusichern. Dabei können digitale Diskussionstools wie Slack übrigens durchaus helfen – wir erinnern uns an das Phänomen des »Unternehmensfernsehens«, von dem Ansgar Oberholz sprach. Indem permanent über relevante Themen gesprochen wird, ist sichergestellt, dass jeder betroffene Stakeholder, aber auch der Vorgesetzte zumindest grob informiert ist, wohin die Reise geht. Anstatt wochenlang Entscheidungsvorlagen zusammenzustellen, die beim nächsten Chefmeeting dann eh wieder von der Agenda rutschen, haben Mitarbeiter so eine hohe Sicherheit, das Richtige zu tun, und werden dadurch entscheidungsfreudiger. Und der Chef kann hinterher nicht sagen, er hätte von nichts gewusst.

4. Freiräume schaffen: Ein anderer Weg zum besseren Delegieren ist es, gerade Mitarbeitern der unteren Hierarchielevel mehr Entscheidungshoheit zu geben: Büro-Assistenten oder Support-Mitarbeiter sollten bis zu einer bestimmten Summe über Budgets entscheiden dürfen – am Ende wissen sie eh besser, was der Kaffee kosten darf oder ob der Reinigungsdienst zu teuer ist. Dasselbe gilt zum Beispiel für Spesen, Reisen, kleinere Anschaffungen fürs Büro. All diese Themen gab es natürlich auch früher schon in Unternehmen. Aber mit der modernen Kommunikationstechnologie entwickeln sie häufig ein spektakuläres Eigenleben. Wenn Sie wüssten, bei wie vielen E-Mails und Meetings ich zur Planung unserer letzten Weihnachtsfeier dabei war ... dabei wollte ich nur ein Budget vorgeben und mich raushalten.

5. Kollaborations-Puffer einführen: Viele amerikanische Krankenhäuser haben neuerdings pro Abteilung eine Person, die

für keinen Patienten zuständig ist, sondern nur auf spontane Entwicklungen reagieren kann. Das entlastet den Rest des Teams, und sie können sich auf ihre eigentliche Arbeit konzentrieren. Dasselbe Prinzip kann in Unternehmen funktionieren: Ein Teammitglied wird explizit dafür abgestellt, spontane Anfragen aufzunehmen und zu bearbeiten, die zusätzlich zum Tagesgeschäft reinkommen. So können sich viel beschäftigte Kollegen auf ihre Arbeit konzentrieren, statt ständig zusätzlich neue Bälle auffangen zu müssen.

6. Räumliche Nähe: Eine Studie der Boston University belegt, wie katastrophal Team-Meetings und E-Mail für eine produktive Zusammenarbeitskultur sein können. Stattdessen empfehlen die Forscher, Kollegen, die operativ viel miteinander zu tun haben, auch räumlich zusammenzusetzen. So können kleine Themen schnell und spontan abgestimmt werden, anstatt ständig Meetings einzuberufen oder lange E-Mails an alle zu schreiben. Dieser Rat widerspricht auf den ersten Blick jenem, mehr asynchrone Kommunikation einzuführen und mehr ungestörte Zeit. Tatsächlich sind die beiden Themen aber zwei Seiten derselben Medaille: Im Manager-Modus bin ich offen für kurze schnelle Absprachen, gern auch persönlich. Hier will ich kollaborieren, und das geht oft immer noch besser von Angesicht zu Angesicht. Hier mag ich es, wenn die Kollegen im selben Raum sind, ich mal schnell eine Frage quer über den Tisch stellen kann und andersherum. Im Maker-Modus hingegen will ich eben nicht gestört werden – hier braucht es asynchrone Kommunikation (Mails, Sprachnachrichten, Chats, die ich auch später beantworten kann). Wichtig: Die Modi müssen im Team gleichgeschaltet sein. Ist der eine im Maker-Modus, der andere aber im Manager-Modus, geht das natürlich schrecklich schief. Genau dies geschieht jeden Tag in deutschen Büros.

Und das Problem wird immer größer, weil es keine offene Diskussion über seine Ursachen und die – eigentlich einfache – Lösung gibt. ⬤⊃

Individuelle Strategien

- Im Team festlegen, welche Kommunikationskanäle mit welcher Priorität und zu welchem Zweck genutzt werden sollen: Welche Informationen wollen wir per E-Mail teilen, welche per Chat oder Kollaborationsplattform? Wer ist wie am besten erreichbar? Was stimmen wir digital ab, was persönlich? Wie oft und wann wollen wir uns gegenseitig durch Telefonate oder Meetings unterbrechen? Andere ermuntern, Nein zu sagen. Das auch selbst trainieren.

Strategien für Arbeitgeber

- Mit Kollegen absprechen, bei welchen Kommunikationen sie wen in Kopie nehmen sollen und bei welchen nicht. Glasklar machen, was der Vorgesetzte entscheiden oder auch nur sehen will und was das Team eigenverantwortlich tun kann. Dafür bei Bedarf klare (Budget-)Grenzen einziehen. Mitarbeitern erlauben, feste Zeiten für Maker Schedules im Kalender zu blocken. So Phasen ungestörten Arbeitens ermöglichen – je nach Jobprofil unterschiedlich häufig, aber prinzipiell für jeden. Das dann um jeden Preis auch einhalten. Tendenziell den Anteil der Maker-Phasen erhöhen.
- Strukturen entrümpeln: Weniger, kürzere und besser organisierte Meetings. Ein Trick: Wie bei Dropbox einfach mal alle Jour Fixes abschaffen. Und dann nur die wirklich nützlichen wieder aktivieren. Kollegen räumlich zusammensetzen, die auch zusammenarbeiten. Kollaborationspuffer schaffen.

Nicht so viel auf
Berater hören

🔘 Und zum Schluss, sagt Lukas, noch eine Übung. Halb elf Uhr nachts, ein Veranstaltungsraum über dem Berliner Stadtteil Kreuzberg, knapp 40 Menschen sitzen im Halbkreis, essen, trinken – und diskutieren, wie man die Arbeitswelt neu erfinden kann. Die Übung ist einfach: Jeder soll sagen, wie er den Abend fand. Der Erste steht auf, schaut in die Runde und ruft: Leidenschaftlich! Seine Nachbarin setzt nach: Mitreißend! Ein Raunen geht durch den Raum, Nicken, Tischklopfen. Lukas proklamiert: Wir haben hier heute etwas angestoßen! Wir werden weitermachen! Seid ihr dabei? Der Raum explodiert – Jubel, Ja-Rufe, hoch die Tassen.

Ich bin nicht bei der Sitzung einer mächtigen Geheimloge, auch nicht in einem Kreis naiver Weltverbesserer. Sondern irgendwo dazwischen. Es ist ein informelles Treffen von systemischen Organisationsberatern und Führungskräfte-Coaches. Sie alle sind jung, mehrsprachig, lässig gekleidet – eine coole, kluge Clique, die sich selbst verdammt gut findet. Sie alle eint, dass sie utopische Vorstellungen davon haben, wie Unternehmen künftig funktionieren sollen. Dass kaum jemand von ihrer Existenz weiß. Und dass sie extrem einflussreich sind. Hier sitzen die privaten Berater von CEOs, die Einflüsterer der Eigentümer, die Moderatoren von Change-Prozessen. Sie sind die Macht im Hintergrund, die definiert, wie unsere Arbeitswelt bald aussehen wird.

Ich bin eingeladen, weil Lukas weiß, dass ich mich seit Jahren für das Neue Arbeiten engagiere. Er hält mich für einen Verbündeten. Allerdings merke ich an Abenden wie diesen, dass ich etwas nüchterner als die meisten Anwesenden auf die Themen schaue, im übertragenen, heute aber auch im Wortsinn. Als die Wodkaflaschen auf den Tisch kommen und alle beginnen, auf den Papier-Tischdecken Organigramme zu zeichnen, verschwinde ich unauffällig zur Garderobe. Kann sein, dass hier heute Nacht die Zukunft der Arbeit erfunden wird. Ich allerdings muss morgen früh um acht tatsächlich wieder arbeiten.

Dabei interessiert mich die Diskussion darüber, wie man mehr Selbstorganisation ins Unternehmen bekommt, sehr – schon weil das dem Chef mehr Freiheit vom Operativen einräumt. Ich sitze in letzter Zeit immer öfter in CEO-Büros, wo hinter verschlossener Tür alle sagen, man müsse den Mitarbeitern stärker den Hut aufsetzen, für mehr Empowerment sorgen, und wie die Buzzwords so alle lauten. Dahinter steckt einerseits die richtige Erkenntnis, dass sich die hyperkomplexe neue Geschäftswelt sowieso nicht mehr zentral steuern lässt. Und andererseits der ganz alltägliche Schmerz von Führungskräften, die vor lauter Meetings, E-Mails und Freigabeschlaufen nicht mehr dazu kommen, übers große Ganze nachzudenken. Kontrolliertes Loslassen ist also angesagt, nur: Laufen soll alles ja trotzdem.

Weil das hierarchisch geführte Unternehmen einen schlechten Ruf bekommen hat, die Wirksamkeit von Zielvereinbarungen oder Boni zu Recht in Verruf gekommen ist und Organisationstrends wie das Business-Process Re-Engineering, Stablinien- und Matrix-Organisation oder Total Quality Management auch nicht mehr so zeitgemäß klingen, suchen derzeit alle nach einem neuen Modell. Einem, das zur digitalen Transformation passt, zu aufgeklärten Mitarbeitern, global vernetzten Prozessen, komplexen Problemen, exponentieller Innovation und zu den anspruchsvollen Generationen Y und Z.

Es gibt zu diesem Thema ein neues Standardwerk, das Lukas und die anderen Organisationsberater wie ihre Bibel behandeln. Es heißt *Reinventing Organizations* und ist von Frederic Laloux, einem ehemaligen McKinsey-Berater. Glaubt man Laloux, gibt es einen historischen Automatismus in der Entwicklung von Organisationsmodellen, der in ihrer funktionalen Nützlichkeit begründet ist. Früher war alles hierarchisch um einen charismatischen Anführer aufgebaut, später prozessgetrieben und formalistisch, heute in der Regel meritokratisch, also: Chefs geben Ziele vor, Mittelmanager entscheiden, wie sie diese Ziele erreichen.

Laut Laloux gibt es aber immer mehr Beispiele für neuartige Organisationen, die auf Selbstmanagement setzen und ganz ohne Hierarchien funktionieren. Komplizierte Regeln sorgen dafür, dass trotzdem jeder weiß, was er tun muss und entscheiden darf. Beispiele dafür sind Unternehmen wie Zappos oder Semco. Laloux und seine Jünger behaupten, dass solche Organisationen für die aktuellen Herausforderungen am besten gerüstet sind.

Ich muss gestehen, dass mir das zu theoretisch ist und zu radikal. Unserem eigenen Unternehmen würde ich nicht zumuten, plötzlich nach einem akademischen Modell zu funktionieren, das in der Praxis kaum getestet ist – Zappos zum Beispiel hat alle Hierarchien abgeschafft und die sogenannte Holacracy eingeführt, ein kompliziertes Regelwerk, das Selbststeuerung von Mitarbeitern organisieren soll und mit dem Unternehmen ganz ohne Chefs und Hierarchien auskommen würden – mit durchaus gemischten Ergebnissen. Ja, ich glaube, dass Unternehmen dezentraler organisiert werden müssen und Mitarbeiter stärker entscheiden können sollten, wo und wie sie ihre Arbeit machen. Der Weg dahin kann aber nur sein, dass Teams selbst herausfinden, wie genau das aussehen soll. Dass die Chefs ein System der Selbstorganisation verordnen und sagen: Viel Spaß damit, ich bin dann mal weg, scheint mir – mit Verlaub – verantwortungslos.

Auf dem Weg nach draußen verabschiede ich mich von Lukas und verspreche, beim nächsten Mal wieder dabei zu sein. Ich will wirklich wissen, was sich dieser Geheimbund so alles ausdenkt. Weil Manager auf ihren Rat hören und daraufhin womöglich ganze Unternehmen umbauen, ist ihre Verantwortung riesig. Lukas weiß das. Manche seiner Mitstreiter sehen das Ganze eher als ein Spiel, bei dem man mal schauen kann, was am Ende rauskommt. ⬤▭

Strategien für Arbeitgeber

- Das Kind nicht mit dem Bade ausschütten: Viele kluge Menschen denken derzeit über die Zukunft der Arbeit nach. Das ist gut. Aber nicht jede Idee, die dabei entsteht, kann direkt umgesetzt werden. Es gibt einen funktionalen Grund, warum Strukturen und Kulturen in Unternehmen sich so entwickelt haben, wie sie heute sind. In der Regel lautet er: weil viele davon funktionieren. Aus dem richtigen und verständlichen Bedürfnis, Dinge neu zu denken, darf nicht resultieren, alles über Bord zu werfen, was über Jahre oder Jahrzehnte gewachsen ist.

- Eine gesunde Skepsis gegenüber Beratern ist immer angebracht. Häufig sind sie Theoretiker statt Praktiker. Viele hängen einer bestimmten Schule oder Lehre an, die sie umsetzen wollen – egal, wie die Voraussetzungen sind. Gleichzeitig: Die Außenperspektive anzuhören und zu berücksichtigen tut immer gut. Man sollte sie nur nicht als absolute Wahrheit nehmen. Markttransparenz hilft, also der Vergleich verschiedener Angebote und Ansätze. Genau dies ist aber bei Unternehmensberatern oft schwierig herzustellen.

- Zwischendurch immer mal wieder daran denken: Das Neue ist per Definition interessanter als das Alte. Deswegen ist es nicht automatisch besser.

Das Büro anders gestalten

⊂●⊃ Nirgendwo manifestiert sich die neue Arbeitswelt so an-
schaulich und symbolträchtig wie in der Architektur. Inspiriert
von High-Tech-Firmen und Start-up-Kultur und in der Hoffnung, versteckte Produktivitätsreserven zu heben, wenn nur
die Informationen im Büro besser fließen und die viel geprie-
sene Kollaboration endlich funktioniert, lassen Inhaber und
Manager von Großunternehmen und Mittelständlern gleichermaßen durchdesignte neue Büros entwerfen. Bauen um oder
bauen neu, auf dass Innovation entstehe und die Attraktivität
der Arbeitgebermarke sich auch physisch niederschlage. Überall in Deutschland entstehen derzeit neue Büroformen, und in
der Regel heißt »neu«: Wände raus, Schluss mit den klassischen
Zellen, die links und rechts vom Gang abgehen. Stattdessen:
Flächen, Zonen, Transparenz. Man möchte sagen: Großraum,
wäre der Begriff nicht so diskreditiert. Unter Planern und Architekten ist er geradezu verpönt, wirkt gestrig und emotional
negativ aufgeladen. Dazu kommt: Eine eindeutige Definition
gibt es nicht. Mal wird es als Büro mit mindestens zehn Ar-
beitsplätzen beschrieben, mal müssen es mindestens 20 sein.
Und weil erst ab 400 Quadratmeter Grundfläche ein Großraumbüro auch offiziell so heißen darf, sind viele der neuen »Open
Spaces« streng genommen gar keine. Derartige definitorische
Spitzfindigkeiten helfen den Mitarbeitern, die in diesen neuen
Strukturen sitzen, allerdings kaum.

Was aktuell innenarchitektonisch in Sachen Neues Arbeiten
passiert, ist jedenfalls nicht so weit weg vom klassischen Groß-

raumbüro, das ungefähr seit den 20er-Jahren des letzten Jahrhunderts existiert. Streng genommen gab es sogar bereits um die vorletzte Jahrhundertwende erste Großraum-Vorläufermodelle, wie das Larkin Administration Building, das 1903 in New York von Frank Lloyd Wright gebaut wurde. In der Regel funktionierte man dann ehemalige Lagerhallen um und stellte Kolonnen von Schreibtischen hinein. In der Nachkriegszeit versuchte man, diese »Nicht-Orte«, so *Die Zeit*, etwas attraktiver zu gestalten: 1960 errichteten die später als Quickborner Team bekannt gewordenen Organisationsberater um Eberhard Schnelle für das Verlagshaus Bertelsmann die weltweit erste »Bürolandschaft« in Gütersloh, eine monofunktionale Fläche mit Topfpflanzen, schalldämpfenden Teppichböden und asymmetrisch angeordneten Schreibtischen.

Der *Spiegel* hat das Unwohlsein der Mitarbeiter diesem Bürokonzept gegenüber am treffendsten zusammengefasst, als er schrieb, der Angestellte fühle »im Großraumbüro, dass er nun vollends manipulierbar und auswechselbar geworden sei. Die Illusion, etwas Besonderes und Besseres zu sein, verfliegt.« Eine im Artikel zitierte Mitarbeiterin klagt: »Man sitzt doch acht Stunden hier wie auf dem Präsentierteller. Wenn ich abends nach Hause komme, bin ich verkrampft und nervös.« Tatsächlich, so der *Spiegel*, wirke das Gefühl, ständig beobachtet zu werden, nicht leistungssteigernd. Was sich wie ein Bericht aus der Gründerszene des Jahres 2016 liest, entstammt in Wahrheit einem Artikel aus – man halte sich fest – dem Jahr 1965. Manche Probleme sind zeitlos, oder besser: Sie werden derzeit wieder aktuell. »Beliebt unter Kolleginnen und Kollegen war das Großraumbüro noch nie. Doch es erlebt gerade eine Renaissance«, kommentiert der SWR. Und die *Zeit* klagt: »Wenn nicht gerade der Lärm nervt, saugen die Klimaanlage oder das künstliche Neonlicht die letzten Lebensgeister aus dem Körper. Bazillen flirren durch den Raum und die Kollegen fetzen sich tagtäglich über die ideale Raumtemperatur. Kein Wunder, dass die Käfighaltung zu einem deutlich erhöhten Krankenstand führt. Bluthochdruck, kognitiver Verschleiß und Rückenleiden sind die Staublunge der modernen Arbeitswelt.« Und der Karrierecoach Martin Wehrle polemisiert auf *Spiegel Online*, das Großraumbüro sei »der idealste (sic!) Ort der Welt, um Menschen von der Arbeit abzuhalten«. Denn: »Der Preis dafür, dass keiner mehr aus der Reihe tanzt, besteht darin, dass keiner mehr etwas auf die Reihe bekommt. Die Nobelpreisträger wissen schon, warum sie ihre Geniestreiche an den einsamsten Orten vollbringen: in Kellerlaboren und stillen Schreibkammern.«

Der Umweltpsychologe Gary Evans von der amerikanischen Cornell-Universität fand in einer Studie heraus: Der Körper schüttet im Großraumbüro doppelt so viele Stresshormone wie im Einzelbüro aus. Folgt man dem US-Journalisten Nikil Saval in seiner aktuellen Biografie des Büros, ist der moderne Arbeitsplatz als doppelte Metapher für das Versprechen von Freiheit, Kreativität und Aufstieg in der modernen Gesellschaft zu deuten – und für den routinierten Verrat an diesen Idealen. Kein anderer Arbeitsplatz habe so viele Hoffnungen in Bezug auf eine (bessere) Zukunft geweckt – und kein anderer so gründlich enttäuscht.

»Wenn jemand sein Einzelbüro aufgeben muss, das eigene Territorium, um sich vielleicht mit einigen Leuten, die er oder sie gar nicht mag, fortan einen großen Tisch oder einfach einen großen Raum zu teilen ... also, das ist schon eine maximale Demütigung. Da muss man sehr vorsichtig sein«, sagt Karim El-Ishmawi vom Berliner Architekturbüro Kinzo, das genau solche neuen Arbeitsumgebungen für Technologie-Unternehmen wie Soundcloud baut, aber auch für Arbeitgeber der Old Economy wie die Erste Bank in Wien. Bei der Umwandlung von Zellen-

in Open-Space-Büroraum (was manchmal, wenn es schiefgeht, nichts anderes ist als das gute alte Großraumbüro) werden Kinzo zufolge immer wieder die gleichen Fehler gemacht.

Beispielsweise werde die Transformation, der gewünschte oder auch nur angeordnete Wandel von kleinteiligen Zellenbüros hin zu offenen, möglicherweise sogar nonterritorialen Strukturen, von oben nach unten durchgedrückt, erzählen sie der *Süddeutschen Zeitung*. Am Ende seien ganze Abteilungen aufgelöst im offenen Raum, »während sich die Chefs behaglich in ihre großen Eckbüros mit den dicken Teppichböden zurückziehen, um den Oberchefs brav Vollzug zu melden. Der Vollzug besteht in diesem Fall darin, dass man nun für noch mehr Mitarbeiter noch weniger Raum braucht. Der Raum wurde also scheinbar ›optimiert‹. Aber leider hat man alles nur verschlechtert – und in Zukunft die komplette Belegschaft gegen sich, die nun zu allerlei motiviert ist, aber nicht dazu, gemeinsam an der Verbesserung des jeweiligen Produkts zu arbeiten«, so Architekturkritiker Gerhard Matzig.

Im schlimmsten Fall, so Karim El-Ishmawi, »macht man aus Einzelbüros einfach Viererbüros. Das heißt: Man reißt ein paar Wände raus und schiebt ein paar Schreibtische zusammen. Dann kauft man im Büromöbeldiscount noch ein paar Trennelemente – und das ist es dann.« Genau: Das ist dann das Desaster, das zur Folge haben wird, dass die Produktivität einer solcherart umgestalteten Büroeinheit sofort in den Keller rauscht. So gestaltet man keine Zukunft, sondern produziert Vergangenheit. Die Geschichte der idealen Arbeitsumgebung sei eine lange Reihe gebrochener Versprechen, so das Fazit der *Zeit*, »die vor allem Organisationsgurus, IT-Berater und Inneneinrichter reich gemacht hat. Ungezählte plausibel klingende Konzepte sind schon an der menschlichen Natur gescheitert. Im Einzelbüro oder den berüchtigten Cubicles saßen Menschen, ohne abgelenkt zu werden, ihre Stunden ab, verloren darüber aber den Blick fürs große Ganze. Das war im Großraumbüro anders, doch leider konnte sich dort niemand mehr konzentrieren, und introvertierte Charaktere bekamen schnell einen Burn-out. Auch das Homeoffice war keine Lösung, weil sich irgendwann der innerbetriebliche Zusammenhalt auflöste. Niemand wusste mehr, wer überhaupt noch da war und was er genau tat.«

Eine ganz schön vertrackte Situation: In das alte Zweier-, Dreier- oder Viererbüro will niemand zurück. Die Großraumfalle, in die angesichts der Begeisterung fürs Neue Arbeiten derzeit so viele Unternehmen wieder tappen, kann aber auch nicht die Lösung sein. Und – sosehr ich es mag, mal einen Tag lang ungestört im Homeoffice zu arbeiten, einen Nachmittag im Café oder auch nur zwei Stunden im Zug – immer nur allein zu arbeiten macht weder glücklich noch kreativ. Es geht also um die gesunde Balance zwischen Introspektion und Austausch, zwischen Konzentration und Kollaboration. Ich möchte wissen, wie die Lösung dieses Dilemmas aussehen kann, und treffe Klaus de Winder. Er ist einer der renommiertesten deutschen Architekten, wenn es ums Thema moderne Bürogestaltung geht. De Winder hat das erste Google-Büro in Berlin designt, die Zentrale des E-Commerce-Giganten Zalando, Büros von *Stern*, *Spiegel* und *Zeit Online* oder die auf Neues Arbeiten spezialisierte Berliner Dependance einer internationalen Unternehmensberatung, die ungenannt bleiben möchte.

Klaus de Winder empfängt in seinem eigenen Büro, einer imposanten Fläche direkt an der Spree in Berlin-Kreuzberg. In der ehemaligen Fabriketage sitzen de Winders Mitarbeiter in – jawohl – einem Großraum an langen Tischen, er selbst hat kein Einzelbüro, sondern auch nur einen Computer in einer Ecke. Wenn er mal in Ruhe telefonieren will oder ein Mitarbeitergespräch führen muss, zieht er sich in den Konferenzraum auf der anderen Seite des Hausflurs zurück – einen reduziert-eleganten Kubus mit hohen Decken, DJ-Plattenspielern und Fenstern, die direkt aufs Wasser hin öffnen. De Winder ist ein engagierter, angenehmer Gesprächspartner, der jede Frage mit großer Energie beantwortet, gleichzeitig komplett entspannt wirkt, scheinbar alle Zeit der Welt hat.

Ah, das Großraumbüro. Man merkt, dass er das Thema einerseits nicht mehr hören mag. Dass er andererseits aber von einem geradezu missionarischen Eifer beseelt ist, hier mal die Dinge geradezurücken. In der Bürogestaltung begleite ihn das Thema, wie man Flächen offener gestaltet und mehr mit Transparenzen arbeitet, zwar schon seit Ende der 90er-Jahre, sagt er. Aber spätestens seit dem zweiten Dotcom-Boom Mitte der 2000er-Jahre hätten sich die Anforderung an Flächen deutlich verschoben. »Es gibt eine kontinuierliche und deutliche Entwicklung von Einzelarbeitsplätzen hin zu mehr Kommunikationszonen, und das wird in den nächsten Jahren weitergehen. Auch früher gab es diese offenen Flächen, in denen Kollaboration stattfinden soll, sie waren aber häufig verwaist, weil die Kultur der Unternehmen nicht dazu passte – bis heute ist es so, dass solche Zonen nicht nahe der Chefbüros liegen dürfen, weil sie dann keiner nutzt: Die Mitarbeiter haben dann Angst, dass der Vorgesetzte sie dabei sieht, wie sie vermeintlich nicht arbeiten.« Dass diese Art der Bürogestaltung aktuell so viel nachgefragt wird, liegt für ihn an Unternehmen wie Google, Mozilla oder Zalando, die das Thema aufgenommen und sich von Konventionen gelöst haben und die diese Zonen viel stärker aktivieren konnten. Heißt: Bei den Tech-Firmen liegen die Mitarbeiter wirklich mal auf dem Sitzsack herum, machen eine Besprechung im Café, kleben Post-Its an die Glaswände der Kollaborationszone. Ob das so aber auch für andere Unternehmen gilt? Da ist sich der Architekt alles andere als sicher.

In seinen Projekten befragt er häufig die Mitarbeiter seiner Kunden, und da erfährt er: Sie hängen sehr am eigenen Schreibtisch – kaum jemand wünscht sich Desk-Sharing, bei dem man sich jeden Morgen seinen Arbeitsplatz sucht. Und auch die offenen Strukturen sind wenig beliebt. »Uns Architekten wundert es oft, dass das Großraumbüro heute so oft von Kunden nachgefragt wird, obwohl es bei den Mitarbeitern eher einen schlechten Ruf hat«, sagt er. »Häufig müssen wir unsere Klienten eher davon überzeugen, dass Großraum für sie nicht der richtige Ansatz ist. Großraum macht dann Sinn, wenn das passive Kommunizieren am Arbeitsplatz wichtig ist, also; mitkriegen, was der andere macht, einfach, indem man Gespräche und Telefonate am Rande mitbekommt. Bei direkter Kommunikation, also wenn sich ein Team viel über ein Projekt unterhält, dann stört es eher, da kommt es zu starken Beeinträchtigungen, weil man abgelenkt wird.«

Das größere Problem beim Großraum – und allgemein bei offenen, transparenten Bürostrukturen – sei die Angst vor der sozialen Kontrolle: »Die Menschen wollen nicht, dass man ihnen auf den Bildschirm schaut. Das haben wir selbst bei einem unserer größten Kunden gehört, einem Digitalunternehmen, das eigentlich für Open Source und Transparenz steht.« Mitarbeiter fürchten den mangelnden Respekt vor Privatsphäre. »Man fühlt sich beobachtet. Das zu respektieren ist eine der großen Herausforderungen in der Bürogestaltung.« Die Behauptung, dass es im Großraum zu laut sei, hält de Winder hingegen für vorgeschoben, »das stimmt einfach nicht, ist auch in Untersuchungen belegt worden: Keine Bürostruktur ist so laut und ablenkend wie das Dreier- oder Viererbüro, da muss ich viel mehr zuhören, was der andere telefoniert. Und der Großraum von heute ist viel leiser als früher, da klappern ja keine Schreibmaschinen mehr.« Wobei, schiebt er nach, das ja durchaus ein

Teil des Problems sein kann, denn ein akustischer Grundpegel hilft sogar bei der Privatsphäre: »Wenn ich das Gefühl habe, meine Nachbarn hören mir beim Telefonieren zu, ist mir das unangenehm. Sobald alle telefonieren, macht es mir nichts mehr aus – das kennt man aus Cafés. Die Lautstärke ist also nicht das Problem. Eher schon die erzwungene Ablenkung, wenn man von allen Seiten jederzeit ansprechbar ist.«

Hier wird der Architekt durchaus nachdenklich, sogar selbstkritisch. Das erzwungene Mehr an Kollaboration sei tatsächlich ein Problem, »das ist nicht von der Hand zu weisen. Ich kenne das ja auch von mir selbst: Man will in Ruhe telefonieren und geht dann aus dem Großraum raus. Man braucht auch mal Ruhe und Rückzugsmöglichkeiten.« Im Grunde, so sein Fazit, müsste das ideale Büro eine Mischung aus den neuen offenen Gestaltungselementen sein und der Möglichkeit, wie in der Zelle eines Klosters in Klausur zu gehen. »Dass alle Lärmschutzkopfhörer aufhaben, wie man das in manchen modernen Büros sieht, kann jedenfalls nicht die Lösung sein.« Ich will es jetzt mal genau wissen, stelle die verpönte Schuldfrage: Ist der Trend zum Großraum übertrieben worden, habt ihr Architekten zu viele Wände herausgerissen?

Klaus de Winder verteidigt seine Zunft tapfer: Open Space sei eine notwendige Entwicklung gewesen, sagt er, es gebe bei diesem Thema immer Pendelschläge, »man kennt das Großraumbüro ja schon von alten Fotos – die Stenotypistinnen vom Anfang des letzten Jahrhunderts saßen so, die Werbeagenturen und Zeitungs-Newsrooms der 60er- und 70er-Jahre waren so –, man denke an die Fernsehserie *Mad Men*, da konnte man das schön sehen.« Der Großraum sei nicht gescheitert, sagt er, aber aktuell schlage das Pendel eher wieder aus in Richtung Kombinationslösungen aus der Kommunikationsfunktion des Großraums und der Privatsphäre des Einzelbüros und weg von der reinen Flächenlösung. Architekten sprechen von einem fließenden, dynamischen Raum mit Zellen für jene, die konzentriert arbeiten wollen, und offenen Kommunikationszonen. »Google geht wieder auf kleinere Einheiten, auch Microsoft in Wien hat wieder mehr Wände eingebaut – allerdings aus Glas, denn Transparenz bleibt wichtig.«

Klaus de Winder ist immer auf Sendung. Ein kommunikativer, selbstsicherer Typ, der von sich selbst sagt, dass er die ständige Reibung an anderen braucht. Aber er weiß: Es gibt auch introvertierte Menschen. »Manche brauchen viel Austausch, andere möchten lieber acht Stunden lang ihre Ruhe haben. Das darf man in dieser Rechnung nicht vergessen, und für beide braucht es eine Lösung.« Der typische Arbeitsprozess bei modernen Wissensarbeitern ist ja heute einer, der zwischen Analyse und Austausch pendelt, also zwischen absoluter Konzentration und dann wieder Kommunikation über die Ergebnisse. »Ein stetiger Wechsel zwischen Eintauchen und Auftauchen. Das muss das Büro leisten können.« Für ihn geht der Weg dahin, den Menschen im Büro eine möglichst große Flexibilität einzuräumen: also Büros zu schaffen, in denen sich die Menschen immer wieder neu einrichten können, ohne dass man als Vermieter oder Architekt diese Nutzung zu streng vorgibt. Alle denken immer, das Büro müsse kreativ sein, klagt de Winder, überall entstehen Werkstatträume, War Rooms. »Aber viele dieser Räume sind in ihrer Funktion zu determiniert, da sind auch wir Architekten gefordert, uns in der Ausgestaltung zurückzuhalten. Wenn ein Raum wie ein Zen-Garten aussieht, komplett mit Harke, dann geht da keiner rein. Und die obligatorische Rutsche, die man von Google kennt und die viele Start-ups nachmachen – die nutzen nur Besucher, nicht die Mitarbeiter. Das ist ein Gimmick, genau wie das Bällebad. Diese Art von Witzen ist nach zehn Jahren auch mal auserzählt.«

Sein Rat an Unternehmen, die ihre Büros jetzt im Geist der Neuen Arbeit umgestalten oder neu bauen wollen: »Macht euch frei von allen Bildern, die ihr gesehen habt. Analysiert eure eigenen Prozesse. Macht eine Zielsetzung, was ihr eigentlich erreichen wollt. Befragt eure Mitarbeiter, wie sie arbeiten wollen. Und kommt davon weg, dass ihr einen Büroraum wollt, der so aussieht wie bei Google.«

Es ist dunkel geworden vor dem Fenster. Die Spree eine schwarze Fläche, darüber vereinzelte Lichter der Bürogebäude am anderen Ufer. Klaus de Winder und ich haben fast drei Stunden miteinander gesprochen. Ungestört. In Ruhe. Wir haben dazu die einzige Rückzugsfläche genutzt, die das Loft des Architekten bietet. Wenn während dieser Zeit ein anderer Mitarbeiter ein vertrauliches Telefonat führen wollte, wenn mehrere Kollegen etwas besprechen wollten, ohne die anderen zu stören, wenn jemand einfach nur mal eine halbe Stunde in Ruhe konzentriert arbeiten wollte – dann war das während dieser drei Stunden schlicht nicht möglich. Im modernen Büro, so scheint es, ist die Introspektion des einen stets die Ablenkung des anderen.

Immerhin habe ich jetzt gelernt, wie fortschrittliche Büroarchitekten das Thema der Digitalen Erschöpfung einschätzen. Welche Fehlentwicklungen sie sehen und welche Lösungsmöglichkeiten. Aber so ganz klar ist mir noch nicht, warum das Büro in der Neuen Arbeitswelt eine so problematische Rolle spielt. Klar – früher war es der Ort, an dem man quasi sein gesamtes Arbeitsleben verbrachte. Der Ort, an den man jeden Tag gehen musste, denn dort waren die Arbeitsmaterialien – Drucker, Kopierer, Fax, Akten –, dort war die einzige Möglichkeit, sich mit Kollegen auszutauschen. Und die Präsenzkultur war, gerade in Deutschland, so verbreitet, dass es schlichtweg undenkbar schien zu sagen: Morgen komm ich später rein.

Das hat sich in den letzten Jahren fundamental geändert, zumindest theoretisch. Die Lehre der New-Work-Verfechter lautet: Arbeit ist etwas, das man tut, nicht ein Ort, an den man geht. Und tatsächlich kennt das jeder. Wir arbeiten heute überall ein bisschen: im Zug und am Flughafen, im Café und Homeoffice – oder eben auch mal im Büro. Letzteres hat dadurch seine Rolle im Mix der möglichen Arbeitsorte verändert: Wir gehen heute nicht mehr ins Büro, um auf einen Bildschirm zu schauen – das können wir auch woanders. Wir gehen ins Büro, um uns mit unseren Kollegen von Angesicht zu Angesicht auszutauschen. Um kreativ zu sein, Ideen zu entwickeln. Weil wir wissen, dass zufällige Begegnungen an der Kaffeemaschine oft Neues hervorbringen. Weil wir einfach mal einen Schnack halten wollen. Weil wir bei all der Technisierung und Optimierung unserer digitalen Arbeitsmittel das Menschliche nicht vergessen wollen.

So betrachtet, müsste das Büro fast schon ein Sehnsuchtsort sein. Wir müssen nicht mehr jeden Tag hingehen, aber wenn wir es doch mal tun, dann tun wir es gern. Warum klappt das nicht? Das Phänomen der Ablenkung, der fehlenden Wände, der mangelnden Möglichkeiten zur Introspektion wäre ja nur dann ein Problem, wenn wie ihm nicht entkommen könnten. Ein Büro, das vor allem auf Kommunikation ausgelegt ist, wäre ja sogar eine feine Sache, wenn wir uns für konzentriertes Arbeiten einfach jederzeit aus ihm verabschieden könnten. Und genau hier fängt das Problem an.

Auch im Büro wiederholt sich das Phänomen, das wir bei Arbeitszeiten, Erreichbarkeit und Kommunikationskanälen bereits gesehen haben: Das Neue ist schon da, das Alte aber noch nicht weg.

Die neuen Bürolandschaften sind auf Kollaboration hin optimiert. Und gleichzeitig ist da immer noch die alte Anwesenheitskultur, in der Kollegen schief angeschaut werden, wenn sie später reinkommen oder früher gehen. Ja, man darf inzwischen sagen: Ich mache mal einen Tag Homeoffice. Aber was man dabei alles verpasst! Mindestens fünf interne Meetings und drei wichtige Kunden-Calls! Ein Teambuilding-Event! Die Schulung für das neue Software-Tool! In der neuen Arbeitswelt verschwören sich auf unschöne Weise zwei Phänomene: das immer noch unterschwellig vorhandene Bedürfnis der Chefs, ihre Schäfchen am Schreibtisch zählen zu können (»Mein Team!«). Und das permanente Kommunikationsbedürfnis der neuen Kollaborationskultur. Beides erhöht mindestens den emotionalen Preis, nicht ins Büro zu gehen, nicht dabei zu sein, wenn wichtige Entscheidungen gefällt werden, nicht dazuzugehören. Wir können aber nicht alles auf einmal haben – ein Aspekt fällt dabei notgedrungen hinten runter. In der Regel ist es die Introspektion.

Um noch besser zu verstehen, was das Neue Arbeiten in der Praxis bedeutet, besuche ich die Zentrale des Online-Shopping-Giganten Zalando. In Berlin arbeiten mehr als 5000 Mitarbeiter für den Versender von Schuhen und Kleidung, weltweit sind es insgesamt mehr als 11 000. Neben der Unternehmenszentrale, einem nagelneu aussehenden Bürokoloss, vor dem ich stehe, wird großflächig gebaggert: Hier entstehen zwei neue Gebäude für Zalando, in denen dann noch mal 2600 Menschen Platz finden werden. Kurz: Das Geschäft brummt. Weil aber Zalando noch vor Kurzem ein Internet-Start-up war, weil das Durchschnittsalter der Mitarbeiter bei 30 Jahren liegt und weil sich das Unternehmen als digitaler Arbeitgeber sieht, kann man hier das Neue Arbeiten in Reinkultur besichtigen.

Und das besteht natürlich aus: Großraumbüros mit weitläufigen Büroflächen. Findet hier aber – zumindest offiziell – keiner schlimm: »Wichtig in der täglichen Arbeit ist uns Kollaboration, die direkte Abstimmung ›face-to-face‹, und das soll unsere Arbeitsumgebung auch widerspiegeln und unterstützen«, sagt

Frauke von Polier, die den Personalbereich von Zalando leitet. Die größte bauliche Investition beim Einzug in das neue Gebäude war in der Vergangenheit, erst mal sehr viele Wände rauszureißen. Denn der direkte Austausch sei gewollt, das gehöre zur Kultur des Unternehmens. Wer ungestört arbeiten wolle, der könne sich in einen der Meeting-Räume zurückziehen, die vom Smartphone aus gebucht werden können, oder ins Homeoffice. Viele Mitarbeiter lösten das Konzentrationsproblem, das ein Großraumbüro mit sich bringt, indem sie sich »durch Kopfhörer ausklinken«, das sei ja auch ein Signal an die Kollegen, dass man ungestört sein wolle.

Trotzdem: Dass sie im Neubau mehr Rückzugsmöglichkeiten vorsehen müssen, mehr Lounges und andere Arbeitsumgebungen, in denen man mal in Ruhe telefonieren und arbeiten kann, hat Zalando durchaus erkannt. Und damit alle Mitarbeiter an allen Standorten die gleichen Voraussetzungen haben, werden auch die bereits existierenden Büros entsprechend umgebaut. Allerdings werden diese Fluchtmöglichkeiten aus der allgegenwärtigen Kollaboration gleich wieder digital konterkariert: Auch Zalando führt digitale Tools ein, die Zusammenarbeit und Schnelligkeit fördern, ein neues Intranet zum Beispiel, »das funktioniert so ähnlich wie ein internes Facebook, kann aber noch viel mehr. Es ist eine Plattform, die wir zum gemeinsamen Arbeiten an Projekten ebenso nutzen, wie um Neuigkeiten zu teilen, und damit bringt es unheimlich viel Transparenz.«

Mir wird klar: Auch in Sachen Bürogestaltung ist das Dilemma des Neuen Arbeitens rein architektonisch nicht zu lösen. Um herauszufinden, wie man es ganzheitlicher angehen kann, rufe ich am nächsten Tag Raphael Gielgen an. Er trägt den Titel Head Research and Trendscouting und fliegt für seinen Arbeitgeber Vitra – einen der größten und namhaftesten Möbelhersteller der Welt – quasi permanent rund um den Globus, um neueste Entwicklungen der Arbeitswelt einzuordnen, Experten zu treffen, vorbildliche Unternehmen zu besuchen. Kurz: Gielgen ist einer der am besten informierten, belesensten und eloquentesten Beobachter des Neuen Arbeitens weltweit. Der Mann kennt jede Studie, hat jedes innovative Office besucht, diskutiert permanent mit klugen Köpfen, wie sich das Büro verändert, welche Rolle es in der künftigen Arbeitswelt spielt.

Ich erwische Gielgen natürlich unterwegs, gerade ist er im Auto, auf dem Weg von einem Vortrag zum Flughafen. Die Handyverbindung knackt und knistert, aber sie hält. Gielgen spricht druckreif, in einem durchgehenden Stream of Consciousness. Wenn er doch mal eine Pause macht, dann nicht, weil er auf die nächste Frage wartet, sondern weil er kurz aufs Navi schauen muss. Danach setzt er nahtlos wieder an. Der Mann hat pointierte Meinungen, und er hat ein Sendungsbewusstsein. Um meine Frage zu beantworten, wie das Büro anders gedacht werden kann, holt er zunächst einmal aus. Vor etwa zehn Jahren, sagt er, habe Google sein Büro in Zürich eröffnet, das plötzlich ganz anders aussah als alles, was man so kannte: Seilbahn-Gondeln als Besprechungsräume, eine Rutsche statt Treppe – und plötzlich redeten alle von der Typologie des Google-Office. Dieses Büro bediente offenbar unausgesprochene Sehnsüchte, zeigte, wonach viele Menschen suchten. »Das war ein Tipping Point in Richtung Öffnung, Freiheit, Vielfalt. Seitdem ist das Büro per se offener geworden, gibt es neben dem Schreibtisch noch viele andere spannende Orte im Office. Und es hat eine gesellschaftliche Debatte eingesetzt darüber, was ein Büro eigentlich ist oder sein kann.«

Gerade weil die meisten Organisationen in Europa und vor allem in Deutschland für ihn »aus dem Quadranten ›Weisung und Kontrolle‹ kommen«, haben sie sich mit dieser neuen Art von Büro mehr Agilität versprochen. So weit so gut. Doch das Tragische sei, dass nach der Wirtschaftskrise 2008 zudem »alles auf die Karte Effizienz und die Merkmale Euro pro Quadratmeter reduziert wurde. Plötzlich hatten wir also eine unschöne Kombination aus Weisung, Kontrolle, Verdichtung und Sparsamkeit. Darunter hat die unternehmerische Fürsorge gelitten. Der eine oder andere Mitarbeiter fühlt sich heute betrogen: Ich leiste mehr als früher, ich mache dies und das – und jetzt erwartet der Chef noch mehr von mir.«

Pause, Navi checken, richtige Ausfahrt, und weiter: Die Welt sei für den Arbeiter und Angestellten komplexer und undurchsichtiger geworden, sagt er: »Und auf einmal kommt das Management mit dem ›Paket‹ das Neue Arbeiten um die Ecke, verspricht Beteiligung, Transparenz und Vielfalt. Wenn man das ganzheitlich denkt, ist das ja lobenswert – da geht es um den Weg zur Arbeit, um die Vereinbarkeit von Beruf und Familie, um die Pflege von Angehörigen. Aber viele reduzieren das Thema aufs Büro oder den ergonomischen Arbeitsplatz, geteilt und smart, und das ist zu klein gedacht.«

Die Unternehmen, egal on Konzern oder Mittelstand, sollten vielmehr die aktuelle Organisationsform, quasi das »Betriebssystem des Unternehmens«, überdenken und infrage stellen. »Ein Update reicht zu Beginn einer neuen Ökonomie nicht mehr aus«, glaubt Gielgen. Eine hierarchische Organisationsform und Neues Arbeiten passen nicht zusammen. Jene Unternehmen, die etwas weiter sind, schaffen neue Arbeitswelten im Büro und auch eine entsprechende IT-Struktur – aber auch das reiche nicht, weil die erforderliche Transformation bei den Leuten nicht stattfinden werde, wenn die Organisation sich nicht ändere. »Ich brauche keinen Chef, und so wie mir geht es heute immer mehr Menschen. Ich brauche einen Buddy, von dem erwarte ich Orientierung, mal einen Ratschlag oder ein Feedback. Wenn man das konsequent zu Ende denkt, haben große Organisationen drei Führungsebenen weniger. Dann entsteht auf einmal eine ganz andere Agilität.«

Auf der praktischen Ebene der Bürogestaltung fehlt es dem Vitra-Vordenker heute an Arbeitsumgebungen, die introvertierte, aber auch extrovertierte Raumangebote haben. Die – wie er das nennt – in der Raumsprache Superfast und Superslow sind und somit Vielfalt anbieten. Die auf der einen Seite die Kultur des Unternehmens und die dort arbeitenden Gemeinschaften über eine Homebase verorten, aber gleichzeitig die – wie er das nennt – Garage anbieten, in der man an der Zukunft des Unternehmens arbeitet. »Diese Vielschichtigkeit entsteht nicht durch das generische Übereinanderschichten von Geschossen. Es setzt ein anderes Denken voraus, das der Community dient und nicht dem Prozess oder dem Funktionalismus.«

Gielgen zitiert gern Studien, um seine Thesen zu untermauern. Im aktuellen Werte-Index, sagt er, lag »Freiheit« – wie schon im letzten Jahr – auf Platz zwei. »Dafür haben wir aber gar nicht die richtigen Kulturtechniken entwickelt. Wir leben heute in den Anfängen einer neuen Arbeitswelt, in der viele alte Gewissheiten weg sind – der Nine-to-five-Arbeitstag, die lebenslange Festanstellung –, aber neue dazukommen, wie das Büro als gemeinschaftsstiftender Ort, der allen einen Gestaltungsspielraum einräumt, der früher undenkbar schien.« Aber die Navigatoren der Unternehmen seien heute oft Finanzmenschen. »Die messen die Zukunft mit dem Rückspiegel der Vergangenheit, basierend auf Kennziffern der industriellen Ökonomie, die sich über viele Jahre etabliert haben. Wir haben gelernt, absolut zu denken. Die Welt von morgen ist aber nicht absolut und lebt zwischen zwei konträren Buchenden.«

Individuelle Strategien

- Wenn das Büro zu wenige Wände und gleichzeitig zu wenige Rückzugsmöglichkeiten hat: Rücksicht nehmen! Leise telefonieren. Meetings, auch kleine, spontane, nie im Großraum, sondern in einer ruhigen Ecke oder einem Konferenzraum, um andere nicht zu stören. Nie Musik laut hören oder Filme laut schauen.
- Kollegen nicht ständig ungefragt ansprechen oder antippen, nur weil man im selben Raum sitzt: stattdessen Termine mit klarer Agenda vereinbaren. Respekt vor der zeitlichen und räumlichen Integrität des anderen geht im Großraum schnell verloren.
- Wenn es keine eigenen Arbeitsplätze mehr gibt, sondern Desk-Sharing betrieben wird: den Arbeitsplatz aufgeräumt hinterlassen. So viel wie möglich digitalisieren. Je papierloser das Büro, desto leichter der Arbeitsplatzwechsel.
- Gibt es nicht genügend Räume für Kontemplation oder ungestörte Kollaboration: diese (gemeinsam) bei den Chefs einfordern. Nachdrücklich. Immer wieder. Irgendwann sehen die das ein.

Strategien für Arbeitgeber

- Neue Büros mit Arbeitszonen für Kollaboration aber auch Konzentration ausstatten. Berücksichtigen, dass es extrovertierte, aber auch introvertierte Charaktere gibt.
- Nicht zu viele Wände rausreißen. Großraum und Open Space haben ihre Funktion, aber eben nicht für alles und nicht für jeden. Sind die Wände jedoch erst mal weg, lässt sich kaum noch in Ruhe arbeiten.
- Die veränderte Rolle des Büros als Ort der Kollaboration ernst nehmen und durch entsprechende Regeln ergänzen: Egal, wie schön das neue Office ist – das Schönste daran ist, dass man auch mal nicht hingehen kann, vor allem wenn man konzentriert arbeiten will.

Introspektion bei der Arbeit verteidigen

⬤ Der erzwungenen Kollaboration im Großraumbüro entkommen zu wollen ist ein Teil des schmutzigen kleinen Erfolgsgeheimnisses vieler Menschen, die in den heute so besonders nachgefragten Kreativ- und Technologiebranchen arbeiten: Sie sind Einhörner. Nicht im Wortsinn natürlich, die meisten würden sich auch nicht so nennen. Aber das einflussreiche US-amerikanische Technologiemagazin *Inc.* prägte diesen Begriff, und ich finde, er beschreibt das Phänomen sehr gut. Einhörner nach dieser Definition sind Menschen, deren Wissen – im Tech-Jargon – sowohl tief als auch breit ist. Im Klartext: Sie sind Experten auf einem oder mehreren Spezialgebieten (tiefes Wissen) und zugleich anschlussfähige Generalisten, die dieses Wissen in neuen Kontexten anwenden und mit dem anderer Experten zu Innovationen kombinieren können (breit). Diese Menschen haben beispielsweise sehr viel Erfahrung in den Bereichen Technologie, Design UND Business. Und sie können diese Disziplinen kreativ remixen.

Chris Noessel, Designchef der Mobilitäts-Abteilung von IBM, ist so ein Einhorn. Er hat zehn Jahre lang für ein Design- und Strategie-Unternehmen gearbeitet, bevor er zum Technologiekonzern wechselte. Sein Lebenslauf passt in einen großen Trend: Unternehmensberatungen und IT-Companys kaufen Design- und Kreativagenturen. IBM integriert die Kompetenzen in einer Gruppe namens iX, ebenfalls neue Konkurrenten heißen Deloitte Digital oder Accenture Interactive. Kurz: Die

Mischung aus Strategie, Technologie und Digitaler Designkompetenz ist wohl eines der großen Wachstumsfelder des Berufsmarktes der Zukunft.

Diese neu geschnittenen Unternehmenstypen brauchen einen neuen Typ Mitarbeiter – nicht nur, aber eben idealerweise besagte Einhörner. Diese Art von Mitarbeiter ist so nachgefragt, dass viele von ihnen lieber als hochbezahlte Freiberufler unterwegs sind, als in Unternehmen zu arbeiten. Gelingt es einem Arbeitgeber dann doch, ein Einhorn zu verpflichten, zahlt er dieser Person in der Regel ein extrem gutes Gehalt, weil er weiß, dass sie allein die Arbeit eines Zwei- oder Drei-Personen-Teams erledigt. »Darüber sprechen beide Seiten aber nur ungern«, so die *Inc.*, denn ein umfassend kompetenter Generalist, der allein arbeitet, widerspreche komplett der Lehre, dass Kollaboration die allein seligmachende Art modernen Arbeitens sei: »Multidisziplinäre Wissensarbeiter bedrohen die Kollaborationskultur, die die Arbeitswelt dominiert.«

Denn die Kernidee von Kollaboration ist ja, dass Spezialisten unterschiedlicher Disziplinen ihre Köpfe zusammenstecken und aus dem Aufeinandertreffen der verschiedenen Fähigkeiten dann aufregende und innovative neue Ideen entstehen. Allerdings deuten neuere Forschungsergebnisse darauf hin, dass das so vielleicht gar nicht stimmt: So fand der MIT-Forscher Mark Klein heraus, dass ein kollaborativer Designprozess grundsätzlich die Kreativität der Ergebnisse reduziert, weil er dazu tendiert, existierende erfolgreiche Ansätze inkrementell zu modifizieren, anstatt radikal andere und potenziell überlegene zu erkunden. Auch das viel gelobte Brainstorming führt nach aktuellem Forschungsstand nicht zu besseren, sondern zu schlechteren Ergebnissen: Eine von der *Harvard Business Review* zitierte Meta-Analyse der Arbeit von mehr als 800 Teams belegt, dass Individuen eine größere Menge origineller Ideen entwickeln, wenn sie nicht mit anderen interagieren. Natürlich müssen diese neuen Ideen dann später sehr wohl von anderen hinterfragt und ausgearbeitet werden. Aber die Quelle der Innovation entspringt oft dem einzelnen Kopf, nicht den vielen Köpfen einer Gruppe.

Das hat hauptsächlich vier Gründe:

- Faulheit: Mitglieder einer Gruppe geben sich im Schnitt weniger Mühe, weil sie sich auf den Beitrag der anderen verlassen.
- Angst: Manche Mitglieder einer Gruppendiskussion trauen sich schlichtweg nicht, ihre Ideen zu präsentieren, weil sie sich vor dem Urteil der anderen fürchten.
- Mittelmaß: Verhaltensforscher nennen dieses Phänomen Regression zur Mitte – die talentiertesten Mitglieder einer Gruppe passen ihre Leistung unbewusst den weniger genialen an.
- Zeit: Das einzelne Mitglied einer Gruppe kann nicht mehrere Ideen auf einmal vortragen, und während einer spricht, müssen die anderen zuhören. Die Menge an möglichen Ideen, die so in einem vorgegebenen Zeitrahmen produziert werden kann, ist also endlich. Forscher haben errechnet, dass ab einer Gruppengröße von sieben die Anzahl der vorgetragenen Ideen gar nicht mehr zunimmt.

Die sogenannten Einhörner unter den Mitarbeitern haben das – bewusst oder unbewusst – erkannt und arbeiten lieber allein, zumindest, wenn sie kreativ sein wollen. Und genau hier können wir alle uns etwas von ihnen abschauen: Sie verteidigen ihr Recht auf Introspektion vehement und sind damit sogar noch erfolgreicher als der Durchschnitt.

Die Autorin Susan Cain hat die Arbeitsweise introvertierter Menschen ausgiebig recherchiert und ein Buch darüber geschrieben. »Unsere Schulen und Arbeitsplätze sind für Extravertierte gemacht, viele Introvertierte glauben, mit ihnen stimme etwas nicht und sie sollten versuchen, als Extravertierte durchzugehen«, sagt sie: »Diese negative Voreinstellung führt zu einer kolossalen Verschwendung von Talenten, Energie und letztlich von Glück.« Introvertierte Menschen können theoretisch sehr viel zum Erfolg eines Unternehmens oder Projekts beisteuern, aber sie tun sich in der aktuellen Kollaborationskultur am schwersten. Cain zitiert eine Studie der Kellogg School of Management, die herausfand, dass in einem typischen Meeting, an dem sechs bis acht Personen teilnehmen, 70 Prozent der Redeanteile von nur drei Personen stammen. Cain selbst arbeitete früher als Anwältin für Körperschaftsrecht an der Wall Street. »Zuerst dachte ich, eine erfolgreiche Anwältin müsse sich im Rampenlicht wohlfühlen, während ich introvertiert und gelegentlich schüchtern war. Aber ich erkannte bald, dass meine Wesensart viele Vorteile hatte: Ich war gut darin, im Vieraugengespräch hinter den Kulissen loyale Bündnisse zu schmieden; ich war in der Lage, meine Tür zuzumachen, mich zu konzentrieren und gute Arbeit zu leisten, und wie zahlreiche Introvertierte stellte ich tendenziell viele Fragen und hörte mir aufmerksam die Antworten an, was ein unschätzbarer Vorteil in Verhandlungen ist.«

Vielleicht müssen wir alle den Introvertierten in uns suchen und zumindest punktuell aktivieren. Forschungen belegen nämlich, dass Stille und Kontemplation die kognitiven Leistungen verbessern. So konnte der Psychologe Richard Davidson von der Universität von Wisconsin-Madison zeigen, dass Meditationsübungen die Aufmerksamkeit der Versuchsteilnehmer nach nur drei Monaten deutlich schärften: Die Probanden erkannten Zahlen, die zwischen Buchstabenreihen verborgen waren, wesentlich schneller als vor dem Meditationstraining.

Sara Lazar vom Massachusetts General Hospital in Boston wiederum wies mit Hirnscans nach, dass regelmäßige stille Zeit den Mandelkern im Gehirn schrumpfen lässt. Diese Region ist unter anderem für die Steuerung von Angst oder Schmerzen zuständig. Gleichzeitig nahm die Dichte der sogenannten grauen Substanz zu, in der alle Sinnessignale verarbeitet werden.

Auch der deutsche Psychologe Hans-Jürgen Rumpf, dem wir schon im ersten Teil des Buches begegnet sind, betont, dass »man für Kreativität einfach Zeit braucht und Langeweile auch mal hilfreich sein kann. Langeweile aber ist etwas, das wir kaum noch haben – und wenn, dann nur schwer ertragen können.« Rumpf betont, dass wir längere Phasen der Entkoppelung von der Arbeit brauchen, »alles andere ist ungesund«, dass aber »die etwas schwächeren Personengruppen das nicht aus eigener Kraft hinbekommen. Das kann das Individuum nicht allein leisten. Es gibt immer welche, die auf der Strecke bleiben. Wir müssen mehr darüber reden, welche unausgesprochenen Regeln da gelten, wie der Umgang miteinander in einer Einheit sein soll – im Unternehmen, einer Abteilung, der Familie.«

Individuelle Strategien

- Üben, wieder Ruhe zu ertragen, Einsamkeit auszuhalten. Im Büro Rückzugszonen und Blöcke ungestörter Zeit einfordern und verteidigen. Unterwegs und zu Hause: Kontemplation einplanen. Nicht erreichbar sein. Diese Phasen dann nutzen, um auf eine Weise produktiv zu sein, die im Office und mit Kollegen nicht möglich wäre.
- Nicht immer alles im Team entscheiden wollen. Manchmal kommen die besten Ideen von Einzelnen. Dies zu ermöglichen, zu erkennen, wertzuschätzen und dann auch umzusetzen ist eine zunehmend zentrale Funktion fortschrittlicher Teamstrukturen.

Strategien für Arbeitgeber

- Akzeptieren, dass viele wichtige Tätigkeiten nicht auf Kollaboration beruhen, sondern auf Introspektion. Räumliche und zeitliche Lösungen schaffen, damit dies auch möglich ist, also: Denkerzellen, ruhige Ecken im Büro, aber auch die oben beschriebenen Maker Schedules – Phasen ununterbrochenen konzentrierten Arbeitens für alle – erlauben.
- Respektieren, dass manche Menschen deutlich mehr Ruhe brauchen als andere. Vielleicht sind sie die heimlichen Stars des Teams.

Auf die Zukunft setzen

Balzer und Kern stehen sich in einem halbdunklen Raum gegenüber. Balzer in blauem Anzug, weißem Hemd. Kern schon fürs Wochenende in Jeans und Blazer. Die beiden schauen sich an, aber so richtig sehen sie sich nicht. Sie blicken auf einen Punkt zwischen ihnen, wo nur leerer Raum ist. Balzer fasst dorthin, bewegt seine Hand. Kern geht in die Knie, legt den Kopf zur Seite, tastet in der Luft, nickt, murmelt: »Wahnsinn.« »Ja«, sagt Balzer, »Wahnsinn«.

Beide tragen auf ihren Köpfen Geräte, die aussehen wie eine Mischung aus übergroßer Sonnenbrille und futuristischer Fönhaube. Es sind Hololens-Brillen, die dem Nutzer eine Augmented oder auch Mixed Reality auf eine halb transparente Fläche vor die Augen projizieren. Anders als bei der viel beschriebenen Virtual Reality, bei der sich Nutzer in komplett künstlichen Computerwelten bewegen, ist die Augmented Reality eben ein Mix aus der richtigen und der vom Rechner generierten Welt. Balzer und Kern sehen also den Raum, in dem sie stehen, sie sehen sich auch gegenseitig. Aber sie sehen noch viel mehr. Und das nimmt ihnen offenbar den Atem.

Um herauszufinden, was genau die beiden da so fasziniert, setze auch ich eine der Brillen auf. Wir sind heute bei Microsoft und bekommen eine der seltenen persönlichen Demonstrationen dieser neuen Technologie, über die viele schon gelesen, aber die bislang nur wenige selbst ausprobiert haben. Als ich die Brille – die übrigens ohne lästige Kabel auskommt – aufsetze, verstehe ich, warum Balzer und Kern so wortkarg sind. Vor uns steht das anatomisch korrekte lebensgroße Modell eines Menschen, bloß können wir ihn nicht nur von allen Seiten anschauen, um ihn herumgehen. Wir können auch in ihn hineinschauen. Organe aus nächster Nähe betrachten. Herz und Lungen untersuchen.

Dann verschwindet der gläserne Mensch, und eine Galaxie erscheint. Nein, viele Galaxien – wir können nah heran- und wieder wegzoomen. Wir fliegen, nein, gehen durchs Weltall. Flanieren zwischen Planeten. Sausen zu Sonnen. Fassen mit unseren Händen eine virtuelle Erde an und legen sie auf einem realen Tisch im Raum ab. Das Erlebnis ist so intensiv, dass keiner von uns viel spricht. Nur ab und zu höre ich ein gemurmeltes Cool, oder Ah von den anderen.

Als Nächstes lernen wir, in diesen künstlichen Welten zwischen verschiedenen Anwendungen zu navigieren, Funktionen aufzurufen. Das wird sofort deutlich prosaischer. Um virtuelle Knöpfe zu drücken und Menüs aufzurufen, stochern und wischen wir mit unseren Fingern in der Luft herum, wedeln mit den Händen und versuchen dabei nicht allzu albern auszusehen.

Was spätestens in dem Moment scheitert, als uns unser Betreuer die wichtigste Geste zeigt, um der Computerwelt unseren Willen aufzuzwingen: die Blume. Wir halten eine Hand in Augenhöhe vor uns, alle Finger zeigen geschlossen nach oben, wie eine Knospe. Dann spreizen wir die Finger, so als würde sich die Knospe öffnen. Was als Geste offenbar so einzigartig ist, dass das System es als Aufforderung erkennen soll, sein Hauptmenü einzublenden. Klappt natürlich ständig nicht, weshalb sich drei erwachsene Menschen gegenüberstehen, vergeblich Blumengesten machen und schließlich kichernd zusammenbrechen. Augmented Reality, so viel ist inzwischen klar, macht aus Führungskräften kleine Kinder.

Immerhin ist Balzer Vertriebschef eines großen Finanzinstituts, Kern CEO eines internationalen Automobil-Zulieferers. Als sich beide wieder beruhigt und die komischen Brillen abgesetzt haben, haben sie trotz aller zwischenzeitlichen Albernheit nachdenkliche Gesichter. Wenn das hier in ein paar Jahren Mainstream wird – und es spricht alles dafür, weil eigentlich alle großen Technologiekonzerne von Samsung über Google bis Sony, Facebook, Apple und eben Microsoft hier kräftig investieren –, dann verändert das auf noch nie dagewesene Weise die Art, wie wir arbeiten und lernen. Wie wir neue Produkte entwickeln und existierende erklären. Wie wir kommunizieren und reisen. Und wie unsere Büros aussehen.

Der große Technik-Vordenker Kevin Kelly schrieb kürzlich in einer Titelgeschichte für das Magazin *Wired* über Mixed Reality. Der Mann hat schon viele technologische Revolutionen korrekt vorausgesagt, und hier ist seine Prognose eindeutig: Sobald dieser kleine Bildschirm vor unseren Augen die Realität perfekt abbildet, so Kelly, wird er zum wichtigsten Bildschirm überhaupt. Wenn er ausreichend Auflösung, Helligkeit, Weite und Farbreichtum darstellt, kann man in ihm wiederum beliebig viele, beliebig große weitere virtuelle Bildschirme darstellen. Während er eine Mixed-Reality-Brille des Herstellers Magic Leap trug, schaute Kelly einen HD-Film auf einer virtuellen Video-Leinwand: »Es sah genauso hell und klar aus wie auf meinem großen Fernseher zu Hause. Mit Microsofts Hololens habe ich ein Live-Fußballspiel in einem virtuellen Fenster angeschaut, das neben einem Browser-Fenster und diversen weiteren virtuellen Bildschirmen zu sehen war. Ich konnte mein Büro mit so vielen Fenstern und Bildschirmen füllen, wie ich wollte, und sie so groß oder klein machen, wie mir das gefiel. Ich konnte Bildschirme mit einem Klick an beliebigen Stellen in der realen Welt platzieren.«

Eine von Microsofts Ambitionen in Sachen Hololens ist es dann auch, die vielen Bildschirme in einem typischen Büro zu ersetzen. Demos zeigen Angestellte, die sich mit einem Klick in einen 3-D-Konferenzraum beamen, zusammen mit einem Dutzend Kollegen aus verschiedenen Städten. »Ich empfand virtuelle Bildschirme und andere virtuelle Medien innerhalb von Virtual Reality (VR) als erstaunlich natürlich und praktisch«, so Kelly, der für seine Recherche vermutlich so viele dieser neuen Anwendungen ausprobieren und vergleichen durfte wie kein anderer. Bei Magic Leap wird das Entwicklerteam bald alle echten Bildschirme auf den Schreibtischen abschaffen und nur noch virtuelle Displays verwenden. Meta, ein Mitbewerber, will das sogar gleich für all seine einhundert Mitarbeiter tun.

»Da ist es kein großer Sprung mehr, sich vorzustellen, dass solche Brillen auch die kleinen Bildschirme ersetzen, die wir in unseren Taschen tragen«, so Kelly. »Hier ist eine Technologie, die gleichzeitig Desktop-PCs, Laptops und Smartphones überflüssig machen kann.« Auch Filmregisseur Peter Jackson, immer an neuester Technologie interessiert, erwartet, dass solche Mixed-Reality-Anwendungen in zehn Jahren genauso viel genutzt werden wie Smartphones, vielleicht sogar häufiger. Kurz: Die Zeit, in der wir alle uns über kleine Bildschirme beugen und unsere Umwelt nicht mehr wahrnehmen, neigt sich womöglich dem Ende zu.

Ob das eine gute oder eine schlechte Nachricht ist, lässt sich derzeit nur schwer absehen. Nicht nur könnte Mixed Reality (MR) dazu führen, dass sich jeder Einzelne eine zunehmend individuelle und immer weniger anschlussfähige Welt baut und das Bedürfnis nach einer intersubjektiv überprüfbaren gemeinsamen Realität verliert. Auch stellt sich die Frage, wessen Algorithmen die intelligenten Assistenzsysteme steuern, die dann unser Fenster zur Welt sind. Wird Microsofts Cortana unsere beste Freundin und Vertraute werden, Apples Siri, Googles Assistant oder Amazons Alexa? Und lassen sich diese Systeme überhaupt steuern, gar regulieren?

Das sind so die Themen, die Balzer, Kern und mich umtreiben, als wir nach dem Termin wieder durch die Realität von Berlin Mitte spazieren. Vielleicht sind aber auch gar nicht Vereinzelung und übermäßige Individualisierung die Gefahren von VR und MR. Vielleicht ist es – und da sind wir wieder beim Hauptthema dieses Buches – das genaue Gegenteil: Vielleicht führen diese Technologien zur endgültigen Abschaffung des Privaten. Machen Kontemplation, Alleinsein, Rückzug zu Anachronismen, die zunehmend kulturell stigmatisiert werden und an die sich nur noch die Älteren mit Sentimentalität erinnern.

Kevin Kelly jedenfalls war bei all seinen Tests besonders beeindruckt von der sozialen Komponente der neuen Anwendungen. »Bei den besten Erlebnissen, die ich in VR und MR hatte, war immer mindestens eine andere Person beteiligt. Je mehr Menschen, desto besser. Es ist ein Netzwerk-Effekt: Der Spaß, den VR einem bereitet, ist proportional zum Quadrat der beteiligten Nutzer.« Für Kelly wird VR das sozialste aller Medien, noch sozialer als Social Media heute. Wenn in nicht allzu ferner Zukunft jemand sage: Wollen wir uns treffen?, werde er damit meinen: Wollen wir uns in VR treffen? Auch Palmer Luckey, der Erfinder der vielleicht bekanntesten VR-Brille Oculus Rift, sagt: »Unser Ziel ist es, virtuelle Kommunikation besser zu machen als jene in der realen Welt.«

Neben VR- und MR-Brillen werden die zweite technologische Revolution, die unsere Art zu arbeiten und zu leben in einer nie dagewesenen Art umkrempeln kann, die immer leistungsfähigeren Assistenzsysteme sein, deren künstliche Intelligenz wir mit der Stimme steuern und die uns über diesen ständigen Dialog immer besser kennenlernt. Die ersten Ausläufer dieser Entwicklung erleben wird schon heute. Bei mir begann es bei einem Abendessen am Rande der SXSW-Konferenz in Austin/Texas, bei der Technik-Jünger aus aller Welt zusammenkommen, um über neueste Trends zu diskutieren. Ich hatte mit Philip Vanhoutte zusammen einen Vortrag über ein Phänomen gehalten, das wir »Smarter Workaholism« getauft hatten: im Grunde das Thema dieses Buches – die Technik befreit uns aus dem Büro und von vielen alten Ketten. Und trotzdem arbeiten wir immer mehr.

Philip, Anfang 60, schlank und auf diese kalifornisch braun gebrannte Art energetisch, erzählt von seinem neuen Mountainbike. Dann von seinem Enkelkind. Er bestellt eine gute Flasche Chianti. Natürlich bin ich ein Workaholic, sagt er, aber ein Smart Workaholic. Das Erste, was ich morgens nach dem Aufstehen tue: E-Mails checken. Philip war damals Vice President von Plantronics, einem internationalen Unternehmen für Kommunikationstechnologie, und während er schlief, waren die Kollegen in den USA und Asien fleißig.

Weil Philip ein Anpacker ist, kein Jammerer, hat er eine auf den ersten Blick paradoxe Lösung für seine Arbeitssucht gefunden: mehr Technologie. Er ist ständig unterwegs, telefoniert mit vielen Menschen und trägt darum meist eines dieser kleinen Bluetooth-Headsets, die sein Arbeitgeber herstellt. Maximal effizient, sagt er. Und weil er ein Mensch mit Mission ist, bekam ich einige Wochen später von einem seiner Mitarbeiter ein Päckchen: ein Headset, genau wie das von Philip. Ich bedankte mich artig. Und verstaute das Päckchen in der Schreibtischschublade.

Man muss dazu wissen, dass ich moderne Technik mag, aber die Rituale ihrer Apologeten nicht immer. So versuche ich in der Regel, Technologiemessen zu vermeiden, neulich aber musste ich zum Mobile World Congress. Und da sieht man sie dann: diese stets leicht übergewichtigen Verkäufertypen mit zerknautschten Anzügen, praktischen Schuhen – und eben Bluetooth-Headsets, in die sie argumentieren, schmeicheln, schimpfen, lachen, während sie sich durch die Gänge schieben, so wie jene verwirrten Prediger, die in Berlin mitten auf der Straße stehen und Vorträge ins Nichts halten. Das Headset war für mich immer das Accessoire des sozial entgleisten Handlungsreisenden – oder des Lieferwagenfahrers.

Und so lag Philips Geschenk ziemlich lange in meinem Schreibtisch. Irgendwann habe ich es dann doch rausgeholt. Nur mal kurz schauen, ob das Ding wirklich so leicht mit dem Smartphone zu koppeln ist – ja, ist es. Mit dem Computer? Auch. Und wie klingt es? Da ertönt in meinem Ohr eine Frauenstimme, nicht ganz Scarlett Johansson im Film *Her*, aber nahe dran. »Das Telefon ist verbunden«, sagt sie, der Akku hält acht Stunden. Seitdem bin ich gefangen. Telefoniere im Büro nur noch freihändig. Mit diesem Ding am Ohr, das sich beim Aufsetzen zart anschmiegt, mich mit seiner Sirenenstimme begrüßt und das ich schon nach wenigen Sekunden nicht mehr spüre. So ist das also, wenn Technologie ein Teil meines Körpers wird.

Johansson leiht im Film ihre Stimme einem allgegenwärtigen Betriebssystem, das mit seinem Nutzer durch Ohrstöpsel kommuniziert. Und das – legt man die Regeln des Turing-Tests für künstliche Intelligenz zugrunde – zumindest glaubwürdig vorspielen kann, autonom zu denken. So weit ist Philips Geschenk noch nicht. Und doch bietet für mich ausgerechnet dieses Objekt meiner früheren Verachtung einen Vorgeschmack darauf, wie intelligente, sprechende Dinge schon bald mein Leben bevölkern werden.

Ein paar Wochen später, auf der Technikmesse Cebit, bin ich wieder umringt von Headset-Trägern, und von allen möglichen Dingen, mit denen ich bald vermutlich werde reden können. Da steht eine Badewanne, der man Wassertemperatur, Beleuchtungs- und Musikeinstellungen schon vom Auto aus mitteilt. Ein Laufband, das mit der Sportkleidung kommuniziert. Eine Zahnbürste, die sich mit dem Smartphone unterhält. Ein Fahrstuhl, der online meldet, wenn er vermutet, bald repariert werden zu müssen. »Predictive Maintenance«, sagt der Mann am Stand und schaut, als könne er es auch kaum glauben.

Bald sind auch noch die Autos online und geschwätzig, und spätestens dann sind wir alle Smarter Workaholics. Schon weil wir uns ständig um diesen quengeligen Kindergarten ehemals tumber Dinge kümmern müssen. Verhindern kann man das nicht, die Technik ist da. Einzige Lösung: eine strenge Lehrerin, die für Disziplin sorgt. Eine ordnende Instanz, die den Dingen das Wort erteilt, Informationen priorisiert, mir das Wichtigste erzählt. Also doch Scarlett Johansson. Eben, sagt Philip, und tippt auf das Ding an seinem Ohr. Widerstand ist zwecklos.

Die Zeit, in der wir ständig auf Bildschirme schauen, geht gerade zu Ende. Als Apple die Kopfhörerbuchse am iPhone wegließ und Nutzern empfahl, drahtlose Knöpfe im Ohr zu tragen, war das mehr als nur das Weglassen von ein paar Kabeln – vielmehr der erste Schritt in eine Welt von sprachgesteuerten Systemen und lernenden Personal Assistants. Amazon Echo und Google Assistant stehen in immer mehr Haushalten. Apples Siri und Microsofts Cortana lernen schnell dazu. Im besten Fall kann das bedeuten, dass wir künftig wieder mehr von unserer Umwelt mitbekommen, wie Graeme Devine, Gründer von Magic Leap, prognostiziert. Er will mit seiner Technologie die Menschen aus ihren isolierten Blasen herausholen.

Ich finde den Gedanken faszinierend. Und zugleich lässt er mich schaudern. Denn wenn wir uns zunehmend in diesen Welten bewegen und wenn sie dank Mixed Reality ein selbstverständlicher Teil unseres Lebens werden, dann sind wir in

Zukunft vielleicht nie mehr allein. Wenn die Brillen kleiner werden und die intelligenten Assistenten uns per Knopf im Ohr ständig begleiten, können wir dann überhaupt noch jemals abschalten? Dann wäre der scheinbare Überfluss an digitalen Kanälen und Stimuli, wie wir ihn derzeit erleben und beklagen, nur ein kleiner Vorgeschmack auf eine Welt, in der wir permanent kommunizieren, teilen, kollaborieren – und eben: arbeiten. Für mich wäre das eine Dystopie. Aber vielleicht ist das eine Generationenfrage, vielleicht werde ich einfach alt.

Was aber alle – auch jüngere Nutzer – interessieren muss: Je kleiner und unauffälliger die Geräte werden, desto größer und mächtiger wird die Infrastruktur im Hintergrund, die diese Services ermöglicht. Server, Bandbreite, Rechenkraft und Speicher, die nötig sein werden, um vernetzte virtuelle Welten für Milliarden von Menschen auf der ganzen Welt zur Verfügung zu stehen »sind jenseits von Big Data«, wie Kevin Kelly sagt: »das ist Ginormous Data.« Per Definition wird alles, was in einer VR- oder MR-Umgebung passiert, getrackt, also aufgezeichnet und ausgewertet. Je präziser jede Bewegung verfolgt werden kann, desto überzeugender ist die Illusion.

Das heißt aber eben auch, dass die Dinge, die wir anschauen, die Orte, die wir besuchen, die Interaktionen mit anderen Nutzern und der psychologische Zustand, in dem wir uns dabei befinden, aufgezeichnet und ausgewertet werden, um die virtuelle Erlebnisse noch besser an unsere Erwartungen und Vorlieben anzupassen. Und genau diese extrem persönlichen Daten – riesige Mengen an Daten – werden auch für andere interessant sein. Zumindest für Unternehmen, die uns etwas verkaufen wollen. Potenziell auch für Geheimdienste, Regierungen, wenn sie gehackt werden, für Terroristen – und für Arbeitgeber. Schon heute heißt einer der heißesten Trends unter Personalberatern in den USA People Analytics, also das Auswerten von Daten über Mitarbeiter, um Muster zu erkennen und darauf zu reagieren. Ich habe am MIT in Boston Ben Waber getroffen, einen der Vordenker dieser Bewegung und Autor des gleichnamigen Buches. Waber hat auf Basis seiner Forschungsarbeit eine Firma gegründet, die im Auftrag von Unternehmen Bewegungs- und Kommunikationsmuster ihrer Angestellten analysiert. Waber verdient also mit dem Messen der persönlichen Daten von Wissensarbeitern sein Geld. Glaubt man ihm, ist diese Bewegung erst am Anfang.

Glaubt man den Beratern von PricewaterhouseCoopers, die sich ausführlich mit dem Thema beschäftigen, dann haben in den USA bereits sehr viele Unternehmen die Möglichkeiten erkannt, die in solchen Verfahren stecken. Die Chefs von 86 Prozent aller US-Unternehmen, so das Ergebnis einer PwC-Befragung, halten den Einsatz von oder zumindest die Beschäftigung mit People Analytics innerhalb der kommenden drei Jahre für ein wichtiges strategisches Ziel. Und 46 Prozent hätten bereits entsprechende Lösungen im Einsatz. Bekannte Anwender sind laut Recherche der Fachzeitschrift *Computerwoche* Unternehmen wie Qualcomm, Boeing, Symantec, Walmart oder General Motors. In Deutschland seien Datenschutzbedenken und damit verbundene Ängste der Hauptgrund für die Zurückhaltung und das Informationsdefizit bei diesem Thema. Hierzulande ist jede Auswertung persönlicher Daten, die eine Zuordnung zu einer bestimmten Person ermöglicht, nur mit Zustimmung des Betroffenen und/oder des Betriebsrats möglich. »Dem drohenden Konflikt gehen heute noch viele Unternehmen aus dem Weg, indem sie die Finger ganz von People Analytics lassen«, so die *Computerwoche*. Die Technik werde bei uns frühestens in zehn Jahren flächendeckend eingesetzt.

Auch wenn es offenbar noch etwas dauert – diese Entwicklungen werden kommen. Virtual und Mixed Reality werden sie noch mal dramatisch verstärken. »Wenn Smartphones Überwachungsgeräte sind, die wir freiwillig bei uns tragen, dann werden virtuelle Welten ein totaler Überwachungsstaat, den wir freiwillig besuchen«, sagt Kevin Kelly, der nicht gerade im Verdacht steht, technophob zu sein.

Tatsächlich hat dieses Thema weitreichende Konsequenzen, die geradezu philosophische Fragen aufwerfen. Der US-amerikanische Technologiekritiker John Havens hat sich in seinen Arbeiten stets mit der Thematik beschäftigt, wie Technologie unser Leben verändert und wie wir es in einer zunehmend von Automatisierung und künstlicher Intelligenz geprägten Arbeitswelt schaffen können, unsere individuellen Präferenzen und Vorlieben zu kommunizieren und zu bewahren. Havens hat bereits zwei Bücher zu diesen Themen verfasst, schreibt regelmäßig für die bekannte Technologiewebsite *Mashable* sowie für die britische Tageszeitung *The Guardian* und arbeitet als Executive Director der Global Initiative for Ethical Considerations in the Design of Autonomous Systems – einem Thinktank. Havens ist für mich einer der klügsten und warmherzigsten Denker zum Thema Technologie, Soziologie und Kultur weltweit – darum habe ich ihn kontaktiert, um herauszufinden, ob die Zukunft aus VR und virtuellen Assistenten eher positiv oder negativ zu bewerten ist. Und welche Verantwortung Unternehmen in dieser neuen Welt tragen.

Havens sieht die Gefahr, dass wir Menschen bereits heute kaum in der Lage sind, unsere Geräte auch einmal auszuschalten. Die neuen Technologien aber werden unsichtbar sein, weil man sie nur über seine Stimme steuert. Oder sie werden als permanente zusätzliche Ebene Teil unserer Realität. Es wird uns also noch schwerer fallen als heute, technikfreie Zeiten in unserem Tagesablauf zu definieren und zu verteidigen. Dazu kommt aus seiner Sicht, dass die Hersteller dieser Geräte und

Dienste ein großes Interesse daran haben, 24 Stunden am Tag unsere Daten zu sammeln. Immerhin kann er sich vorstellen, dass es auch praktisch ist, wenn man künftig beispielsweise in der Dusche stehend einem Algorithmus seine besten Ideen diktieren kann. »Es kommt immer darauf an, für wen man arbeitet. Für smarte und progressive Organisationen reicht es, Mitarbeitern ein Ziel und einen Zeitrahmen zu geben – und dann ist es egal, ob man an seinem Schreibtisch sitzt oder über die neuen Geräte permanent erreichbar ist.« Das kann dann mit den neuen Tools auch eine positive, befreiende Wirkung haben. »Wenn dein Arbeitgeber aber eine Kultur des Misstrauens und der Überwachung pflegt, dann machen die neuen Technologien in Zukunft alles noch sehr viel schlimmer.«

Denn auch in Havens' Augen treffen bereits heute zwei Entwicklungen zusammen und formen eine unglückliche Allianz: Während in der Wirtschaft die Fixierung auf Wachstum – idealerweise gar exponentielles Wachstum – unvermindert anhält, nimmt die Digitalisierung des Arbeitslebens – und damit die kommunikative Überlastung des Einzelnen, das Always-On – zu. »Es klingt gut zu sagen, dass die Technologie den Arbeitnehmer emanzipiert. Wenn diese Tools aber vor allem dazu benutzt werden, kontinuierlich die Produktivität der Unternehmen zu erhöhen, werden sich die Menschen früher oder später dem Druck ausgesetzt sehen, ständig zu arbeiten«, so Havens. »Solange Organisationen sich nicht umfassend und nachhaltig für ihre Mitarbeiter verantwortlich fühlen – also auch für das emotionale, mentale und physische Wohlergehen, für Balance und Auszeiten –, sind Regelungen, auch mal von unterwegs oder zu Hause aus arbeiten zu können, zu kurz gedacht und lösen die Probleme nur vorübergehend.« Für ihn gibt es eine Sollbruchstelle, die Organisationen festlegen müssen: An welchem messbaren Punkt laufen ihre Mitarbeiter auf voller Kapazität, liefern ihre bestmögliche Arbeit ab und haben gleichzeitig das Gefühl, dass ihre Jobs und ihr Leben einen Sinn haben? Geht ein Arbeitgeber über diesen Punkt hinaus, brennen die Menschen aus.

Um mehr über diese Zukunftsvisionen herauszufinden, muss ich mit einem erklärten Futuristen sprechen, der zugleich so bodenständig ist, dass er nicht nur wolkige Thesen von sich gibt, sondern begründete Aussagen darüber treffen kann, was diese Entwicklungen für Unternehmen und für unser Arbeitsleben konkret bedeuten können. Und was wir heute tun müssen, um morgen nicht vom rasanten Wandel überrascht zu werden. Um mehr darüber zu erfahren, wende ich mich an die vielleicht eigenartigste und spannendste Erwachsenenbildungsinstitution weltweit: die Singularity University in Kalifornien. Gegründet wurde sie 2009 vom Erfinder Ray Kurzweil, der einerseits unumstritten geniale Produkte wie Lesemaschinen für Blinde oder den nach ihm benannten Synthesizer erfunden hat, heute aber eher mit kontroversen Thesen über Unsterblichkeit und Maschinenintelligenz von sich reden macht und zuletzt bei Google anheuerte. Die Singularity University ist einer jener Orte, an denen sich vielleicht am klarsten herauskristallisiert, was der Technologiekritiker Evgeny Morozov den Solutionism von Silicon Valley nennt: die Vorstellung, dass man alle Probleme der Menschheit mit Technik lösen könne.

Die Anhänger des Singularity-Gedankens generalisieren Moore's Law, also das Gesetz, dass sich die Leistungsfähigkeit von Computerchips alle zwei Jahre verdoppelt: Weil die Geschwindigkeit des technischen Fortschritts im digitalen Zeitalter nicht linear, sondern exponentiell zunimmt, ist die Technik von morgen doppelt so gut wie heute, übermorgen 4-mal so gut, dann 8-mal, 16-mal … Das Wachstum beschleunigt sich also immer schneller, bis jener Punkt erreicht ist, ab dem – so Kurzweil und seine Apologeten – Ungeheuerliches passieren wird: Maschinen verbessern sich selbst. Unser Leben verlängert sich schneller, als wir altern. Wir gehen also, glaubt man dieser Theorie, mit großen Schritten auf eine Welt zu, die wir uns heute überhaupt nicht vorstellen können, die wir aber – weil wir immer älter, wahrscheinlich sogar unsterblich werden – noch erleben werden.

Nun muss man nicht jedes extreme Gedankenspiel der Singularity-Bewegung plausibel finden. Aber eine nahende Arbeitswelt, die so sehr nach Science-Fiction klingt, kann man tatsächlich am besten mit Techno-Utopisten aus Kalifornien diskutieren. Ein komplett von Mixed Reality und sprachgesteuerter künstlicher Intelligenz gesteuerter Arbeitsalltag klingt auch nicht verrückter als Kurzweils Konzept von Gehirnen, deren Inhalt auf Festplatten hochgeladen wird. Ich rufe Salim Ismail an, den Mitgründer und Executive Director der Hochschule. Salim lebt eigentlich in Kalifornien, lässt sich aber auf einer New Yorker Telefonnummer anrufen. Als ich ihn darauf anspreche, sagt er, nein, er sei gerade weder an der West- noch an der Ostküste der USA, sondern in seinem Geburtsland Kanada. Da seine Telefonate über Google laufen, sagt die Telefonnummer nichts mehr über seinen Aufenthaltsort aus. Schöne, verwirrende neue Welt.

Ismail ist – wie nicht anders zu erwarten – ein großer Fan der neuen Technologien, kann an der ganzen Sache wenig Problematisches erkennen, wirkt verwundert und zunehmend leicht genervt von meiner andauernden deutschen Skepsis. Für ihn ist die automatisierte und von Algorithmen getriebene neue Arbeitswelt komplett positiv: »Immer wenn ich etwas wiederholt tue, wird die künstliche Intelligenz im Hintergrund das erkennen, lernen und übernehmen. Dadurch habe ich mehr Zeit und Freiheiten, kreative Arbeit zu tun.« Außerdem seien die neuen Werkzeuge ja dramatisch besser darin, Informationen zu verarbeiten. »Wir Menschen sind sehr limitiert in unseren kognitiven Fähigkeiten, Daten zu analysieren. Wir haben alle möglichen Vorurteile, Befangenheiten, machen immer die gleichen Fehler. Künstliche Intelligenz ist da erheblich objektiver. Je mehr Arbeit wir also an sie abgeben, desto besser.«

Er glaubt auch nicht, dass aufgrund der neuen Technologien Arbeit unser Leben zunehmend komplett dominieren wird – ganz im Gegenteil. »Vor tausend Jahren haben die Menschen 20 Stunden am Tag auf dem Feld gearbeitet, nur um genügend Essen auf dem Tisch zu haben. Überlegen Sie mal, wie viel unserer Zeit bereits jetzt durch den Einsatz von Technologie frei geworden ist. Wir arbeiten heute so wenig wie – historisch gesehen – noch nie, wir haben also nicht weniger, sondern mehr Zeit für Introspektion, Kreativität.« In der Tat befürchten manche Experten vor allem aus der Technologiebranche ja derzeit, dass sich genau dieser Trend fortsetzen und verstärken könnte – mit dramatischen Folgen: Titelgeschichten darüber, ob die Maschinen uns bald allen die Jobs wegnehmen, standen in den meisten großen Magazinen. Auch hier ist Salim aber optimistisch, glaubt nicht an eine durch Automatisierung ausgelöste Massenarbeitslosigkeit: »Schauen Sie sich die Fabriken in Deutschland an – die sind inzwischen zu einem großen Teil automatisiert. Und trotzdem sind die Arbeitslosenzahlen in Ihrem Land nicht gestiegen, sondern sogar gesunken.« Automatisierung schafft neue Arten von Jobs, davon ist er überzeugt.

Gleichzeitig steht Salim Ismail ja, wie wir gesehen haben, für die Lehre des exponentiellen Wachstums. Dieses ist – Sie erinnern sich an den Anfang des Buches – am besten mit dem Gleichnis vom Schachbrett zu erklären, auf dessen erstem Feld ein Reiskorn liegt, auf dem zweiten zwei, auf dem dritten vier und so weiter. Etwa ab der Mitte des Schachbrettes werden die Zahlen so schnell so groß, dass sie sich unserer Vorstellungskraft entziehen. Und verdoppeln sich danach weiter. Wenn es also stimmt, dass Moore's Law auf alle möglichen wirtschaftlichen und gesellschaftlichen Felder anwendbar ist, weil immer mehr davon durch Software neu definiert wird, dann müssen wir uns also eigentlich fragen: Was, wenn wir gerade auf der Mitte des Schachbretts ankommen? Was, wenn der Wandel sich in den nächsten Jahren so sehr beschleunigt, dass wir gar nicht mehr verstehen können, was geschieht, geschweige denn es steuern?

Dann wären alle Weichen, die wir derzeit in Richtung Arbeiten 4.0 stellen – die digitalen Werkzeuge, die offenen Büros, die flachen Hierarchien –, nur tastende Schritte auf ein sich immer schneller drehendes Karussell zu. Gehen wir noch einen Schritt weiter, können wir nicht mehr zurück. Vielleicht wird die Fahrt großartig, vielleicht wird sie grauenvoll – das aus unserer jetzigen Perspektive vorauszusagen ist unmöglich. Wir sollten uns nur sehr gut überlegen, welchen Schritt wir machen, denn ein Zurück wird es nicht geben.

Ismail ist sich sicher, dass vor allem unsere Organisationen nicht dafür aufgestellt sind, mit dieser Situation umzugehen: »Unsere Führungsstrukturen können nur mit der alten Welt des linearen – also langsamen und stetigen – Wandels umgehen. Aber Technologie gebiert so viele Veränderungen, dass wir schon jetzt die Fähigkeit verloren haben, diese komplett zu verstehen.« Für ihn ist es eine Aufgabe der Individuen, den Organisationen – also vor allem Unternehmen – dabei zu helfen, dieses Phänomen zu verstehen und sich entsprechend neu aufzustellen. »Wir müssen ihnen helfen, denn sie können sich nicht selbst helfen.«

Egal, wie das ausgehen wird – klar scheint schon heute, dass auf den Einzelnen eine zunehmende Kontrolle und Verdichtung der Arbeit zukommen wird. Und zwar eine, die wir nicht einfach als unumgänglich hinnehmen sollten, sondern über die wir eine gesellschaftliche Debatte anstoßen müssen. Dass die Digitalisierung die Bürowelt so radikal revolutioniert wie zuvor nur die Industrialisierung des 19. Jahrhunderts die Welt der Fabriken, ist ein Allgemeinplatz. Was das aber konkret bedeuten kann, beschrieben kürzlich Sozialwissenschaftler des Münchner Institut für Sozialwissenschaftliche Forschung in einer Studie, für die sie drei Jahre lang die Auto-, Maschinenbau-, Elektro- und Informationstechnikbranche untersuchten. Ergebnis: So wie die Fabrikmaschinen für das 19. und 20. Jahrhundert entscheidend waren, werden es Daten für das 21. sein. Das heiße aber eben auch: »Ähnlich wie bei der Industrialisierung der Handarbeit im 19. Jahrhundert werden nun geistige Tätigkeiten strukturiert und die Arbeitsprozesse im Büro unabhängig vom individuellen Geschick des Einzelnen organisiert.« Dies, so die *Süddeutsche Zeitung*, die aus der Studie zitierte, sei die freundliche Umschreibung dafür, dass der Büromensch ganz Neues erlebt: Kam er bisher morgens in die Firma, bestimmte er oft selbst, wie er seine Tätigkeit erledigte. »Für einen Austausch mit Kollegen war ebenso Zeit wie für Beschleunigung oder Verringerung des Tempos oder Gedanken über Innovationen.« Nun werde die Arbeit immer häufiger zum Akkord wie in der Fabrik – bei dem das Tempo vorgegeben und womöglich einfach erhöht wird, die Leistung messbar ist und der Büromensch kaum Einfluss hat. »Der Trend birgt die Gefahr digitaler Fließbänder«, so Forscher Tobias Kämpf. Diese Entwicklung sei ein Auftrag an die Politik, so die Forscher: »Gebraucht wird eine gesellschaftliche Leitorientierung, die die Menschen und ihre Rolle in der digitalen Transformation zentral stellt.«

Ich bezweifle ja, dass die Politik der richtige Adressat solcher – an sich ja richtiger – Forderungen ist. Wenn es stimmt, dass die technologische Entwicklung immer schneller voranschreitet, wenn die Arbeit dank Virtual Reality, Augmented Reality und intelligenter Assistenten zu einem permanenten, nicht mehr abstellbaren Begleiter unseres Lebens wird, dann ist das von Unternehmen wie Microsoft geforderte Konzept des Work-Life-Blending unausweichlich. Und dann werden alle Versuche, diese Entwicklung politisch zu regulieren, immer zu spät kommen, zu kurz springen. Dazu kommt: In einer zunehmend globalisierten Wirtschaft ist es schlichtweg sinnlos, einzelne Kommunikationskanäle – gesetzlich reguliert – abschalten zu wollen. Wenn die Kollegen in anderen Zeitzonen noch oder schon wieder wach sind, werden Arbeitnehmer stets andere Wege finden, mit ihnen zu kollaborieren. Dasselbe gilt für die zunehmende Verflechtung moderner Unternehmen mit vielfältigen externen Dienstleistern, Partnern, Experten, Freiberuflern. In Zeiten der Industrialisierung war es ökonomisch sinnvoll, dass Firmen möglichst viele Leistungen und Gewerke internalisierten – das sparte schlichtweg Transaktionskosten, also Geld, wie der britische Wirtschaftswissenschaftler Ronald Coase schon in den 30er-Jahren des vergangenen Jahrhunderts zeigte. Heute, in einer zunehmend digital organisierten Wirtschaft, ist es aufgrund sinkender Transaktionskosten sinnvoller, Leistungen zu externalisieren. Moderne Unternehmen sind Netzwerke und lassen sich immer weniger zentral steuern. Das gilt auch für Kommunikation und Arbeitszeiten. Dass man es trotzdem versuchen muss, dürfte spätestens nach der Lektüre dieses Buches klar sein, aber diese Aufgabe liegt nach Ansicht der meisten Experten, mit denen ich gesprochen habe, eben eher bei Tarifparteien oder in den Unternehmen selbst, nicht beim Gesetzgeber. ⬤

Individuelle Strategien

- Neue Technologien wie Virtual Reality, Mixed Reality, lernende Assistenzsysteme und künstliche Intelligenz kritisch daraufhin prüfen, ob sie unsere aktuelle Arbeitskultur zum Besseren verändern können. Das mit Kollegen diskutieren, mit der IT-Abteilung und mit den Vorgesetzten.
- Aktiv daran mitarbeiten, das eigene Unternehmen auf eine Welt der exponentiellen Veränderung vorzubereiten. Überhaupt erst einmal dafür sensibilisieren, dass es dieses Phänomen gibt.

Strategien für Arbeitgeber

- Kulturelle, arbeitsorganisatorische – und zur Not auch tarifpolitische – Regeln einziehen, um die negativen Folgen der wohl unumkehrbaren Entwicklung abzufedern, dass durch diese neuen Technologien Arbeit zu einem nicht mehr abstellbaren ständigen Begleiter wird.

Strategien für Politik und Tarifparteien

- Tarifpolitische und zur Not gesetzgeberische Lösungen dafür finden, dass immer mehr persönliche Daten künftig von Arbeitgebern oder den künstlichen Intelligenzen digitaler Arbeits-Tools ebenso instrumentalisiert werden wie heute von zum Beispiel Facebook oder Google.

Menschlichkeit bewahren

⊂●⊃ Könnte es sein, dass wir es in der aktuellen Faszination für das stark durch Rationalität, Effizienz und Technologie geprägte Neue Arbeiten übertreiben? Dass das Pendel zu stark in eine Richtung ausschlägt und wir – überspitzt gesagt – dabei sind, Kernattribute dessen abzuwerten, was uns als Menschen ausmacht? Wo bleiben Irrationalität, Impulsivität und freie Assoziation, wenn all unsere professionellen Interaktionen maschinenvermittelt sind, durch Algorithmen optimiert und – wir erinnern uns an die effektive, aber emotionslose Kommunikationsstrategie eines Ben Hammersley – von scheinbarem Ballast befreit, aber auch von jeder Spontaneität?

Konkreter gesagt: Wollen wir wirklich eine Arbeitswelt, die nicht nur in jeden Bereich unseres Lebens einsickert, sondern die dieses Leben dann auch noch zunehmend einer binären Produktivitätslogik unterwirft: Nachrichten werden auf den Punkt geschrieben, kein Platz für Nebensächliches. Das mäandernde Plaudern eines Telefonanrufs gilt schon als ineffizient, sogar störend. Statt uns in der Kaffeeküche über das Wochenende zu unterhalten, treffen wir uns im digitalen Datenstrom der Kollaborationstools. Anstatt beim Spaziergang den Blick schweifen zu lassen, das Herbstlaub der Bäume anzuschauen, die Lichtreflexe auf der regennassen Straße, den spielenden Hund im Park, ist unsere Aufmerksamkeit mal wieder auf das leuchtende Rechteck unseres Smartphones fixiert.

Optimieren wir gerade die Schönheit – die per Definition nie zweckgerichtet ist – aus unserem Leben heraus? Gewöhnen wir uns so sehr an das Verwobensein einer permanenten digitalen Schicht von Arbeitskommunikation mit unserer sinnlichen Wahrnehmung, dass wir technologisch nicht angereicherte Reize als unzureichend empfinden? Verlernen wir gerade, ohne den permanenten Kick der Arbeits-Chats und -Messages zu leben? Oder anders herum: Müssen wir anfangen, altmodisch Analoges wie einen Muskel zu trainieren? Und, wenn ja, wie könnte das aussehen?

Wir könnten uns gezielt sinnlichen Erlebnissen aussetzen, die nichts mit Technologie zu tun haben. Mit den Kindern Quatsch machen, ohne aufs Handy zu schauen. Eine Wanderung machen, ohne damit auf Facebook anzugeben. Essen genießen, ohne Fotos davon zu twittern. Laufen gehen, ohne die Durchschnittsgeschwindigkeit per App zu messen. Kein einfaches Thema, aber ich habe den perfekten Gesprächspartner dafür gefunden: Tim Leberecht, langjähriger CMO von Frog Design und anderen führenden Design- und Innovationsfirmen, heute freier Berater von Unternehmen auf der ganzen Welt. Leberecht war jahrelang Mitglied des Values Council des Weltwirtschaftsforums und TED-Speaker, Mitgründer und Kurator der Dinner-Reihe *15 Toasts* sowie Mitglied des Aufsichtsrats der Strategie- und Innovationsberatungsfirma Jump Associates. Er fordert in seinen Veröffentlichungen und Vorträgen eine romantischere Wirtschaft und behauptet, dass angesichts von wachsenden Maximierungs- und Optimierungszwängen Kreativität sowie emotionale und soziale Intelligenz zu überlebenswichtigen Qualitäten werden.

Heute kommt der gebürtige Deutsche von einer Vortragsreise zurück, die ihn nach Brasilien und Deutschland geführt hat. Nun ist er wieder in San Francisco, wo er seit 13 Jahren lebt. Er genießt seine Rolle als nachdenklicher deutscher Pop-Philosoph unter fortschrittsbegeisterten Amerikanern, dazu noch

in der Stadt mit den weltweit wahrscheinlich technikverlieb-
testen Einwohnern. In unserem Gespräch will Leberecht aber
zunächst eines klarstellen: Nein, er habe sich digital noch nie
überfordert gefühlt. »Ich fühle mich wohl in der pulsierenden,
schnellen Multi-Kanal-Welt des 21. Jahrhunderts, in der es eben
nicht nur mehr Stress, sondern gleichzeitig auch mehr digitale
Fluchtmöglichkeiten gibt.«

Er glaubt, wie ich, dass wir gegen die Technisierung unserer Existenz nichts tun, die Entwicklung nicht zurückdrehen
können. »Unser Leben ist nun einmal digitalisiert, Software
ist der Motor der Produktivität und macht den Kern des Wert-
zuwachses aus. Wir leben als Privatpersonen, Bürger und Arbeiter schon seit Jahren in der *Matrix* – in immer dichteren und
schneller pulsierenden digitalen Netzwerken, die sich aus dem
Kreislauf unserer Daten speisen.« Das wird sich nicht ändern,
sagt er, aber umso mehr komme es nun darauf an, die entsprechenden kognitiven, emotionalen und moralischen Fähigkeiten
zu entwickeln, um mit der rasanten Technologieentwicklung
zumindest ansatzweise Schritt zu halten.

Wie Ansgar Oberholz betont auch Leberecht die Rolle der
frühen Schulausbildung – dort müsse dringend damit begonnen werden, *digital literacy* zu lehren, also das Verarbeiten und
Erstellen von digitalen Inhalten. Diese Kernkompetenz müssten wir dann auch im Berufsleben ständig weiterentwickeln,
wobei die Fähigkeit zur schnellen Adaption an neue, ständig
wandelende Anforderungen und Kontexte entscheiden sein
werde, »das berühmte Un-learn und Relearn, das der Futurist
Alvin Toffler gefordert hat. Wer heute denkt, er hat ausgelernt,
der feuert sich selbst.«

Dann will er über Werte sprechen. »Wir leben in einem Zeitalter, in dem Reaktion Aktion ersetzt hat. Wir haben keine Zeit
mehr, proaktiv zu planen, langfristige Strategien zu entwickeln

und umzusetzen.« Umso dringlicher werde es, dass wir uns unserer Werte bewusst sind und Haltung annehmen. »Wie ein Fels in der Brandung des digitalen Tsunami können wir somit eine Vision oder zumindest ein bestimmtes Ethos verkörpern und vorleben, das uns hilft, auch angesichts der massiven Datenflut und unter dem Druck von Effizienzzwängen und Quasi-Echtzeit-Informationen Entscheidungen zu treffen und zu vertreten.« Puh, kein leichter Tobak. Aber schlau, denn jetzt kommt er auf den Punkt: Für eine solche Haltung sei es eben nötig, nicht ständig nur zu reagieren, sondern zu reflektieren, also allein und analog losgelöst zu denken. »Dabei helfen kurze digitale Auszeiten, wie sie Volkswagen und andere Konzerne eingeführt haben, oder auch längere digitale Sabbaticals. Ab und zu auf Pausen zu bestehen ist kein Luxus mehr, wird immer mehr karriereentscheidend und, ja, überlebenswichtig. Wie sagt der amerikanische Autor Dov Seidman so schön: Wenn wir die Pausentaste einer Maschine drücken, hört sie auf. Wenn wir die Pausentaste beim Menschen drücken, fängt er an.«

So weit die Theorie. Jetzt aber zur Praxis: Wie trainiere ich denn nun den Muskel des Analogen? Für Leberecht ist der Kernbegriff hier: Intimität. »Intimität – nicht reine Vernetzung oder Kommunikation – ist das Gegenteil von Einsamkeit. Wer echte menschliche Beziehungen aufnehmen und unterhalten will, der muss sich auf Intimität einlassen und diese erzeugen.« Für ihn klappt das zum Beispiel besonders gut beim Essen. »Für jemanden zu kochen ist ein intimer Akt – gemeinsam zu Abend oder Mittag zu essen, ob im Familienkreis, mit Freunden oder Kollegen. Dabei ist es wichtig, das Handy aus der Hand zu legen und sich bewusst auf den anderen einzulassen.«

Leberecht – das habe ich mehrfach selbst erlebt – ist ein begnadeter Menschen-Zusammenbringer, ein warmherziger Gastgeber selbst unter widrigsten Umständen. Landet er in einer fremden Stadt, weil er dort einen Vortrag hält – in der Regel nach einem Transatlantik-Flug und mit vermutlich schwerem Jetlag –, käme es ihm nie in den Sinn, sich im Hotelzimmer einzuschließen und zu schlafen oder Filme zu schauen. Vielmehr hat Leberecht immer schon vor dem Flug auf Facebook oder per E-Mail Freunde und Bekannte angeschrieben, die er in den meisten Metropolen der Welt zu haben scheint. Und dann bringt er diese Menschen, die sich gegenseitig meist gar nicht kennen, im kleinen, lieber aber großen Kreis zum Essen zusammen. Manchmal geht es dann nur um Fußball und Kinder, am liebsten setzt Leberecht aber in bester Salon-Tradition ein ernstes, gern philosophisches Thema. Das ist, gerade für zurückhaltende deutsche Teilnehmer wie mich, gewöhnungsbedürftig, manchmal sogar ein bisschen peinlich – aber es schafft eben genau jene Intimität, die Leberecht so wichtig ist. Tatsächlich bleiben die Handys in diesen Runden in der Tasche. Und nach so einem Abend hat man plötzlich eine Handvoll neuer Freunde, über die man erstaunlich viel weiß, denen man sich erstaunlich nahe fühlt.

Er erzählt, dass es in den USA mittlerweile sehr populäre Abendessen-Reihen mit Titeln wie *Let's Have Dinner and Talk about Death* gibt, mit ganz unironisch intimen Gesprächen über den Tod. Oder Dinner Partys, bei denen Teilnehmer schmerzhafte Trennungen diskutieren. Er selbst hat mit dem Weltwirtschaftsforum eine Gesprächsreihe namens 15 *Toasts* entwickelt, bei der jeweils 15 Teilnehmer gemeinsam auf ein Thema anstoßen und kleine, persönliche Reden halten – all das bei bewusstem Verzicht auf digitale Geräte, Selfies und soziale Medien. »Wir müssen mehr solcher *safe spaces* schaffen, um Intimität zu gewährleisten«, sagt Leberecht: »Wir müssen wieder lernen, präsent zu sein und die unvermeidliche Langeweile zu ertragen, die sich einstellt, wenn man eine längere Zeit mit einem anderen Menschen ohne jegliche Ablenkung verbringt. Was lange währt – nachhaltige Qualität, vor allem auch in Beziehungen –, ist eben schnell auch mal langweilig.«

Diese Idee der langen Weile als Zufluchtsort im Auge des digitalen Hurrikans steht ja im genauen Gegensatz zur permanenten Beschleunigung des Neuen Arbeitens, aber sie hat sich zuletzt auch in Trends wie Slow Food, Slow Entrepreneurship oder Slow Marketing niedergeschlagen. Carl Honoré, den wir noch aus dem Kapitel »Langsamer werden« (Seite 99) kennen, würde sich gut mit Tim Leberecht verstehen, der proklamiert: »Langsamkeit wird in einer Zeit der totalen Beschleunigung zum Luxus, und das Gute dabei ist: Wir alle können uns diesen Luxus leisten, wenn wir uns nur trauen.« Eine seiner Bekannten führt in New York ein soziales Experiment durch, das sie die *I Am Here Days* nennt. Es treffen sich zehn Freunde jeweils an einem Sonntag im Monat, um einen ganzen Tag lang ohne jegliche digitale Ablenkung einen Stadtteil zu erkunden. »Die Annahme ist, dass wir Intimität schaffen, echte, tiefe Beziehungen, wenn wir acht Stunden nonstop miteinander verbringen, anstatt uns achtmal im Monat für jeweils eine Stunde zu sehen.« Soziologen nennen das *thick presence* – dichte Präsenz – anstelle von hektischer, fragmentierter und effizienzgetriebener – also dünner – Interaktion.

Neuem Arbeiten oder Arbeiten 4.0 steht Leberecht denn auch skeptisch gegenüber, hält die meisten dieser Initiativen »für Phantomschmerzen alter, kollabierender Systeme. Viele dieser Programme gehen immer noch vom Büro als sozialem, integrativem und zentralem Arbeitsort aus sowie von stabilen Angestelltenverhältnissen. Die Firmen haben lediglich damit begonnen, eine digitale Maske draufzusetzen, zu digitalisieren, um zu quantifizieren und optimieren.« Letztlich sei das ein Digitaler Taylorismus, der den Wissens-Arbeiter nun mit Leib und Seele kolonialisiere und seine Ressourcen maximal aus-werte. »Das Gerede von Purpose oder vom sinnhaften Unter-nehmen dient dabei der intrinsischen Motivation, ist aber oft nur ein weiterer Hebel, um die unbedingte emotionale Loyali-tät und Aufopferung an das Unternehmen zu gewährleisten«, sagt er: »Ich treffe hier in San Francisco immer wieder intel-ligente Menschen, die, nachdem sie von Facebook angeheuert wurden, wie indoktriniert von der Mission des Unternehmens schwärmen, die Welt zu einem besseren, weil vernetzteren Ort zu machen.«

Leberecht erhebt sich gern über die Profanität des Prag-matischen, denkt groß, geradezu historisch. Im Kampf um die Menschlichkeit, sagt er, gehe es weniger darum, Digitali-sierung zu entschleunigen oder gar zu verhindern, sondern in diesem zweiten maschinellen Zeitalter neu zu bestimmen, was wir unter sinnstiftender, wertschöpfender menschlicher Arbeit verstehen: »Man muss sich vor Augen führen, dass 40 Prozent aller Fortune-500-Firmen die nächsten zehn Jahre nicht über-leben werden.« Zum ersten Mal seien unter den zehn höchst-bewerteten Firmen der Welt sechs digitale Plattformen und nur noch vier Industriefirmen. »Digitale Plattformen werden einen stringent organisierten, zentralen Arbeitsplatz bald nicht mehr brauchen, sondern können durch Micropreneurs, kleine Mini-Unternehmer, die im Rahmen der On-Demand- oder Gig Econo-my individuelle, projekt- oder taskorientierte Verträge ohne So-zialversicherung abschließen, ersetzt werden. Dezentralisierte Technologien wie Blockchain, die jetzt schon die Finanzindus-trie aufmischen, werden diesem Trend Vorschub leisten.«

Darum, glaubt Leberecht, wird es den Nine-to-five-Job in der Zukunft so nicht mehr geben. Das Managen der eigenen Wahrnehmungskapazitäten sowie der Fremdwahrnehmung der eigenen persönlichen Marke wird folglich immer wichtiger werden. Eine Theorie, die ich in meinem Buch *Meconomy* auch vertreten habe. Dass die Arbeit und Privates dabei noch mehr verschmelzen werden als heute, findet er »eher harmlos. Wir müssen uns nun auch zunehmend von der vollkommenen Verschmelzung von Mensch und Maschine emanzipieren.« Leberechts Bild der Zukunft der Arbeit ist ein eher düsteres, jedenfalls radikales: Künstliche Intelligenz wisse bald mehr über uns als wir selbst, sagt er. Für ihn werden Menschen dann entweder zu Erfüllungsgehilfen der Maschinen degradiert oder erlangen nur dann neue Handlungsfähigkeit, wenn sie künstlerisch oder seelsorgerisch tätig sind. »Allein das Spirituelle, Unberechenbare wird als Rückzugsraum für unser Menschsein übrig bleiben.« Für diese neuen Realitäten sollten Unternehmen jetzt bereits planen, nicht nur für die Auflösung von Arbeits- und Privatleben.

»Momentan setzen wir alles daran, selbst zu smarten Maschinen zu werden, um so mit den Maschinen konkurrieren zu können. Aber das ist ein unfairer Wettbewerb, weil uns Roboter und Software in puncto Effizienz haushoch überlegen sind.« Das sei zu kurzfristig gedacht. Die größte Herausforderung werde sein, inmitten von KI und Automatisierung unsere Menschlichkeit zu bewahren. Unternehmen könnten hier ein Stück Heimat und Zugehörigkeit schaffen – und dementsprechende Kulturen entwickeln. Dafür müssen sie Arbeit und die sinnstiftende und identitätsstiftende Rolle von Arbeit in einer zunehmend atomisierten Gesellschaft aber viel radikaler neu denken als nur durch das Kopieren von innovativen Trends aus Silicon Valley, dem Hype um Teams und offene, modulare Designerbüros. »Wir brauchen weniger Öffentlichkeit und mehr stilles Kämmerlein. Weniger Campus und Fun und mehr Rathaus und Politik. Weniger Schwarmintelligenz und mehr persönliches Bewusstsein.«

Das Gespräch ist vorbei, wir plaudern – ganz im Sinne seiner Theorie – noch ungezielt über Persönliches. Er wird San Francisco verlassen und mit seiner Familie nach Berlin ziehen. In einem Amerika, das von Trump regiert und vom Effizienzwahn der Silicon-Valley-Kaste geprägt wird, möchte er erst mal nicht mehr leben. Wahrscheinlich passt dieser dialektische Denker, der Technik liebt, aber Menschlichkeit predigt, der digitale Tools nutzt, um ein weltweites Netzwerk intimer Freundschaften zu kuratieren, der mit scheinbar altmodischen Begriffen der Romantik über die Zukunft spricht, auch besser ins nachdenkliche Deutschland als in die lauten USA. Ich freue mich jedenfalls auf intime Dinner mit einem faszinierenden neuen Nachbarn. Vielleicht kämpfen wir gemeinsam für eine menschlichere – von mir aus auch romantische – Version der technologiegetriebenen neuen Wirtschaft. ⬤⃝

Individuelle Strategien

- Formate für Intimität schaffen: Unvermittelt Zwischenmenschliches passiert zunehmend seltener von selbst. Also müssen wir es herstellen, müssen dafür kämpfen, uns dazu verabreden. Aber bitte: keine pragmatischen Geschäftstreffen, sondern spontane, ziellose private Termine: ohne Handy spazierengehen. Mit Fremden Sport oder Yoga machen, meditieren. Lunch-Date mit der Freundin statt dem Geschäftspartner.
- Die eigenen Wahrnehmungskapazitäten managen: Zu steuern, auf welchen Kanälen mich zu welchem Zeitpunkt welche Informationen erreichen können, wird zur Kernkompetenz des modernen Menschen werden. Wir sollten sie nicht nur thematisieren und einüben, sondern auch lehren – zum Beispiel in der Schule.

Strategien für Arbeitgeber, Tarifparteien und die Politik

- Erkennen, was Menschen den Maschinen voraushaben: Für viele Jobs wird schon bald nicht gelten, dass sie uns auffressen, sondern dass Roboter oder Algorithmen sie besser als wir erledigen können. Darauf müssen wir uns vorbereiten. Indem wir herausfinden, was Maschinen (hoffentlich) nie können werden. Indem wir darüber diskutieren, ob diese Tätigkeiten künftig noch das heutige Konzept der Vollbeschäftigung werden rechtfertigen können. Und wenn nicht, womit wir unsere Zeit verbringen wollen und wie unsere Wirtschaft dann organisiert sein kann.
- Die Spaltung der Arbeitnehmerschaft in jene, die dank der zunehmenden Automatisierung weniger oder gar keine Arbeit mehr haben, und jene, die aufgrund passender Qualifikation und zunehmender Arbeitsverdichtung immer mehr arbeiten, abfedern.
- Ein Schulfach einführen, das sich mit »Kollaboration« beschäftigt oder sogar mit »Arbeit«. Zumindest Schul-Arbeitsgruppen zu diesen Themen ins Leben rufen.

OUTRO

Was ich beim Schreiben
dieses Buches gelernt habe

⬤ Ein sonniger Tag in Berlin. Aus dem Küchenfenster sehe ich die zwei großen Bäume in unserem Hof, ein paar braune Blätter hängen noch daran. Ein Eichhörnchen flitzt über einen Ast und springt auf die Regenrinne. Milla liegt nebenan auf dem Sofa, sie hat gestern Nacht Fieber bekommen, kann nicht zur Schule. Meine Freundin musste zur Arbeit, der Babysitter kann so kurzfristig nicht, also bin ich zu Hause geblieben. Es ist jetzt knapp ein Jahr her, dass ich mein Experiment gestartet habe, mich weniger von der Arbeit vereinnahmen zu lassen. Mich gegen die erstickende Umarmung des Digitalen zu wehren, gegen den Impuls, alle paar Minuten aufs Smartphone zu schauen. Heute, denke ich, ist ein guter Tag, einmal Maß zu nehmen. Zu schauen, was das alles am Ende gebracht hat. Welche Strategien funktionieren und welche nicht. Und was das fürs große Ganze bedeuten könnte, also für Unternehmen, Organisationen. Für die Wege, die wir in die Zukunft der Arbeit gemeinsam gehen wollen.

Noch vor einem Jahr wäre ein Tag wie dieser für mich ein Riesenproblem gewesen. Kurzfristig den Kalender leerräumen? Unmöglich! ich muss bei Meetings dabei sein, Entscheidungen treffen. Ohne mich bleibt Arbeit liegen, wissen Kollegen nicht, was sie tun sollen, sind Kunden enttäuscht. Und selbst wenn ich es geschafft hätte, alle persönlichen Termine abzusagen oder umzulegen, wäre mir die Arbeit ja auf all den digitalen Trampelpfaden nach Hause gefolgt. Ich hätte Dutzende von

E-Mails bekommen. Benachrichtigungen unserer Kollaborationssoftware, dass ich dieses Dokument lesen soll, jenes Layout freigeben, diesen Text korrigieren oder jene Agenda ergänzen. Parallel hätte mein Smartphone abwechselnd geklingelt, weil Kollegen und Kunden angerufen hätten, oder gepingt, weil andere mir SMS oder WhatsApp-Nachrichten geschickt hätten. Während ich am Rechner auf die eine Anfrage geantwortet hätte, wäre gleichzeitig meine Mobilbox vollgelaufen. Während ich die Anrufe abgehört hätte, hätten sich die E-Mails getürmt. Ich hätte in stundenlangen Telefonkonferenzen festgesteckt, 20 Tabs in meinem Browser gleichzeitig geöffnet, hätte die To-dos in meiner Wunderlist unten nur abgehakt, um oben neue dazuzuschreiben.

Egal, ob im Büro oder zu Hause, in einem Café oder am Strand – die Arbeit wäre mir unbarmherzig gefolgt. Sogar an einem Tag wie diesem wäre das nicht anders gewesen. Milla hätte in ihrem Bett gelegen, und damit ich hätte arbeiten können, hätte ich ihr wahrscheinlich das iPad gegeben, auf dem sie spielen oder einen Film hätte schauen dürfen. Und so hätten wir dann dagesessen, im selben Raum und doch jeder für sich, versenkt in die Welt unserer Bildschirme.

Heute ist es anders. Milla bastelt im Bett, ich bringe Papier und Stifte. Ich koche Nudeln, sie hat wenig Appetit, aber wir essen zusammen, ich erzähle eine Geschichte. Sie nickt auf dem Sofa ein, ich sitze daneben und lese im *Economist*. Natürlich gibt es die ein oder andere Mail aus dem Büro, aber keine ist wirklich dringend. Natürlich mache ich zwischendurch zwei kurze berufliche Telefonate, aber nicht, weil ich muss, sondern weil Milla eh gerade schläft. Natürlich schauen Milla und ich nachmittags ein paar Folgen *Tom und Jerry*. Aber gemeinsam, nicht, um sie ruhigzustellen, weil ich eine Telko habe. Das Telefon klingelt heute nicht einmal. Die Kollaborationsplattform bleibt still. SMS oder WhatsApp-Nachrichten kommen zwei oder drei von Freunden.

Ansonsten: Ruhe. Kontemplation. Zeit für einander. Das Handy bleibt in der Schublade, der Laptop zugeklappt. Das Eichhörnchen ist wieder auf den Baum gesprungen. Die Sonne spiegelt sich golden im Dachfenster gegenüber. Milla hätte gern einen Bindfaden; was sie da bastelt, verrät sie mir nicht, wird eine Überraschung.

Ich bemerke den Unterschied erst, als ich mir bewusst mache, wie wenig selbstverständlich all das ist. Wie anders mein Leben noch vor Kurzem war, damit natürlich auch das meiner Familie. Ich werde nervös, überprüfe noch einmal den Eingang meines E-Mail-Programms, starte die Collaboration-App neu, kontrolliere, ob das Handy auch im Netz ist. Vielleicht liegt irgendwo ein technischer Fehler? Vielleicht habe ich in Wahrheit hundert Nachrichten, sie werden nur nicht angezeigt. Ich misstraue der Stille.

Aber sie ist echt. Alle Kanäle funktionieren, es kommt nur kaum etwas an. Faszinierend! Was ist heute anders als vor elf Monaten? Zeit für eine Bestandsaufnahme. Was habe ich ausprobiert, was verändert? Was hat geklappt, was nicht? Ich versuche tatsächlich bewusst, damit aufzuhören, mehrere Dinge gleichzeitig zu tun. Multitasking ist extrem verlockend, ich muss hart dagegen ansteuern. Also: Nicht die E-Mail checken, während ich telefoniere. Nicht aufs Handy gucken, während die Tochter *Sandmännchen* schaut. Sondern: Immer. Nur. Eine. Sache. Zu. Einer. Zeit. Tun. So viel Zen muss sein. Noch mehr Achtsamkeit brauche ich dann aber auch nicht. Probieren Sie es mal aus. Beruhigt ungemein. Dinge einfach mal langsamer tun, hilft ebenfalls. Weniger Kaffee, weniger Hektik. Bewusst langsam sprechen. Bewusst langsame Bewegungen machen. Die Meditation des viel beschäftigen Arbeiters. Und dann natürlich:

immer mal wieder nichts tun. Für eine Minute das Teppich-muster studieren. Die Wand anschauen. Runterkommen.

Voraussetzung, dass das klappt, ist natürlich, die Geräte in den Griff zu bekommen, sprich: auch mal auszuschalten oder zumindest gezielt einzusetzen. Heißt für mich: nicht ständig bei mir zu tragen. Ich habe mit kleinen Übungen angefangen – das Handy auf dem Schreibtisch liegen lassen und zur Kaffee-maschine gehen? Klappt. Dann immer weiter gesteigert: das Handy zu Hause in der Schublade lassen und einen Spaziergang machen? Schon schwieriger. Einen Tag lang ausschließlich das Dumbphone benutzen – für das ich mir inzwischen eine zweite SIM-Karte besorgt habe, sodass ich beliebig zwischen iPhone und dem Punkt-Telefon hin- und herwechseln kann – und E-Mails nur alle paar Stunden am Laptop checken? Superschwer, aber möglich.

Ich habe mir das mit einer etwas ältlichen, aber passenden Metapher erklärt: der eines Gartens. Kommunikationstech-nologie ist in diesem Bild die Pflanzenwelt, die gepflegt und be-schnitten werden muss – die einzelnen Gewächse bilden ständig neue Triebe, Unkraut breitet sich aus. Ich habe mir zum Bei-spiel angewöhnt, regelmäßig Twitter-Followern zu entfolgen, wenn mich ihre Tweets nicht mehr interessieren. Facebook-Freunde auszublenden, wenn sie meinen Stream zumüllen. E-Mail-Newsletter nicht nur zu löschen, sondern abzubestellen. Asynchrone Kommunikationsformen wie E-Mails nicht mehr in dem Moment abzurufen, in dem sie ankommen – also stän-dig –, sondern gesammelt, zum Beispiel nur einmal pro Stunde. Dann konsequent GTD anzuwenden, jede Mail nur einmal an-zufassen, sofort zu beantworten oder wegzusortieren, sodass mein Postfach nie mehr als zehn Nachrichten beinhaltet. Mit den Kollegen abzusprechen, bei welchen Kommunikationen sie mich in Kopie nehmen sollen und bei welchen nicht.

Überhaupt spreche ich auch mit Kunden, Dienstleistern oder Partnern offener über meine präferierten Kanäle und ihre Hierarchie, also: nicht dringende Dinge per Mail. Freigaben nur über die Kollaborationsplattform der Firma. Wenn's dringend ist, eine Chat-Nachricht oder Twitter-DM. Anrufe sollten die Ausnahme sein, reserviert für emotional komplexe oder sozial kritische Themen, bei denen in der Schriftform die Gefahr von Missverständnissen droht. Und natürlich: wenn es wirklich brennt. Telefonkonferenzen und persönliche Meetings sind anscheinend das beste Mittel, um mehrere Parteien untereinander abzustimmen, aber riesige Zeitfresser – sie begrenze ich auf ein Minimum, riskiere auch mal, unfreundlich zu wirken, wenn ich absage. Ich speichere Texte, die ich online entdecke, konsequent in einer App wie Pocket, um nicht ständig kurze Häppchen zu lesen, sondern nur manchmal, dann aber zusammenhängend, in Ruhe. Habe begonnen, neben der To-do-Liste auch eine Not-to-do-Liste zu pflegen. Und reiße immer wieder wild wuchernde, aber unansehnliche Pflanzen raus, sprich – entscheide mich komplett gegen Kanäle: Snapchat und Periscope hatten anfangs ja ihren Reiz, aber die menschliche Aufnahmefähigkeit ist nun mal begrenzt. Nur wenn dieses Jäten, Stutzen und Kultivieren zum regelmäßigen Automatismus wird, verhindern wir, dass uns der digitale Garten überwuchert.

Zu automatisieren, Nein zu sagen und Prioritäten zu setzen war der nächste Schritt. Einer, der nicht nur Selbstdisziplin erfordert, sondern auch Verhandlungen mit anderen Menschen. Grenzen zieht man nicht für sich, sondern eben immer in Abgrenzung zum Nächsten. Und das bedeutet: Interessenkonflikte thematisieren. Meinungsverschiedenheiten verhandeln. Streit aushalten. Hier wird es wirklich kompliziert, denn die Ruhe des einen ist vielleicht der Stress des anderen. Wichtig: seinen Standpunkt klar und offen formulieren. Lösungen anbieten. Dann aber auch fest zu den vereinbarten Regeln stehen. Klare Kante ist hier wichtig, Konsistenz ebenso. Meine Kollegen wissen, dass sie mich abends nicht mehr anrufen können, es sei denn, die Welt geht unter. Kunden wissen, dass ich zweimal pro Woche die Kinder von Schule und Kita abhole, also auch mal nachmittags nicht erreichbar bin. Alle haben verstanden, dass ich ein Leben neben der Arbeit habe, das ich mit Klauen und Zähnen verteidige. Was hilft: dass ich im Notfall trotzdem erreichbar bin. Es muss nur eben wirklich ein Notfall sein, und von denen gibt es nicht viele.

Die größte Ambivalenz der Digitalen Erschöpfung liegt für mich in der Frage, ob die Technologie ausschließlich Teil des Problems ist oder auch Teil der Lösung sein kann. Ob die Tools und Gadgets, mit denen wir derzeit hoffen, unsere Arbeitswelt effizienter und freier zu machen, dieses Versprechen einlösen können, oder ob wir uns hier auf einem verhängnisvollen Irrweg befinden. Die Antwort – soweit ich sie bisher übersehen kann – lautet: Beides. Jein. Je nachdem.

Ich weiß, dass das unbefriedigend klingt, unentschlossen. Aber es ist die Wahrheit, und die Wahrheit ist oft »messy«, wie die Amerikaner sagen, also: kompliziert, unübersichtlich, durcheinander. Ich habe mein Schlafproblem – auch – dadurch gelöst, dass ich an meinem iPhone eine Funktion namens »Night Shift« aktiviert habe, die das Licht des Bildschirms abends automatisch vom kalten wachmachenden Blauspektrum in ein warmes, gemütliches Gelb verschiebt und es dem Körper so einfacher macht, müde zu werden, auch wenn man noch mal auf den Bildschirm schaut. Weil es diese Funktion auf dem MacBook nicht gab, habe ich mir ein kleines kostenloses Programm namens f.lux installiert, das genau dasselbe tut. Sie sehen: Manchmal bin ich einfach ein unverbesserlicher Nerd, bekämpfe Feuer mit Feuer – oder besser: Bits mit Bits.

Allgemeiner gesprochen: Ich glaube nach wie vor, dass die digitalen Tools des Neuen Arbeitens jenes Emanzipationspotenzial bieten, das wir ihnen ursprünglich zugesprochen haben. Ich sehe nur, dass in der Praxis der meisten Unternehmen dieses Potenzial nicht realisiert, oft sogar pervertiert wird. Ansgar Oberholz hat das sehr gut auf den Punkt gebracht: Die neue Welt räumt uns viele persönliche Freiheiten in der zeitlichen und räumlichen Gestaltung von Arbeit ein. Die alte, hierarchisch organisierte und auf maximale Effizienzsteigerung hin optimierte Unternehmenswelt ist aber immer noch da, nimmt uns diese Freiheiten wieder weg, und im Ergebnis haben wir das Schlechteste aus beiden Welten: ständige Erreichbarkeit. Und Kontrolle ohne Flexibilität und Freiheit.

Hier hört dann endgültig der Bereich auf, den Arbeitnehmer und Individuen für sich verändern können. Hier beginnt der Appell an Unternehmer und Führungskräfte, jetzt die richtigen Weichen zu stellen, damit wir in drei oder fünf Jahren nicht alle plötzlich aufwachen und uns in einer Wirklichkeit wiederfinden, die so irgendwie keiner gewollt hat, die wir aber trotzdem nicht mehr ändern können – jedenfalls nicht kurzfristig –, weil die IT auf Kollaborationssoftware umgestellt und die Büros zum Großraum umgebaut wurden, ohne dass gleichzeitig eine neue Kultur und neue Regeln der Zusammenarbeit vereinbart und implementiert worden wären.

Von Janina Kugel habe ich verschiedene Dinge gelernt, die ich als Vorgesetzter, Manager und Unternehmer beherzigen werde. Und das auch anderen Chefs empfehlen würde. Mir hat imponiert, mit welcher Selbstverständlichkeit sie die zeitlichen und räumlichen Bedürfnisse ihrer Familie thematisiert und in ihren sicher fordernden Arbeitsalltag einbaut. Sollen andere sich doch beschweren, dass die Telko erst um 22 Uhr beginnt – sie bringt erst mal die Kinder ins Bett. Ich finde, sie hat absolut recht, wenn sie die unpopuläre Wahrheit ausspricht, dass der Nine-to-five-Arbeitstag mit pünktlichem Feierabend für immer der Vergangenheit angehört. Dass man folglich Mitarbeiter von Schreibtischzwang und Anwesenheitspflicht befreien, dabei aber unterschiedliche Bedürfnisse und Lebensrhythmen respektieren muss. Ich fand plausibel, dass sie auch keine einfachen Antworten darauf hat, wie man das erreicht. Aber darauf besteht, dass die Lösung nur in gegenseitigen Abmachungen bestehen kann, die bottom-up entstehen müssen. Dass Teams selber entscheiden sollen, wie sie zusammenarbeiten wollen. Dass es dabei aber durchaus unternehmensweite Eckpfeiler braucht, wie mit den neuen digitalen Tools umgegangen werden soll. Und ich habe mir vorgenommen, Janina Kugels Mahnung stärker zu beherzigen, dass Führungskräfte Vorbild sein müssen: in Sachen Flexibilität, Transparenz und Erreichbarkeit, aber eben auch darin, Grenzen zu ziehen, mal nicht erreichbar zu sein, andere Prioritäten als die Firma zu haben und offen darüber zu sprechen. Am Ende, und das ist leichter gesagt als getan, müssen in Unternehmen implizite Erwartungshaltungen explizit gemacht werden. Dazu braucht es den Mut, ein offenes Gespräch über die neue Arbeitswelt zu führen. Und die Konsequenz, die darin gefundenen Verabredungen dann auch umzusetzen.

Das Wichtigste: Unternehmen müssen damit aufhören, das Neue einzuführen, gleichzeitig aber am Alten festzuhalten.

Sprich: Sie müssen endlich die – vielleicht sogar nur gespürte – alte Anwesenheitspflicht im Büro abschaffen, wenn sie erwarten, ihre Mitarbeiter permanent online erreichen zu können. Beides geht nicht. Und sie müssen Policys einführen – kleine Absprachen, die den Umgang mit Technologie regeln. Bei uns in der Firma gilt beispielsweise: Jeder darf am Wochenende dienstliche E-Mails schicken. Er sollte nur nicht erwarten, dass die Kollegen sie auch beantworten. Oder: Bei einem

US-Unternehmen dürfen Mitarbeiter, die von unterwegs arbeiten, die gängige telefonische Kollegenfrage: »Wo bist du gerade?« ignorieren und stattdessen standardisiert antworten: »Was brauchst du von mir?« Es sind genau solche scheinbaren Kleinigkeiten, die es uns ermöglichen, Inseln der Autonomie zurückzuerobern. Gut auf den Punkt bringt es Antje Ducki, Mitherausgeberin des *AOK-Fehlzeitenreports*, wenn sie Arbeitgebern rät: »Die Arbeit möglichst vorhersehbar halten, planbar machen, Sinn herstellen.« Gefragt seien vor allem die Chefs, die attraktive Arbeitsbedingungen bieten müssten, wozu flexible Arbeitszeitmodelle ebenso gehörten wie längere Auszeiten. Aber auch die Beschäftigten selbst müssten ein hohes Maß an disziplinierter Selbstorganisation an den Tag legen, »um gesund bis zur Rente zu kommen«, sagte Ducki. Weiterbildung sei notwendig, sowohl für den Arbeitsmarkt als auch für die Gesundheit. Nur die ermögliche es ja, alle paar Jahre eine andere Tätigkeit auszuüben als stets denselben Job, was zunehmend unüblich werden wird.

Die Rolle des Gesetzgebers sehe ich – Sie haben es schon bemerkt – in dieser Gemengelage eher kritisch. Sinnvoller als neue Gesetze, die stets der technologischen Entwicklung hinterherhinken werden sowie in der Regel auf Nationen begrenzt sind – was in einer globalisierten Wirtschaft wenig sinnvoll scheint – und die von der Alltagspraxis der Unternehmen auch schnell umgangen werden können – Stichwort: Schatten-IT –, sind Regelungen auf der Ebene der Tarifparteien und innerhalb von Unternehmen.

Das *Weißbuch Arbeiten 4.0* des Bundesarbeitsministeriums kommt zu einer ähnlichen Einschätzung. Hier heißt es nüchtern, dass zwar einerseits mit der Digitalisierung »die arbeitsbezogene Erreichbarkeit in der Freizeit« weiter an Bedeutung gewinne, hier aber die üblichen arbeitsrechtlichen Grundsätze gälten: »Arbeitnehmerinnen und Arbeitnehmer sind nicht verpflichtet, für ihren Arbeitgeber in der Freizeit erreichbar zu sein. Etwas Anderes gilt nur dann, wenn eine entsprechende vertragliche und rechtlich zulässige Vereinbarung besteht. Deshalb ist kein gesetzlicher Handlungsbedarf erkennbar.« Dies bedeute jedoch nicht, dass kein Handlungsbedarf besteht. Einige Unternehmen hätten inzwischen sehr unterschiedliche, gut angenommene Vereinbarungen zur Nichterreichbarkeit getroffen, so die Experten des Ministeriums. »Die Bedeutung solcher Vereinbarungen wird von arbeitswissenschaftlichen und arbeitsmedizinischen Erkenntnissen unterstrichen. Diese zeigen beispielsweise, dass mangelnde Regenerationsphasen und überlange Arbeitszeiten langfristig negative Auswirkungen auf die Gesundheit der Beschäftigten haben können.«

Gleichzeitig betont das *Weißbuch* auch die potenziellen Vorteile zeit- und ortssouveränen Arbeitens: »Wenn Beschäftigte ihre Arbeitszeit selbst bestimmen oder mitgestalten können, kann sich Flexibilität förderlich für Gesundheit und Zufriedenheit auswirken und eine Ressource darstellen.« Um die Zeit- und Ortssouveränität der Beschäftigten zu stärken, bedürfe es grundsätzlich einer Ausweitung der tariflichen und betrieblichen Angebote und des Personenkreises, der sie in Anspruch nehmen kann, sowie einer Unternehmenskultur, die die tatsächliche Inanspruchnahme der Angebote unterstützt, so das Ministerium. »Betriebsvereinbarungen und Tarifverträge können nicht nur konkrete Angebote ausführen und Regeln für die Umsetzung beschreiben, sondern auch Ansprüche der Beschäftigten gegenüber dem Arbeitgeber formulieren.« Ich stimme dem zu und finde, dass Gewerkschaften hier den bereits beschrittenen Weg fortsetzen müssen, die Digitalisierung nicht zu verteufeln, sondern eine konstruktive Rolle bei der Lösung der Probleme zu spielen.

Für den Psychologen Dr. Hans-Jürgen Rumpf besteht die Aufgabe heute grundsätzlich darin, herauszufinden, wie man den Umgang mit den digitalen Kanälen in einer Form bewerkstelligt, dass der Einzelne »genügend Freiraum auch für Stressunbelastete Zeiten gewinnt«. Und hier beginnt die Fürsorgepflicht des Arbeitgebers, denn genau dies kann nicht jeder gleichermaßen: »Manche Menschen haben die richtigen Skills und Techniken entwickelt, um das gut hinzubekommen, und andere haben da eher Schwächen«, so der Psychologe: »Manche Menschen sind stark, die sagen: Ich mache meinen Job gut, es ist mir egal, was mein Chef denkt, ich werde abends nicht mehr in meine Mails gucken. Aber je unsicherer ich bin, eine gewisse Ängstlichkeit habe, desto empfänglicher werde ich, da Probleme zu entwickeln.« Die Antwort könne natürlich auch nicht sein, alle neuen Medien sein zu lassen – »wir sind auf den schnellen Informationsfluss ja heute angewiesen«, so Rumpf. Es brauche aber eine klare Kommunikation über die Erwartungen, die von beiden Seiten bestehen – also Arbeitnehmer und Arbeitgeber. »Gerade dieses Gefühl – ich muss verfügbar sein, per Mail, WhatsApp oder Telefon –, das haben viele Mitarbeiter. Unter Umständen ist das aber eine Erwartung, die gar nicht real ist, was aber nicht ausgesprochen wird. Da sind Regeln und Absprachen sehr wichtig.«

Letztlich geht es hier um gesellschaftliche Einstellungen und Werte. »Da dauern Änderungen immer sehr lange«, weiß Rumpf, »aber wenn es irgendwann einmal als Armutszeugnis gelten würde, dass ich nach 20 Uhr noch Nachrichten beantworte und ich also offenbar meine Work-Life-Balance nicht im Griff habe, dann wäre das eine neue Norm. Heute wird so etwas als Stärke ausgelegt, im Sinne von: Der ist aber fleißig. Wenn es da einmal eine Umstellung der Norm gäbe, wäre das gesamtgesellschaftlich ganz gesund.«

Die Regeln der Zusammenarbeit neu zu definieren fängt durchaus im Kleinen an, auch im Privaten. Meine Bekannten wissen: Wer mir etwas zeitlich Unkritisches mitteilen möchte, schreibt eine Mail. Ist es dringend, erreicht man mich am besten per Direktnachricht auf Twitter oder SMS. Angerufen werden mag ich höchstens auf Verabredung, sonst reißt mich das spontane Telefonat aus der jeweils aktuellen Tätigkeit. Für andere Menschen wird dieses Profil ganz anders aussehen, aber: Wäre unser Leben – vor allem unser Arbeitsleben – nicht einfacher, wenn wir vom jeweils anderen diese Präferenzen wüssten? Kann man sie nicht zumindest unter Kollegen öffentlich machen?

Oder denken wir noch mal an die Unterscheidung zwischen Manager Schedule und Maker Schedule – Paul Graham, der diese beiden Konzepte erstmals so benannte, hat einen Vorschlag, wie wir den Widerspruch auflösen können: Auch Manager können nach dem Maker-Kalender arbeiten. Bei Grahams extrem erfolgreichem Start-up-Inkubator tun das alle vier Chefs. Auch ihre Kalender sehen aus wie eine großkarierte Tischdecke oder manchmal sogar wie ein quer gestreiftes T-Shirt. Um dennoch die für Manager üblichen vielen kleinen Treffen – mit vor allem Externen – unterzubringen, bekommen manche Tage ganz unten doch noch ein Stück Flickenteppich: An das Ende einer konzentrierten mehrstündigen Arbeitsperiode legen Graham und seine Co-Chefs ein paar Mal die Woche mehrere kleine Meetings – aber eben nicht mitten am Tag, sondern spät, wenn alles Wichtige erledigt ist. Das umzusetzen habe ich begonnen, will das aber unbedingt noch konsequenter tun – für mich selbst, aber auch für meine Kollegen und Mitarbeiter.

Dasselbe gilt für spontane Treffen, den Feind jeder effizienten Maker Schedule. Hier bin ich inzwischen viel strenger geworden. Ich sage 80 Prozent der Anfragen direkt ab, meist mit der Begründung, dass ich gerade zu viele andere Termine habe (was ja auch stimmt). Bei 15 Prozent frage ich nach einem klaren Anlass für das Treffen, im nächsten Schritt auch einer konkreten Agenda. Und fünf Prozent sage ich weiterhin einfach zu, entweder, weil ich die Menschen kenne und sie wirklich gern mal einfach so treffe. Oder weil mir klar ist, was ich von dem Treffen erwarte.

Grundsätzlich können sich auch Menschen, die im Manager-Kalender leben, vom Maker-Kalender abschauen, dass Zeit kostbar ist. Die sogenannten Opportunitätskosten, also der Wert meiner Zeit, wenn ich überlege, was ich in derselben Spanne anderes hätte tun können, sind Makern schmerzhaft bewusst. Sie wollen nicht unterbrochen werden. Manager sind stets neugierig, halten Ausschau nach Gelegenheiten, zufälligen Chancen. Das ist auch richtig so, aber bitte im vernünftigen Rahmen. Und den muss man in Zeiten Dutzender digitaler Kanäle, auf denen man auch als Chef erreichbar ist, eng ziehen.

Was die Heerscharen von New-Work-Gurus, Agilitäts-Experten und systemischen Organisationsberatern angeht, die derzeit die Chefbüros großer und kleiner Unternehmen heimsuchen, empfehle ich ein gesundes Maß an Skepsis. Häufig sind sie Theoretiker statt Praktiker, hängen einer bestimmten Schule oder Lehre an, die sie umsetzen wollen. Zwischen Experten und Scharlatanen zu unterscheiden ist oft gar nicht so einfach. Im Zweifel steht aber das Unternehmenswohl auf dem Spiel und das vieler Menschen – der Mitarbeiter. Aus dem richtigen und verständlichen Bedürfnis, Dinge neu zu denken, darf nicht resultieren, alles über Bord zu werfen, was über Jahre oder Jahrzehnte gewachsen ist.

Das gilt nicht zuletzt für die Bürogestaltung. Großraum und Open Space haben ihre Funktion, aber eben nicht für alles und nicht für jeden. Sind die Wände jedoch erst mal rausgerissen, lässt sich kaum noch in Ruhe arbeiten. Müssen es unbedingt viele offene Flächen für Kollaboration sein, bitte unbedingt auch Rückzugsorte für konzentriertes Arbeiten vorsehen. Ist für beides zusammen das Budget zu klein, vielleicht einfach mal ein paar Wände stehen lassen. Und wenn das Büro künftig also wirklich vor allem ein Ort der Kollaboration sein soll – woran ich übrigens durchaus glaube –, dann heißt das im Gegenzug eben auch: Egal wie schön das neue Office ist – wer konzentriert arbeiten will, darf auch mal nicht hingehen.

Und das ist der vielleicht schwierigste Kampf, den aufzunehmen ich begonnen habe, denn es ist zugleich der wahrscheinlich wichtigste: mein Recht auf und mein Bedürfnis nach Ungestörtheit, nach Alleinsein, nach Kontemplation zu verteidigen. Nicht nur für meine private psychische Hygiene, sondern eben auch und vor allem, um hervorragende Arbeit zu produzieren. Denn viele wichtige Tätigkeiten beruhen gerade nicht auf Kollaboration, sondern auf Introspektion. Zugleich muss ich selbst wieder lernen, Ruhe zu ertragen, in diesen Phasen des Nicht-erreichbar-Seins dann aber auch produktiv zu sein statt zu prokrastinieren.

Ob Technologien wie Virtual Reality, Mixed Reality, lernende Assistenzsysteme und künstliche Intelligenz unsere Arbeitskultur zum Besseren verändern, weil sie uns erlauben, den Blick vom Bildschirm zu erheben, oder ob sie uns stattdessen noch mehr als heutige Tools zum Sklaven der Arbeit machen, weil die Arbeit dann eine permanente Präsenz in unserer Wirklichkeitswahrnehmung bekommt, wir sie also gar nicht mehr abschalten können, ist noch nicht ausgemacht. Ich persönlich glaube, dass – wie so oft – die Dialektik dieser Entwicklung darin bestehen wird, dass beides geschieht: Wir werden noch mehr aus tradierten Strukturen befreit und zugleich in neuen, oft unsichtbaren Netzen gefangen. Technologische Plattformen werden es uns dank des Lock-In-Phänomens zunehmend unmöglich machen, sie wieder zu verlassen – Kunden der Services von Apple oder Google kennen das schon heute: Hat man erst mal all seine Filme, Musik, Adressdaten bei einem Dienstleister gesammelt, hat man sich seinen Algorithmen anvertraut, die einen immer besser kennenlernen und dadurch immer passendere Angebote machen, wird es zunehmend schwierig, zu einem anderen Anbieter zu wechseln. Aus heutiger Sicht nahezu unvorstellbar granulare Datensätze über uns werden nicht nur Werbung, Marketing und Vertrieb zur Verfügung stehen, sondern auch unserem Arbeitgeber und – das dürfte besonders tückisch werden – künstlichen Intelligenzen, die unsere Arbeitsumgebung sowie womöglich unser gesamtes Erleben auf unsere Vorlieben und Fähigkeiten hin zuschneiden und anpassen. Der schon heute oft unangenehm nagende Verdacht, in einer Filter Bubble zu leben, wird dann zur allumfassenden Realität.

Komischerweise freue ich mich trotzdem auf diese neuen Werkzeuge. Wie am Anfang des Buches schon gesagt – ich bin nicht technikfeindlich, kein Maschinenstürmer. Ich glaube nur, dass wir bei der nächsten Welle der Digitalisierung unseres Arbeitslebens noch genauer hinschauen müssen, dass wir neue kulturelle, ethische – zur Not auch gesetzgeberische – Regelungen brauchen werden, um Auswüchse zu kontrollieren. Dass es nicht ausreichen wird, uns auf die Selbstregulation der Märkte zu verlassen. Ich fürchte, dass wir angesichts der exponentiellen Geschwindigkeit der auf uns zukommenden Veränderungen vielleicht schlichtweg zu langsam sein werden. Und ja, ich frage mich, in was für einer Welt Milla und ihre kleine Schwester aufwachsen werden.

Für mich persönlich, aus heutiger Sicht, ist die Konsequenz, dass es genau jetzt Zeit wird, bei allem Techno-Optimismus den Muskel des Nicht-Digitalen wieder zu trainieren: stets modernste Technik nutzen und gleichzeitig Intimität zulassen, Irrationalität feiern, effizienzfreie Zonen im Leben schaffen. Von Hand mähen, statt einen Rasenroboter zu kaufen. Mit dem Zug fahren, auch wenn Fliegen schneller wäre. Handgeschriebene Grußkarten versenden statt Emojis. Ideen an die Wand malen, statt in einer Excel-Tabelle aufzulisten. Gedanken ziellos schweifen lassen, statt Tickets und To-do-Listen abzuarbeiten. Diese gesunde Ambivalenz möchte ich auch meinen Töchtern mitgeben. Und für meine Generation ist dies im Zweifel das beste berufliche Fortbildungsprogramm für eine Zeit, in der die Maschinen die meisten Jobs eh besser als wir beherrschen – oder jedenfalls gut genug, sodass es für immer mehr Tätigkeiten ökonomisch nicht mehr sinnvoll ist, Menschen zu beschäftigen. Es könnte ja immerhin sein, was viele Experten raunen: dass wir nicht in einer Übergangszeit leben, in der wir lernen, mit der Technologie richtig umzugehen. Sondern in einer, in der wir den Höhepunkt unseres hergebrachten Konzepts von »Arbeit« erleben. Dass schon in wenigen Jahren das Problem nicht mehr Arbeit ist, die in jeden Lebensbereich einsickert. Sondern, im Gegenteil, das Angebot an Arbeit sehr schnell weniger wird, weil wir derzeit – wie manche Zyniker aus dem Silicon Valley das formulieren – den *peak human* erleben.

Nun könnte es ja sein, dass sich diese gegenläufigen Prozesse – weniger Freizeit durch zunehmend omnipräsente Technologie und weniger Arbeit durch mehr Automatisierung – gegenseitig aufheben. Es sieht allerdings nicht so aus. Wahrscheinlicher ist, dass sich die bereits heute zu beobachtende Ungleichheit in der Arbeitslast weiter asymmetrisch verstärken wird. Schon jetzt beobachten Wissenschaftler, dass besser ausgebildete Menschen zunehmend mehr arbeiten, schlechter ausgebildete weniger. 1965 genossen Männer mit Hochschulabschluss noch etwas mehr Freizeit als solche ohne – schon 2005 hatte sich das Verhältnis umgedreht, und die besser ausgebildeten hatten acht Stunden weniger freie Zeit pro Woche. Immer mehr Akademiker arbeiten in den USA regelmäßig mehr als 50 Stunden, gleichzeitig fiel diese Zahl für Schulabbrecher. Dank des »The-Winner-Takes-it-All«-Effekts, der vor allem in technologiegetriebenen Branchen dazu führt, dass die innovativsten Unternehmen in globalen Märkten überproportional hohe Gewinne erzielen (man denke an Apple oder Google), wird sich dieser Effekt noch verstärken, denn Forscher der University of California, Santa Barbara, belegen, dass derselbe Effekt für hoch qualifierte Arbeitnehmer gilt: In den frühen 80er-Jahren verdiente jemand, der 55 Stunden pro Woche arbeitete, nur elf Prozent mehr als jemand, der in demselben Job nur 40 Stunden arbeitete. Zur Jahrtausendwende hatte sich dieser Abstand bereits auf 25 Prozent erhöht. Es spricht also viel dafür, dass gerade die zunehmende Automatisierung zu einer Verschärfung der in diesem Buch beschrieben Misere führen wird – allerdings eben nur für einen Teil der Arbeitnehmerschaft: Während viele Jobs künftig genauso gut oder besser von Robotern und Algorithmen erledigt werden können und Menschen in diesen Professionen sich freuen müssen, überhaupt noch Arbeit zu finden, werden jene hoch qualifizierten Jobs, in denen Menschen gemeinsam mit Maschinen Mehrwerte schaffen, künftig unter einer massiven Intensitätsverdichtung leiden. Auf welcher Seite dieser Gleichung man das Leben unerträglicher finden wird, liegt im Auge des Betrachters.

Am Anfang der Recherche für dieses Buch stand meine Ernüchterung. Das Neue Arbeiten sollte – egal, wie man es nun im Detail definiert – immer eine räumlich und zeitlich flexiblere und mobilere Arbeitsweise ermöglichen, ausgelöst von und permanent verstärkt durch neue Technologien, neuartige Bürokonzepte und eine neue Kultur der Zusammenarbeit. Das darin steckende fundamentale Freiheitsversprechen aber wird – zumindest bisher und für die meisten Menschen – nicht eingelöst. Das emanzipatorische Potenzial einer Neudefinition von Arbeit, die den Einzelnen aus dem Korsett von Nine-to-five und Schreibtischzwang, Präsenzkultur und Pendeln befreit, wird nicht nur nicht realisiert. Vielmehr verstärken sich die alten Ketten durch neue. Entsteht aus dem Aufeinandertreffen von alter und neuer Kultur ein unerträglicher Hybrid, der das Schlechteste aus beiden Welten vereint:

ALTE KULTUR	NEUE KULTUR	HYBRID
Präsenzkultur	Mobiles Arbeiten, offene Bürolandschaften	ständige Ablenkung, Always-On
hierarchische Entscheidungsstrukturen, Kultur der Effizienzmaximierung	Forderung nach Empowerment und Versuche der Selbstorganisation	Paralyse, Frustration
Wissens-Silos und klassische Workflows	dezentrale Tools, agile Arbeitsweisen	Beschäftigung mit Strukturen statt Inhalten, Verwaltung statt Innovation

Diese Analyse ist umso verheerender, als ihre Auslöser in den meisten Unternehmen gerade noch implementiert werden und die Folgen erst in einigen Jahren in voller Wucht greifen. Wenn wir jetzt nichts tun, steuern wir also auf eine Dystopie zu, deren Wirklichkeit konstruierende Macht wir dann womöglich gar nicht mehr werden erkennen können, weil ihre Strukturen zu tief in unseren Alltag eingebunden sind. Die Frage, ob es eigentlich richtig ist, so zu leben und arbeiten, können wir dann gar nicht mehr stellen, sie ist zum blinden Fleck unserer Weltsicht geworden.

Ganz ehrlich: Ich bin nicht sicher, ob die in diesem Buch vorgeschlagenen Strategien auf persönlicher, unternehmerischer und gesellschaftlicher Ebene ausreichen, um das zu verhindern. Aber ich hoffe es sehr. Denn irgendwo müssen wir anfangen, um uns gegen einen solchen Determinismus nicht nur zu verteidigen, sondern – und das liegt mir persönlich wirklich am Herzen – das utopische Potenzial, das im Neuen Arbeiten steckt, doch noch zu entfesseln. ⬤

Dank

Ich war zu Beginn der Recherche für dieses Buch verwirrt und unsicher. Immerhin stellte ich hier vieles infrage, was ich in den Jahren zuvor selbstgewiss vertreten und verkündet hatte. Ich unterspülte das Fundament meines eigenen Weltbildes. Umso dankbarer bin ich den Menschen, die mir geholfen haben, erste Antworten auf meine Fragen zu finden. Jenen Expertinnen und Experten, die sich die Zeit genommen haben, Interviews mit mir zu führen, teils auch nur tastende Gespräche beim Kaffee oder einem Glas Wein. Die mir Produkte zum Testen gegeben, Räume gezeigt und Werkzeuge vorgeführt haben. In chronologischer Reihenfolge sind das: Hans-Jürgen Rumpf (Universität Lübeck), Carl Honoré (Slow Movement), Alexander Steinhart (Offtime), Kelly Sutton (Cult of Less), Petter Neby (Punkt), Ben Hammersley (Autor und Berater), Benedikt Lehnert (Microsoft), Ansgar Oberholz (St. Oberholz, Institut für Neues Arbeiten), Janina Kugel (Siemens), Klaus de Winder (De Winder Architekten), Frauke von Polier (Zalando), Raphael Gielgen (Vitra), Ben Waber (MIT), John Havens (Global Initiative for Ethical Considerations in Artificial Intelligence and Autonomous Systems), Salim Ismail (Singularity University), Tim Leberecht (Leberecht und Partners).

All diese Menschen sind anerkannte Experten in ihrem jeweiligen Fachbereich, viele mit weltweiter Geltung. Ihr Wissen und ihre Einschätzungen waren für mich immens hilfreich, und ich hoffe, ihre Standpunkte korrekt wiedergegeben zu haben. Jede mögliche Ungenauigkeit und jeder Fehler in der Darstellung ihrer Positionen ist ausschließlich mir zuzuschreiben.

Ich beschäftige mich als Journalist und Kolumnist schon länger mit dem Thema dieses Buches, weil es mich persönlich umtreibt. Darum sind auch Ergebnisse früherer Recherchen hier eingeflossen: In manchen Teilen des Buches zitiere ich aus der Kolumne »Flight Mode«, die ich seit 2014 für das Magazin *Lufthansa Exclusive* schreibe. Die Kapitel »Komplexität reduzieren« sowie »Automatisieren und Nein Sagen« basieren auf Recherchen, die ich für die Zeitschrift *Brand Eins* unternommen habe. Vielen Dank an die Kollegen von *Lufthansa Exclusive* und *Brand Eins*, die mir erlaubt haben, Teile meiner Arbeiten hier zu verwenden.

Zum Schluss muss ich natürlich meiner Familie danken: Sandra, die mehr oder weniger geduldig ertragen hat, wie das Schreiben dieses Buches noch zusätzlich zu meinem allgemeinen Gestresstsein beigetragen hat, inklusive schlaflosen Nächten und in der Folge schlecht gelaunten Tagen. Milla und Enni, weil sie mir in vielen Situationen gesagt haben, dass ich zu oft auf mein Handy starre. Und mir gezeigt haben, dass konzentriertes Spiel die wahrscheinlich natürlichste Form von Achtsamkeit ist. Meinen Eltern, weil ich von ihnen bereits früh gelernt habe, dass Arbeit nicht alles ist im Leben. Ich wusste das also eigentlich schon, hatte es zwischendurch nur vergessen.

Literatur

Mark Aguiar und Erik Hurst: »A summary of trends in American time allocation: 1965–2005« (*Social Indicators Research*, 2009)

Markus Albers: »Ballast abwerfen« (*Brand Eins*, 2013)

Markus Albers: »Strategisch ausspannen« (*Brand Eins*, 2015)

Liz Alderman: »In Sweden, an Experiment Turns Shorter Workdays Into Bigger Gains« (*New York Times*, 2016)

David Allen: *Wie ich die Dinge geregelt kriege* (Piper, 2015)

Sven Astheimer: »Das Eckbüro hat ausgedient« (Interview mit Janina Kugel, *Frankfurter Allgemeine Zeitung*, 2016)

Ryan Avent: »Welcome to a world without work« (*The Guardian*, 2016)

Drake Baer: »›Unloaded‹ Minds Are the Most Creative« (*New York Magazine*, 2016)

Lisa Baird: »Want To Be More Productive And Creative? Collaborate Less« (*Fast Company*, 2016)

Eleanor Beardsley: »For French Law On Right To ›Disconnect,‹ Much Support – And A Few Doubts« (*NPR*, 2017)

Marc Beise und Caspar Busse: »Wir müssen alle lernen, das Smartphone auch mal wegzulegen« (Interview mit Janina Kugel, *Süddeutsche Zeitung*, 2016)

Russel Berman: »An Office for Introverts« (*The Atlantic*, 2016)

Josh Bersin: »Rewriting The Rules For The Digital Age: 2017 Deloitte Human Capital Trends« (*LinkedIn*, 2017)

BITKOM: »Mehrheit der Berufstätigen ist auch im Urlaub erreichbar« (2016)

Alain de Botton: *Die Nachrichten: Eine Gebrauchsanweisung* (Fischer, 2015)

Travis Bradberry: »If you answer emails after work, you should be getting unlimited vacation« (*Quartz*, 2016)

Travis Bradberry: »How Being Busy Can Make You Less Productive« (*Entrepreneur.com*, 2016)

Rutger Bregman: »The Solution to (Nearly) Everything: Working Less« (*The Guardian*, 2016)

Bundesministerium für Arbeit und Soziales (Hg.): *Arbeit Weiter Denken – Grünbuch Arbeiten 4.0* (2015)

Bundesministerium für Arbeit und Soziales (Hg.): *Wertewelten Arbeiten 4.0* (2016)

Bundesministerium für Arbeit und Soziales (Hg.): *Weißbuch Arbeiten 4.0* (2017)

Uwe Buse, Fiona Ehlers, Özlem Gezer, Christine Luz, Dialika Neufeld, Martin Schlak: »Der Feind in meiner Hand« (*Der Spiegel*, 2016)

Susan Cain: *Quiet – The Power of Introverts in a World That Can't Stop Talking* (Penguin, 2012)

Tanja Carstensen: *Ambivalenzen digitaler Kommunikation am Arbeitsplatz* (Bundeszentrale für politische Bildung, 2016)

Tomas Chamorro-Premuzic: »Why Group Brainstorming Is a Waste of Time« (*Harvard Business Review*, 2015)

Heejung Chun: »Flexibles Arbeiten lässt uns länger schuften« (*Netzpiloten Magazin*, 2016)

Lucy Clarke-Billings: »Psychologists Warn Constant Email Notifications Are ›Toxic Source of Stress‹« (*Telegraph*, 2016)

Ronald H. Coase: »The Nature of the Firm« (*Economica*, Vol. 4, Nr. 13–16, S. 386–405, 1937)

Rob Cross und Peter Gray: »Where Has the Time Gone?« (*California Management Review*, 2013)

Amy Cuddy: »Your iPhone Is Ruining Your Posture – and Your Mood« (*New York Times*, 2015)

M. C. Davis, D. J. Leach und C. W. Clegg: »The Physical Environment of the Office: Contemporary and Emerging Issues« (*International Review of Industrial and Organizational Psychology*, Vol. 26, 2011).

Markus Dettmer und Martin U. Müller: »Man kann Menschen nicht wie Maschinen behandeln« (*Spiegel Online*, 2016)

Murali Doraiswamy und Arianna Huffington: »The way we work is terrible for our brains. 5 ways to fight back« (*World Economic Forum Annual Meeting*, 2017)

dpa Deutsche-Presse-Agentur: »Immer mehr Arbeitnehmer haben psychische Probleme« (2016)

Dave Eggers: *The Circle* (Knopf, 2013)

Alexandra Endres und Marcus Rohwetter: »Bürogestaltung: Gute Arbeit, Leute!« (*Die Zeit*, 2016)

Klaus Ernst: »Anti-Stress-Verordnung ist überfällig« (Pressemitteilung Die Linke, 2016)

Gary Evans: »Stress and Open-office Noise« (*Journal of Applied Psychology*, 2000)

Jason Fried: »Is Group Chat Making You Sweat?« (*signalvnoise.com*, 2016)

Jonathan Gershuny und Kimberley Fisher: »Post-industrious society: Why work time will not disappear for our grandchildren« (Centre for Time Use Research, Department of Sociology, University of Oxford, 2014)

Paul Graham: »Maker's Schedule, Manager's Schedule« (*paulgraham.com*, 2009)

Adam Grant, Rob Cross, Reb Rebele: »Collaborative Overload« (*Harvard Business Review*, 2015)

Adam Grant: »Why I Taught Myself to Procrastinate« (*New York Times*, 2016)

Stacey Griffith: »How Your Phone Is Making You ›Too Available‹« (*Time*, 2016)

Alexander Hagelüken: »Der Büroalltag wird zur Akkordarbeit« (*Süddeutsche Zeitung*, 2016)

Quentin Hardy: »The New Workplace Is Agile, and Nonstop. Can You Keep Up?« (*New York Times*, 2016)

Sebastian Haselbeck: »Ist die Email am Ende? Zur Fragmentierung der Online-Kommunikation« (*Netzpiloten*, 2016)

John Havens: *Hacking Happiness* (TarcherPerigee, 2014)

John Havens: *Heartificial Intelligence* (TarcherPerigee, 2016)

Nicola Holzapfel: »Produktivitätskiller Smartphone« (*Süddeutsche Zeitung*, 2015)

Carl Honoré: *In Praise of Slow* (Orion Publishing, 2005)

Carl Honoré: *The Slow Fix* (HarperOne, 2013)

Samuel Hulick: »Slack, I'm Breaking Up with You« (*Medium*, 2016)

Salim Ismail: *Exponential Organizations* (Diversion Publishing, 2014)

Adrianne Jeffries: »We're Taking a Break from Slack. Here's Why« (*Medium*, 2016)

Juliette Jowitt: »Work-Life Balance: Flexible Working Can Make You Ill, Experts Say« (*The Guardian*, 2016)

Kevin Kelly: »The Untold Story of Magic Leap, the World's Most Secretive Startup« (*Wired*, 2016)

Sarah Kempf: »Jeder fünfte Arbeitnehmer fühlt sich überfordert« (*Süddeutsche Zeitung*, 2015)

Jungsoo Kim und Richard de Dear: »Workspace Satisfaction: The

Privacy-communication Trade-off in Open-plan Offices« (*Journal of Environmental Psychology*, 2013)

Larry Kim: »Multitasking is Killing Your Brain« (*Medium*, 2016)

Axel J. Klasen: »Wie ein Wahlarbeitszeitgesetz aussehen könnte« (*Human Resources Manager*, 2016)

Maria Konnikova: »The Open-Office Trap« (*New Yorker*, 2016)

Kati Krause: »Facebook's Mental Health Problem« (*Medium*, 2015)

Daniel Kreuscher: »Zukunft der Arbeit: Wertewelten bestimmen Erwartungshaltung« (*Smartworkers*, 2016)

Peter Kuhn und Fernando Lozano: »The expanding workweek? Understanding trends in long work hours among US men, 1979–2004« (National Bureau of Economic Research, 2008)

Simon Kuper: »How to Be a 21st-Century Dad« (*Financial Times*, 2015)

Frederic Laloux: *Reinventing Organizations* (Vahlen, 2015)

Tim Leberecht: *Business-Romantiker: Von der Sehnsucht nach einem anderen Wirtschaftsleben* (Droemer, 2015)

Tim Leberecht: »Is The ›Right to Disconnect‹ a Human Right?« (*Psychology Today*, 2017)

Jonah Lehrer: »Groupthink« (*New Yorker*, 2012)

Steven Levy: »Google: Our Assistant Will Trigger the Next Era of AI« (*Backchannel*, 2016)

Christoph Lixenfeld: »People Analytics – ein unerfüllbarer Wunsch« (*Computerwoche*, 2015)

Jochen Mai: »Stille – Warum wir sie dringend brauchen« (*Karrierebibel*, 2016)

Jonathan Margolis: »Technology slaves missing out on the real experience« (*Financial Times*, 2016)

Gloria Mark: *Multitasking in the Digital Age* (Morgan & Claypool, 2015)

Gerhard Matzig: »Raus aus der Zelle« (*Süddeutsche Zeitung*, 2016)

Georg Meck: »Büro-Organisation: Lufthansa-Mitarbeiter verlieren ihre festen Schreibtische« (*Frankfurter Allgemeine Zeitung*, 2016)

Jeff Melnyk: »You're Sooooooooooo Busy« (*Medium*, 2015)

Evgeny Morozov: *To Save Everything, Click Here: The Folly of Technological Solutionism* (PublicAffairs, 2013)

Walt Mossberg: »The Tyranny of Messaging and Notifications« (*Recode*, 2016)

Maggie Murphy: »Why You Should Prioritize Your Personal Life« (*Time*, 2016)

Blanca Myers: »Going to Work in VR Will Actually Be Pretty Great – We Swear« (*Wired*, 2016)

Neue Osnabrücker Zeitung: »Arbeitgeber fordern: Auch mal mehr als zehn Stunden arbeiten« (2016)

Cal Newport: *Deep Work: Rules for Focused Success in a Distracted World* (Piatkus, 2016)

Thomas Öchsner: »Streit ums Recht auf Ruhe« (*Süddeutsche Zeitung*, 2016)

Stefan Pfeiffer: »Der perfekte Arbeitsrhythmus: Konzentriert arbeiten? Wenn nur nicht immer diese Unterbrechungen wären …« (*Karrierebibel*, 2016)

pronova BKK (Hg.): *Betriebliches Gesundheitsmanagement* (pronova BKK, 2016)

Jochen Prümper: *Mobiles Arbeiten 4.0* (Hochschule für Technik und Wirtschaft Berlin, 2016)

Erin Reid und Lakshmi Ramarajan: »Managing the High-Intensity Workplace« (*Harvard Business Review*, 2016)

Reseach Digest: »The Supposed Benefits of Open-plan Offices Do Not Outweigh the Costs« (*The British Psychology Society*, 2013)

Hannah Rosefield: »How Exhaustion Became a Status Symbol« (*New Republic*, 2016)

Joshua Rubinstein, David Meyer, Jeffrey Evans: »Executive Control of Cognitive Processes in Task Switching« (*American Psychological Association's Journal of Experimental Psychology*, 2001)

Omid Safi: »The Disease of Being Busy« (*onbeing.org*, 2014)

Ian Sample: »Shocking But True: Students prefer Jolt of Pain to Being Made to Sit and Think« (*The Guardian*, 2014)

Nikil Saval: *Cubed: A Secret History of the Workplace* (Doubleday, 2014)

David Sax: »The Revenge of Analog: Real Things and Why They Matter« (*Public Affairs*, 2017)

Dieter Schnaas: »Willkommen in der geistigen Legebatterie!« (*Wirtschaftswoche*, 2014)

Tobias Schormann: »Entspannt im Hier und Jetzt« (*Spiegel Online*, 2015)

Manuela Schwesig: »Die Neue Vereinbarkeit: Aufgabenteilung von Familie und Beruf« (XING Klartext, 2016)

Florian Semle: »Glücksatlas 2015: Wie glücklich macht uns die Digitalisierung?« (*Eck Consulting*, 2015)

Annie Sneed: »Brainstorming Is Dumb« (*FastCoDesign*, 2016)

Patrick Spät: »Großraumbüro: Ich bin im Büro – holt mich hier raus!«
(*Die Zeit*, 2016)

Patrick Spät: »Arbeitszeit – Erst die Arbeit, nie das Vergnügen« (*Zeit Magazin*, 2016)

Spiegel Online: »Um Unfälle zu verhindern: Chinesische Stadt eröffnet speziellen Gehweg für Handy-Nutzer« (2014)

Manfred Spitzer: *Digitale Demenz* (Droemer, 2014)

Tomaž Štolfa: »The Future of Conversational UI Belongs to Hybrid Interfaces« (*Medium*, 2016)

Andrew Sullivan: »I Used to Be a Human Being« (*New York Magazine*, 2016)

The Economist: »Nice work if you can get out« (2014)

The Economist: »Team Spirit« (2016)

The Economist: »The Collaboration Curse« (2016)

The Economist: »The Slack Generation« (2016)

The Economist: »The Electronic Ties That Bind« (2016)

Jan Vollmer: »Der 14-Tage-Handy-Entzug und seine Folgen« (*Handelszeitung*, 2016)

Ben Waber: *People Analytics* (Financial Times Prent., 2013)

Kurt Wagner: »Facebook's Slack competitor, Workplace, is finally here« (*Recode*, 2016)

Martin Wehrle: »Wider das Großraumbüro!« (*Spiegel Online*, 2016)

Silvia von der Weiden: »Wir Bürger einer übermüdeten Nation« (*Die Welt*, 2016)

Anne Weitzdörfer: »Job und Wochenende: Wenn man sonntags nur noch an die Arbeit denkt« (*Spiegel Online*, 2016)

WIdO: *Fehlzeiten-Report 2016* (Wissenschaftliches Institut der AOK, 2016)

Mark Wilson: »The Next Big Tech Revolution Will Be In Your Ear« (*FastCoDesign*, 2016)

Wirtschaftswoche: »Schlafstörungen – Stress raubt Managern den Schlaf« (2016)

Wrike: *Digital Work Report* (2016)

Li Zhou: »Slack Experiments With a Technological Solution to Work-Life Balance« (*The Atlantic*, 2015)

Shivon Zilis: »Machine Intelligence Will Let Us All Work Like CEOs« (*Harvard Business Review*, 2016)

3SAT: *Die erschöpfte Gesellschaft* (2015)

Register

6 Wunderkinder 142

15 Toasts 241, 244

Accenture Interactive 215

Achtsamkeit 59, 76 f., 80–82, 125 f., 255

Airbnb 69

AKQA 184

Allen, David 78, 136 f.

Always-On 27, 47, 71, 89, 95, 169, 232, 270

Amazon 122, 136, 225, 228

Anteriorer Cingulärer Cortex (ACC) 80

Anti-Stress-Verordnung 29 f., 115

AOK 29

Apple 124 f., 223, 225, 228, 267, 269

Arbeitsverdichtung 28, 249

Arbeitszeitgesetz 31 f., 37, 173 f.

Assistenten, intelligente/virtuelle 42, 47, 224 f., 229, 231, 238 f., 266

Atlantic Media 64

Augmented Reality 113, 221 f.

Babauta, Leo 120

Basecamp 36

Batching 128

Berater 193, 195, 197

Bertelsmann 199

Best Buy 20

Bitkom 29

Black Mirror 27

Blockchain 246

BMW 23

Boeing 230

Bosch 21, 164

Brainstorming 216

Brando, Marlon 105

Brossardt, Bertram 30

Bundesvereinigung der Deutschen Arbeitgeberverbände (BDA) 31 f.

Buntenbach, Annelie 174

Caiña Carreiro-Andree, Milagros 23

Cain, Susan 217 f.

Calmund, Reiner 146

CNN 69

Coase, Ronald 238

Cochran, Tom 64

Coworking 152

Cult of Less 118 f.

Daimler 23 f., 36, 113, 164, 177 f.

DAK 30

Davidson, Richard 218

Davis, Matthew 50

de Botton, Alain 7

Deep Work 65 f.

Deh, Uwe 29

Deloitte 26, 215

Desk-Sharing 39, 204, 214

Devine, Graeme 228

de Winder, Klaus 202–207
Dropbox 189, 192
Drucker, Peter 65
Ducki, Antje 261
Dumbphones 103, 127 f., 130–132,
    256

eBay 50, 69
Eggers, Dave 26
Einhörner 215–217
El-Ishmawi, Karim 200 f.
El Khomri, Myriam 26
Employer Branding 41, 165
Empowerment 41, 165, 194, 270
Entschleunigung 99 f., 246
Ernst, Klaus 31
Erschöpfung, digitale 27, 94, 207,
    258
Erste Bank 200
Evans, Gary 200

Facebook 43, 45, 56 f., 61, 68, 78,
    81 f., 103, 106, 126, 141, 186, 210,
    223, 239, 241, 244, 246, 256
Facebook Workplace 61
Faulheit 134 f., 138, 140, 176, 217
Feierabend 22, 33, 35, 63, 66, 78,
    83, 130, 132, 147, 178 f., 183, 260
Feynman, Richard 66
Franzen, Jonathan 66
Fried, Jason 72
Frog Design 241

General Motors 230
Getting-Things-Done-Methode
    (GTD) 78, 136 f., 141 f., 256
Gielgen, Raphael 210–213
Github 154–157
Google 19, 59, 102, 202 f., 206 f.,

211, 223, 225, 228, 233 f., 239,
    267, 269
Graham, Paul 52–55, 57, 264
Großraumbüros 39, 41 f., 50 f.,
    166, 198–205, 209 f., 214 f., 259,
    265

Hammersley, Ben 117, 133–140,
    145, 240
Havens, John 48, 231 f.
Henkel 21, 164
Hill, Graham 120 f.
Hololens-Brillen 221, 223 f.
Homeoffice 20, 23, 33, 49, 70,
    166 f., 171, 174, 202, 208–210
Honoré, Carl 81, 99–103, 245
Hoofe, Gerd 30
Hudasch, Günter 76
Hulick, Samuel 70, 72
Huxley, Aldous 7

IBM 61, 215
Inbox Zero 128, 141
Institut für Weltwirtschaft in Kiel
    (IfW) 22
Internetsucht 83, 88 f.
Intimität 243–245, 248, 268
iPhone 45, 74, 103, 107, 111,
    124–126, 128, 131, 228, 256, 258
Ismail, Salim 234–236
iX 215

Jackson, Peter 224
Johansson, Scarlett 227 f.
Jump Associates 241

Kalender 42, 46 f., 53–57, 59, 65 f.,
    80, 102, 126, 137, 143, 150, 169,
    187–189, 192, 253, 264 f.

Kämpf, Tobias 237
Karrierebibel 78
Kelly, Kevin 223–225, 229, 231
Khan, Adam 184 f.
Kinzo 200 f.
Klasen, Axel 175
Klein, Mark 216
Knuth, Donald 66
Kollaborationsplattformen,
    digitale 13, 33, 36, 39, 69, 127,
    153, 155, 165, 167, 192, 254, 257
Kramer, Ingo 31
Kugel, Janina 22, 166–170, 172,
    175 f., 178–181, 259 f.
Künstliche Intelligenz 42, 47, 225,
    227, 231, 234 f., 239, 247, 266 f.
Kurzweil, Ray 233 f.
Kustka, Bob 138

Laloux, Frederic 195
Langeweile 79, 83, 219, 244
Larkin Administration Building
    199
Layer Vault 120
Lazar, Sara 219
Leberecht, Tim 241–247
Lehnert, Benedikt 142–149
Lifehacking 136
LinkedIn 57
L'Oréal 184
Luckey, Palmer 225
Lufthansa 23, 164

Magic Leap 223 f., 228
Mann, Merlin 81
Mark, Gloria 62
Markowetz, Alexander 44
Matzig, Gerhard 201
McKinsey 102, 195

Melatonin 85
Merkel, Angela 30
Meta 224
Meyer, Marissa 20
Microsoft 22 f., 37, 61, 142, 206,
    221, 223 f., 228, 238
Mindestruhezeit 31
Mixed Reality (MR) 42, 113,
    221, 223–225, 228–230, 234,
    239, 266
Monotasking 81, 103
Moore's Law 233, 236
Morozov, Evgeny 233
Morrison, Jasper 103
Mossberg, Walt 7
Mozilla 203
MP01 (Mobiltelefon) 103
Mr. Porter 122
Multitasking 24, 62, 80, 102 f.,
    105, 110, 124, 153, 255

Nahles, Andrea 24, 29, 174
Neby, Petter 103, 128–131
Newport, Cal 62
Nextpractice 24
Noessel, Chris 215
Nokia 63, 124

Oberholz, Ansgar 152–158, 160 f.,
    164, 190, 242, 259
Oculus Rift 225
Offtime (App) 103, 106–110, 114
Open Space 198, 201, 205, 214, 265
Opportunitätskosten 265
Otto Group 23
Outlook 142 f.

Pareto-Verteilung 138 f., 156
Pareto, Vilfredo 138

Parkinson, Cyril Northcote 139
Parkinsonsches Gesetz 138 f.
People Analytics 229 f.
Periscope 257
Plantronics 226
Pocket (App) 43, 125, 141, 257
Polier, Frauke von 210
PricewaterhouseCoopers 230
Pritsch, Elmar 21
Projectplace 61, 71, 143
Prokrastination 90, 266
Punkt (Mobiltelefon) 103, 110 f.,
    124–126, 128–131, 256

Qualcomm 230
Quickborner Team 199

Regression zur Mitte 217
Rifkin, Jeremy 120
Rorsted, Kasper 21 f.
Rosenberger, Michaela 174
Rumpf, Hans-Jürgen 83, 88–94,
    219, 263

Samsung 69, 223
Saval, Nikil 200
Schlaf 26, 29, 79, 84–86, 112, 116,
    128, 258
Schmidt, Ingrid 25
Schnelle, Eberhard 199
Seidman, Dov 243
Self Branding 37
Semco 195
Serendipity 39, 58
Sharing Economy 120
Siemens 22, 166–168, 170–172
Single-Use-Devices 110, 123
Singularity University 233
Skype 19, 58, 68, 169

Slack 36, 60 f., 66, 68–72, 144, 152,
    159–161, 190
Slow Movement 100
Smart Home 47
Smombies 44
Snapchat 45, 103, 257
Sonnentag, Sabine 112
Sony 223
Soundcloud 152, 200
Spitzer, Manfred 83
Start-ups 19, 52, 72, 108, 142, 144,
    152, 171 f., 184, 187, 198, 206,
    209, 264
Steinhart, Alexander 108, 110–115,
    123
Sterblichkeit 156 f., 162
Sutton, Michael Kelly 118–120
Symantec 230

Thick Presence 245
Thiebart, Patrick 26
Toffler, Alvin 242
Trump, Donald 248
Twitter 43, 45, 49, 56 f., 78, 107,
    126, 141, 184, 186, 241, 256 f.,
    264

Vanhoutte, Philip 226–228
Vereinigung der bayerischen
    Wirtschaft (VBW) 30
Verstärkung, intermittierende 90
Vertrauensarbeitsort 23, 37, 40
Vertrauensarbeitszeit 22 f., 40
Vice 70
Virtual Reality (VR) 42, 113, 221,
    224 f., 229–231, 238 f., 266
Vitra 210, 213
Volkswagen (VW) 36, 113, 177, 243

Waber, Ben 230
Wahlarbeitszeitgesetz 115, 175
Walmart 230
Wehrle, Martin 200
Weißbuch Arbeiten 4.0 174, 261,
    262
Wertewelten 24 f.
WhatsApp 12, 45, 78, 103, 124, 161,
    181, 186, 254 f., 263
Work-Life-Balance 32, 101, 167,
    263
Work-Life-Blending 238
Wright, Frank Lloyd 199

Wrike 24, 61
Wunderlist 46, 142, 254

Xing 57

Yahoo 20, 52
Y Combinator 52
Yoox 122
Youtube 66

Zalando 202 f., 209 f.
Zappos 195
Zetsche, Dieter 23